飛田良文・佐藤武義——編集代表

シリーズ〈日本語の語彙〉8

方言の語彙

—日本語を彩る地域語の世界—

小林　隆——編

志村文隆・新井小枝子・小川俊輔・小林　隆・櫛引祐希子・椎名渉子・八木澤　亮
作田将三郎・大西拓一郎・半沢　康・佐藤髙司・大野眞男・竹田晃子・小島聡子・坂喜美佳——著

朝倉書店

Studies in the Japanese Lexicon

Volume 8

The Lexicon of Regional Dialects

How Dialects Enrich the Japanese Language

Edited by Takashi Kobayashi

編集代表

飛田良文《ひだよしふみ》

Yoshifumi Hida

1933年　千葉県に生まれる
1963年　東北大学大学院文学研究科博士課程単位取得退学
現　在　国立国語研究所名誉所員
国際基督教大学アジア文化研究所顧問
日本近代語研究会名誉会長
博士（文学）

佐藤武義《さとうたけよし》

Takeyoshi Sato

1935年　宮城県に生まれる
1965年　東北大学大学院文学研究科博士課程単位取得退学
現　在　東北大学名誉教授

刊行のことば

日本人が使用し、日本文化を創造し思考する言語が日本語である。日本語は、有史以来、固有の日本語だけではなく、多様な外国語との接触・混融によって現在の日本語に展開したと考えられる。

書き言葉の日本語の伝達の方法は歴史的に筆からペン・鉛筆・万年筆・ボールペン、そしてパソコンなどと変化し、これらを用いて、漢字・平仮名・片仮名・ローマ字などの文字を通して書き言葉の日本語を観察することが可能になった。

その結果、固有の日本語に外国語を混淆した実相が知られ、これらの語彙を和語・漢語・外来語そして混種語に分類して考察することが一般となっている。

しかし、この分類に従って日本語の展開の多様性を端的に知ることは、容易ではないと推測される。この『シリーズ〈日本語の語彙〉』全8巻は、現在の研究の最前線を踏まえ、新しい視点・成果を提示するために企画し編集したものである。

第1巻は、語彙研究の分野とその用語の定義を中心に扱い、先人の切り開いた語彙の沃野を展望する。

第2巻から第7巻は、日本人の誕生から今日まで、日本を代表する人々が残した記録を歴史的に特立し、第2巻　大陸人・貴族の時代、第3巻　武士と和漢混淆の時代、第4巻　士農工商の時代、第5巻　四民平等の時代、第6巻　日本語の規範ができる時代、第7巻　男女平等の時代、と区分した。各巻の文字の使用者層を明らかにして論述することにしている。

第8巻は、視点を変えて、語彙の地理的側面を浮き彫りにしようと試みた。日本語の語彙は歴史的な展開だけでなく、豊かな方言によっても彩られており、そうした面をクローズアップした。

目を転じると、多くの外国人が日本を訪れ、日本語を記憶し使おうとしている。正しい日本語、規範性のある語形と語義からなるその単語を、どのように表記するかが悩みになっている。日本語教育の視点からも、日本語の一語一語が正確に学習され、指導されなければならない。外来語は特に注意が必要である。同じ語形でも「老婆」は日本語では年老いた女性、中国語では女房、妻である。「経理」は日本語では会計係であるが、中国語では社長、支配人である。日本の漢語と中国語の語義は注意が必要である。こうした語義の「ずれ」を研究する対訳辞典の存在も忘れてはならない。また、英語のOxford English Dictionary（10 vols. 1884-1928）に該当するような大規模の歴史的国語辞典が日本にはまだ存在していない。日本人の生活・文化を記録した総合的な辞典を作成するためにも一語一語の語史研究は必要である。このような現代日本語の問題点を知ることにより、メールや手紙や電話などの日常の交渉や会話で、このシリーズが読者の言語生活の一助になることを願っている。

平成三〇年九月

編集代表
飛田良文
佐藤武義

序　方言の語彙への誘い

小林　隆

本巻のテーマは方言の語彙である。このシリーズは、第1巻で原理的な面を押さえたあと、第2巻から第7巻までは時代の流れに沿って内容が構成されている。これは、日本語の語彙の歴史的展開を明らかにすることを、重要なねらいとしているからである。

しかし、日本語の語彙を、特にそのバリエーションの面から全体的に捉えようとすると、歴史的視点のほかにも重要な視点が存在する。それは、位相的視点と地理的視点である。このうち、男女差や職業差、あるいは分野、文体、場面による違いといった位相的視点は、各巻の内容の中に吸収されている。残るは、地理的視点である。日本語の地理的バリエーション、いわゆる方言における語彙について、本巻で取り上げてみたいと考える。

「日本語を彩る地域語の世界」という副題が示すように、日本語には豊かな方言語彙が存在する。それは古くから国民の関心事であり、興味を持つ人々の手によって各地で方言集が編まれてきた。すでに近世後期には、日本初の全国方言集も成立していた。そうした流れが近代的な方言学にも取り込まれ、本格的で多彩な研究へと発展していった。その点で、方言語彙は、一般人の関心といわゆる学者の興味とが連結する世界でもあると言える。研究者のすそ野の広がりとこれまでの蓄積から見て、方言語彙の研究は方言学の花形であると言っても過言ではない。

方言語彙はこのように早くから研究の対象となってきた。そうした方言語彙の世界を本巻では扱うことになる。ただ、研究の蓄積が多い分、その全体像を紹介するのは難しい。したがって、ここでは現在の方言学から見て、特に研究が盛んで活性化している分野を取り上げることにしたい。その中には、旧来のオーソドックスなテーマもあれば、新たに登場した新規のテーマもある。もちろん、前者の伝統的な課題についても、現在の研究のレベルに立ち新しい見方を提示することになる。

具体的には、本巻は次の四部構成をとっている。

第1部　地域世界を映す言葉
第2部　創造性が育てる言葉
第3部　変化の中にある言葉
第4部　社会と交わる言葉

まず、方言学の基本とも言える課題から入り（第1部）、次に、それを踏まえつつ方言の創造性へと考察を進め（第2部）、さらに、共時から通時へとテーマの軸を転換し（第3部）、最後に、方言を社会の中に置いて見つめ直す（第4部）。いわば起承転結の流れで四つの部を構成したつもりである。

以下、各部のねらいや内容のポイントについて紹介していこう。

第1部「地域世界を映す言葉」は、自然・文化と方言語彙との関わりを取り上げたものである。そこでは、自然・文化をどのように概念化し語彙の世界を構築していくかという問題と、方言の地理的広がりを自然・文化がいかに規定しているかという問題を扱う。それらは方言語彙論の基本課題であり、旧来の関心に属するものであるが、ここでは最新の研究成果を示していく。

まず、「風と天候の方言語彙」（志村文隆）は自然の代表として風と天候を取り上げ、それらのあり方が語彙体系にどう映し出されているかを論じる。自然に関する語彙といっても、そこには漁業・農業などの人間の営みとの関係が刻み込まれている。北海道・青森と沖縄という日本の南北を考察の場としているのも興味深い。次に、「生活・生業と方言語彙」（新井小枝子）は、文化と語彙の問題として、日本の伝統的な産業である養蚕業の語彙と人々の暮らしとの関わりに焦点を当てる。蚕を表す語の造語法に、地域の養蚕業の状況や人々の蚕への関心が映り込む様子は、文化と語彙の関係について考えさせる好例と言える。三つ目の「キリシタン文化と方言語彙」（小川俊輔）も文化との関係をテーマにしているが、こちらはキリスト教に関わる精神文化や物質文化がいかに語彙に反映されるかを扱う点が新鮮である。ユニークな問題設定であると同時に、九州におけるフィールドワークの結果をもとに実証的に論じている点も注目される。

第2部「創造性が育てる言葉」は、方言語彙の創造的な側面に光を当てたものである。同じ現象を目の前にしても、それを捉え言葉にする考え方が異なれば、作り出される語彙の姿も違ってくる。そうした、語彙に対する人々の「こだわり方」の違いをあぶり出すことは、新しい研究テーマと言える。

まず、「方言語彙の発想法」（小林隆）はそのような人々の言葉に対する態度を「言語的発想法」と呼び、その中の一つである「加工性」の問題を取り上げる。特に、死ぬことを表す婉曲表現について検討することで、加工的表現に対する志向性の地域差を論じる。次に、「接尾辞「コ」の創造力」（櫛引祐希子）は、「馬っこ」「野郎っこ」「お茶っこ」など、特に東北方言で使用が顕著な接尾辞をテーマにする。こうした「コ」の用法を詳細に把握し、意味的な分析を施すことで、共通語にはない東北方言の「コ」の創造性を浮かび上がらせる。続いて、「育児語と方言語彙」（椎名渉子）は、神仏の名称の育児語を取り上げる。そもそも成人語とは別に独自の育児語を持つか否かという問題意識を根底に、神仏の個別称・総称の地域差や敬意の接辞の地域差などを取り上げ、それらの歴史的性格にも言及する。

第3部「変化の中にある言葉」は、移りゆく方言語彙の姿に焦点を当てたものである。共時的に切り取られた方言語彙の様相は、一見、それ自体で完結するように見えても、実は通時的な特徴を宿している。そうした方言語彙の歴史的背景を探ることも、この分野の研究の重要な課題であり、そのアプローチの方法にも特色がある。

まず、「方言語彙の語源と歴史」（八木澤亮）は方言学的日本語史の方法により、歴史的中央語の地理的展開のありさまを考察する。具体的には「徒然」という語を取り上げ、一見、硬い印象を伴う中央語の漢語が、その形や意味を柔軟に変えながら方言の世界に溶け込み、庶民語化を果たす様子を追いかける。次に、「地方語文献にみる方言語彙」（作田将三郎）は、文献学的方法による方言語彙の歴史的研究である。すなわち、過去の方言の様子が反映した地方語文献として、飢饉資料や農書、農事日記、年代記、日記資料などの庶民記録を博捜し、東北地方の「里芋」の名称が近世後期以降、どのように変遷したかを明らかにする。続いて、「方言語彙の分布の変動」（大西拓一郎）は、方言地理学の立場から、地域における方言語彙の分布の変動がいかに起こるかをみようとした論である。そこでは、一定期間を空けて調査された二枚の方言地図を比較する「実時間経年比較」という手続きをとっており、方法論的にも興味深い。最後に、「現代における方言語彙の動態」（半沢康）は、世代別多人数調査やグロットグラム調査を駆使する社会方言学的方法によるものである。現在の方言語彙に見られる世代的変化を分析することで、東北地方において、今なお新しい方言形が発生・普及する様子を浮かび上がらせる。

第4部「社会と交わる言葉」は、方言語彙をとりまく近年の社会的環境の変化を反映した課題であり、現代という時代ならではのテーマと言えるものである。今、方言には、これまで経験したことのないような劇的な変化が訪れている。それは形・意味の面だけでなく、使用者の意識や言語としての機能の面に及ぶ。現代人にとって方言とは何かという問いかけが、そうした研究の根底に横たわっている。

まず、「若者世代の方言語彙」（佐藤髙志）は、現代方言の社会的な役割について、若者たちの方言語彙の使用を通して考える。そこでは、メールやSNS、マスメディア、経済・商品活動などでの方言語彙の使用状況を観察し、それらを通して現代人の方言に対する認識を捉えようとする。次に、「方言語彙の継承と教育」（大野眞男・竹田晃子・小島聡子）は、方言の社会的必要性を認めたうえで、次世代への継承のためのプログラムを提示する。また、実践の一例として、岩手県郷土教育資料を活用した方言語彙集作りと、それを用いた授業実践について紹介する。そして、「社会支援と方言語彙」（小林隆・坂喜美佳）は、最近開拓されつつある実用的な方言研究に光を当てたものである。災害時に方言がコミュニケーションの障害となることを防ぐための支援ツールを取り上げ、特に支援者向けの方言パンフレット作成における語彙の問題を扱う。

ここまで、本巻の各部のねらいとそれぞれの論文のポイントについて紹介してきた。以上から明らかなように、方言語彙の研究はその目的、視点、方法のバラエティが豊富であり、様々な角度からのアプローチが可能である。読者のみなさまは、身近な方言語彙が魅力的な研究対象となりうること、そして、そこには想像以上に奥深い世界が広がっていることに驚かれるかもしれない。本書をきっかけに、方言語彙の世界に興味を持ってくださる方々が一人でも多く現れることを期待したい。

目次

第4部　社会と交わる言葉

第1部

地域世界を映す言葉

第一章　風と天候の方言語彙

志村文隆

一．方言語彙と自然

四季があり、変化に富んだ気候の特徴を持つ日本列島では、自然を表す語もまた豊富である。なかでも、地域の生活に根づいた方言語彙では、さらに多彩な様相を見せる。

手もとの『日本方言大辞典』の索引「民俗語彙編」の中から、「自然」「季節」「天候」に関係する語項目や、それぞれの項目に掲げられた句の見出しを眺めてみても、各地で使われてきた多彩な語彙をうかがうことができる。例えば「雨」には、「日が照っているのに降る雨」、「雪混じりの雨」、「急に降ったり、やんだりする雨」などの多くの見出しが並んでいる。雪では、「水けを含んだ雪」、「氷結した雪」、「寒風に伴ってちらちら降ってくる雪」や、「雪道を歩く時、雪が解けかかってぬかるさま」、「積もった雪の表面が固く凍ってその上を歩けるようになるさま」などが示される。多様な自然の姿かたちを語彙化し、また人々の日常生活と深く結びつきながら使われてきた方言の姿がみえる。

また、『日本言語地図』で「氷」や「氷柱」、「凍る」などに対応する語形を南西諸島に探すと、無回答地点が集中するのがみえる。地域の気候特性が、方言語彙のバリエーションや分布の様相に反映している。

本章では、自然を表現する語彙世界の中から、風を表す語彙を取り上げ、その部分体系の特徴と機能、分布の事例について観察してみたい。特に、地域にみられる天候事象と語彙使用者の生業上の特性に留意しながら、風がどのような形で語彙によって捉えられているかを示していく。

二．地域の風の特性と風名語彙

(1) 風向事象と風名語彙

風の名前を表す語には、様々な風向を示すだけではなく、季節や風の強弱を表す語のほか、一語の中に風が吹く時の天候や風の変化などの事柄を複合的に包摂して使われる例もある。なかでも、北風、南西風のような、特定の風向（風位）を表す「風向語」が多くを占める。本章では、風向を表す語のほか、風向の変化を表す語を一括して「風名語彙」と呼ぶこととし、必要に応じて「風向語」も用いることにする。はじめに、語が指示する方位との関係に注目して、各地で用いられる語彙の特徴をみてみよう。

図1－1は、北海道函館市における、津軽海峡沿岸を漁場とする高年層漁業従事者が用いる風名語彙を例として、語が指示する風向を示したものである。風向を語の意味として取り出した語彙の構造は、語の意味する現実の自然方位で表せば、基本一六方位をフィールドとした円環状の体系図として表現することができる。この例では、一二語が使用され、指示する風向として一〇種の弁別が観察できた。風名語彙の構造には、東を大きく範囲として持つヤマセと、これに対置してニシカゼがやや広がりを持って西風向を指示するという東西の弧の軸がみられ、この軸に挟まるような形で、微細な方位を意味する複数の語が北側および南側方位を主領域に集中している。

津軽海峡に面した北海道函館市では、西北西および北北東の風が年間を通じて卓越している。代表的な風は陸風である北北東風で、海風は季節変化をしている。暴風が発生する風向は西寄りが約七割、東寄りで約三割であり、海峡に沿った東西方向がほとんどを占める[1]。

図1－1に示すような、ヤマセとニシカゼがつくる、大きく広がりのある東西風向を持つ語彙構造には、津軽海峡に沿って卓越する東西の風向特徴が反映している。特に東風向のヤマセが「一番この土地で多い」風とされる[2]。

同様の形式で、沖縄県の伊良部島で用いられる風名語彙を図1－2に示す。データは、伊良部島佐良浜地区で伝統的な潜水追い込み漁（アギヤー）に従事する高年層が使用するものである。

全体で九語が用いられ、これらが示す八風向の弁別が

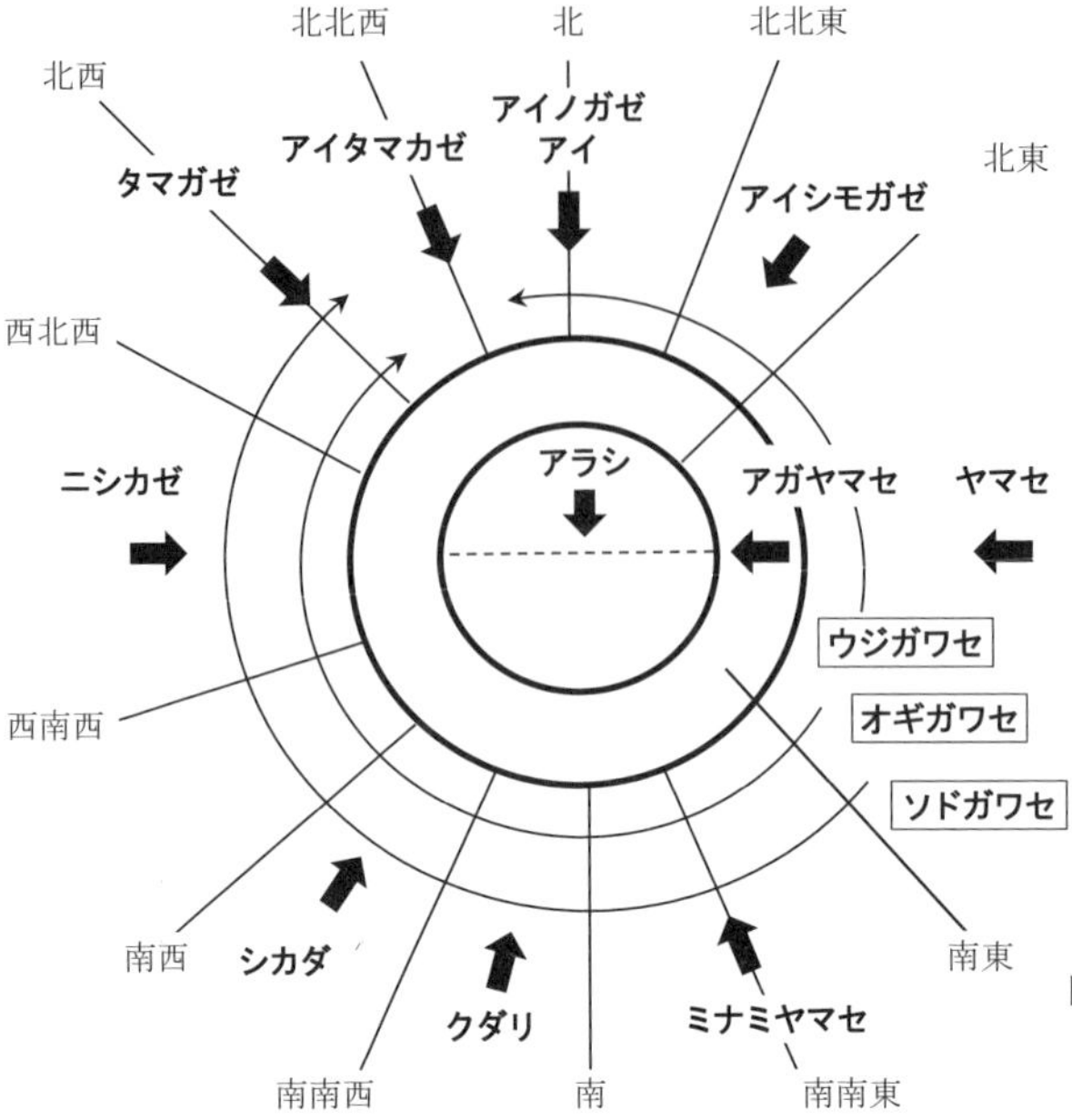

図1－1　風名語彙と指示風向（北海道函館市・高年層漁業従事者）

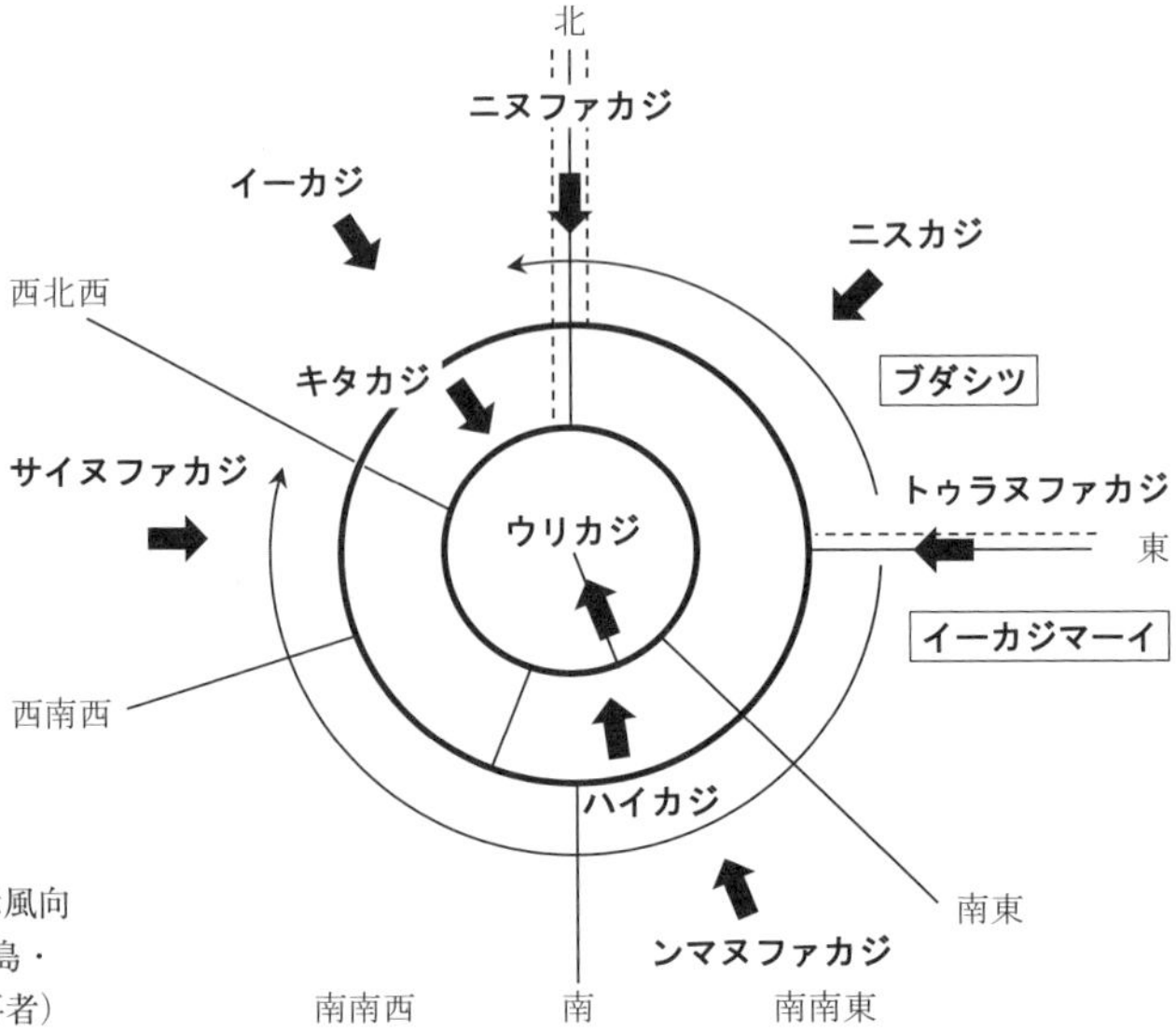

図1－2　風名語彙と指示風向（沖縄県伊良部島・高年層漁業従事者）

ある。イーカジは北風向を含まず、同様に、ニスカジは北風向および東風向を含まない（図中ではこれを点線で示した）。語の中には基本一六方位を意味単位として、例えばンマヌファカジ・ウリカジ・ハイカジの三語の関係に見られるような、二五度にも満たない微細な方位ごとに名称が存在するものもある。また、十二支の「子」を呼称に利用したニヌファカジは北単一風向の語であり、ここから二軸四方位に「寅」「午」「申」を利用した、トゥラヌファカジ・ンマヌファカジ・サイヌファカジも使われている。

伊良部島のある宮古地域は北北東・北東・南南西の風が多く、風配図によると北東成分がやや大きい、楕円に近い風向分布を示す。年間の風向別平均風速は、伊良部島で北を頂点に北北東・東北東が突出している。[3] このような風の事象は、北をほぼ中央とする西南西から東までのほぼ半円の大きく広いブロックと南東から南南西の小さなブロックとに二分された語彙構造によく映り込んでいる。

このように、伊良部島の風向語彙の例でも、地域で実際に使われる風向を指し示す語は、必ずしも方位ごとに等間隔に並んでいないことがわかる。西南西から北を通り東までの、北風向系統がつくる六語のブロックと、南東から南南西の、南風向系統にみられる三語のブロックとに二分された、不均衡な構造をみせている。また、南側ブロックのハイカジ・ウリカジ・ンマヌファカジの三語の関係にみえるように、語の意味となる、それぞれ指示風向の一部または全部に互いに共有する風向エリアがある。函館の語彙構造で示した、クダリが南と南南西の間を指示し、シカダは隣接して南南西から南西までの風向を意味に持つ例ともあわせて、風向語の中には、必ずしも指示する風向がコンパスの一六方位の中の単一の「正位置」を示していない場合もあることがわかる。これらの特定方位の語の欠けや語が示す風向角度の広狭、語相互の風向の重なりにみられる語彙構造には、以降で述べるように地域の風の特徴を映し取った面が存在しているとともに、語彙の使用者である漁業従事者の職業語としての性格が反映していた。

(2) 季節風と風名語彙

伊良部島の漁業従事者の場合、フユバ（冬場）の北系統の風向であるイーカジやニスカジを「ここでは一番気をつけている風」と言う。強風の出現は伊良部島・宮古島ともに一〇月から三月にかけての北から北東方向に集中する。北寄りの風は一〇月から二月にかけて強いが、この風は六、七月にはほとんど現れなくなる。六、七月に最も多いのは南寄りの風であり、一〇月から一月には極小となることから、季節風としては夏の南風と冬の強い北風が大きな特徴である。東寄りの風の出現は年間を通して安定しており、西寄りの風はこの地域ではほとんど吹かない風である。また、この地域は台風の主要進路にあたり、沖縄地方の台風による過去の「極地順位表」では宮古島が最大風速と最大瞬間風速で一位で、いずれも北東からの風である。話者が用いた、ビーズン（春から初夏）・ナツバ（夏）・スサンス（秋）・フユバ（冬）の四つの季節の中に、季節風としての言及があった語彙を、風向と風の強弱の回答結果もあわせて表現すると図1－3のようになる。

以下では、風名語彙が、単に風向に限らない、様々な天候事象と結びついている実態を、使用者の生業に付帯した要素にも気をつけながら示してみたい。

三．変化する風を捉える言葉

「キタカゼ（北風）」というと、風向が北という風の名

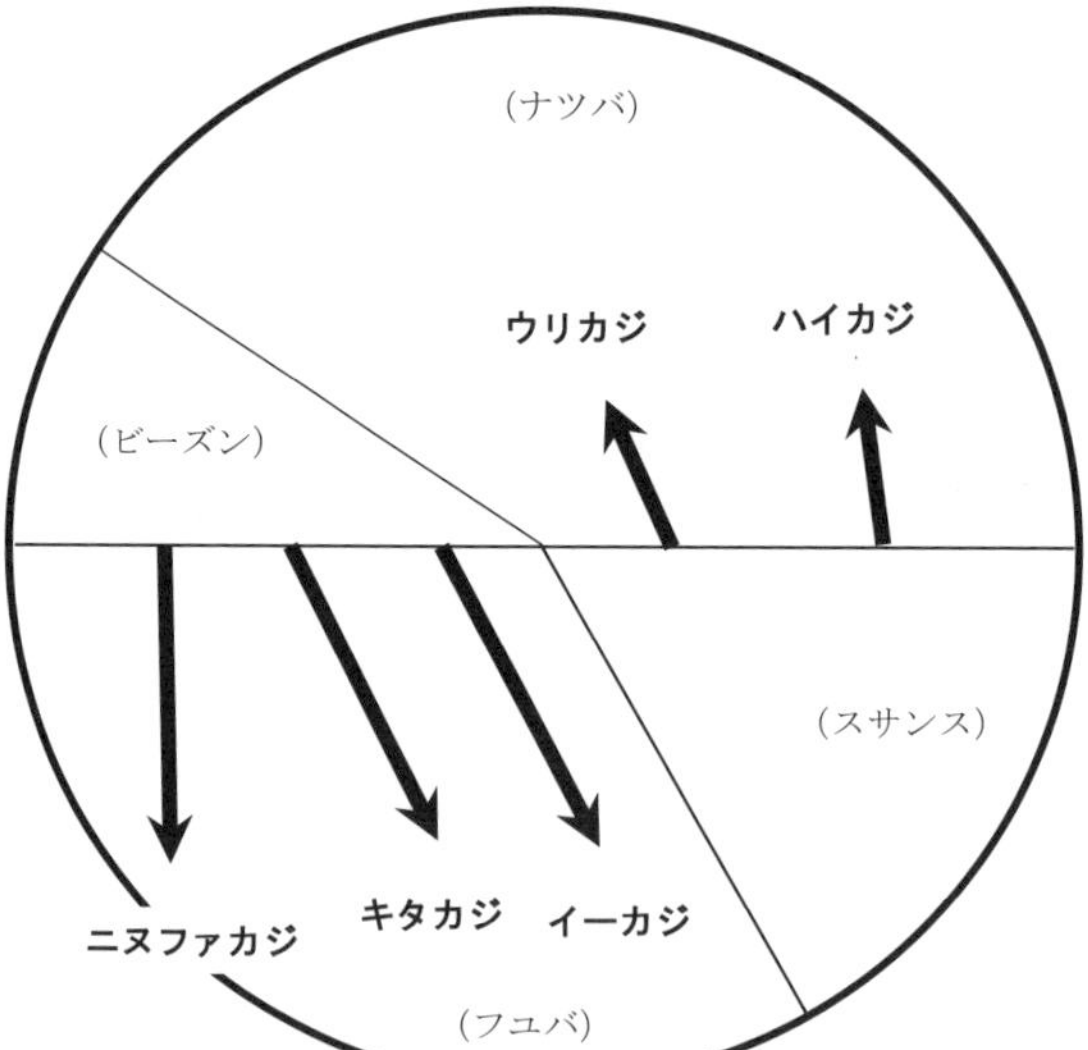

図1－3　風名語彙と季節（沖縄県伊良部島・高年層漁業従事者）
矢印の向きが風向，線の長短が風の強弱を示す．

であるが、一方で「冷たい風」の意味をあわせ持って使われることがある。「ヤマセ」は、北海道、東北や関東では、おもに北東風の一つとして使われることがあるが、夏季に吹く低温で湿った風、冷害をもたらす風としての意味が定着している。このように、風名語彙には、風向以外の様々な情報が意味として複合的に内包されていることも多い。風向や季節以外にも、風の強弱や吹いている時点の天候など、風そのものが持つ性質のほか、風が引き起こす生活への影響などの観点までもが見いだされる語例がある。また風向には、高気圧や低気圧の移動によって、短時間に刻々と変化する側面もある。こうした風の性質は、各地の風名語彙の意味の中に、どのような形で取り込まれているだろうか。ここでは、特に風向の変化という観点から述べてゆく。

函館市の漁業従事者から得られた、風名語ごとの、風の強弱、その風が吹く時の天候の良し悪しと海の状態、および向後の天候変化における認識結果を表1－1にまとめて示した。この結果からは、いくつかの風名語の意味には、風向だけではなく、吹き方の強弱や天候特徴、それに伴う操業上の危険度が含まれて使われているものがあった。特に南西方面のシカダ、北西方面のタマカゼ・

表1－1　風名語と天候変化との関係（北海道函館市・高年層漁業従事者）

特徴／風名	現在			向後の天候	
	風の強弱	天候	海の状態	ウジガワセ	オギガワセ
アイノガゼ・アイ	△	×	×	○	×
アラシ	○	○	—	△	△
アイシモガゼ	△	×	△	×	○
ヤマセ	△	×	△	○	×
アガヤマセ	△	○	△	○	×
ミナミヤマセ	△	—	△	○	×
クダリ	△	△	△	○	×
シカダ	×	×	×	○	×
ニシカゼ	△	△	○	×	○
タマカゼ	×	△	—	△	—
アイタマカゼ	×	△	○	△	△

○　弱い/良い　　×　強い/悪い/適さない　　△　どちらとも言えない　　—　無回答

アイタマカゼには、それぞれの風向だけではなく、強風の意味が加わっていた。なかでも二、三月の「春先」に多い「恐ろしいカゼ」として特に警戒するのがシカダであり、強風のために天候や海の状態も悪く、「いちばん波が出る」という風の意味を含んでいる。一方、風の強弱にかかわらず、特定の風向の風に悪天候の意味が含まれている語がある。例えば、アイシモガゼ・ヤマセでは「雨模様」、冬に多いニシカゼでは「雪など」が多いという。また、当地の農業従事者でも風の強弱が意味として定位されているのは、漁業従事者の例に示したシカダと同語の、南西方面風向のヒカダのみであり、風向とともに強風の意味が加わる語となっている。台風などの暴風時には、このヒカダが使用されている。このように、おもに漁業従事者が用いた語彙を例にとると、風名語彙は、現在の風向を意味するだけではなく、その風が吹く時の特徴的な天候を加えた意味をあわせ持って使われていた。

さらに、風名語彙には、向後の風向変化や天候の変化を把握するための語が備わっている例がある。同じく函館と伊良部島を取り上げる。

函館には、風向の変化を表す「風まわり」を意味する語である、ウジガワセ・オギガワセ・ソドガワセがある。台風や低気圧が北海道手前で東に進路を変え、三陸方面に移動する場合などをウジガワセと言う。図1－1に示したように、ヤマセ付近の東方面の風が津軽海峡一帯で短時間にアイシモガゼに変わり、さらに北風向に変わる左回りで変化する現象を指す。この結果、オカ（陸）からアイノガゼが吹き始め、さらに風は西方面に移り、天候が回復する。天候がプラス方向へ変化することを意味特徴として持つ語である。漁業従事者間では「タイフーサンリグサ　ヌゲダガラ　ウジガワセダ」（台風が三陸に移動したのでウジガワセだ）のように用いている。表1－1に示すように、ウジガワセ時に、連続するそれぞれの風名語には、好天の意味が備わっている。

これに対して、台風や低気圧が日本海をまっすぐ北上した場合などは、ヤマセ付近の南東風は南から南西方面にミナミヤマセ、クダリへと移り、続いて暴風のシカダなどが吹く場合がある。このあと風向はニシカゼ、タマカゼ、アイタマカゼへと移動する（図1－1）。この右回りの風向変化オギガワセは、シカダを挟んで天候がなかなか回復しないマイナス方向の変化であり、ヤマセ以降に連続する風名には、悪天候の意味が入り込んでくる

（表1－1）。オギガワセのうち、日本海に台風がある場合を特に区別してソドガワセと呼ぶ。また、アガヤマセが吹くと、しばらくは雨は降らないが、曇りの「良くない」天候が続くとする認識がある。

風の変化を捉える語彙には、伊良部島でもイーカジマーイとブダシッがあった（図1－2）。この地域では、図1－3にも表したように、フユバ（冬場）は、西北西から北にかけてのイーカジが強い。風速は一五メートルから一八メートルになることがある季節風の一つである。しかし、東のトゥラヌファカジ付近に移行すると弱風となる。したがって、南南東方面から右回りに、ンマヌファカジ、ウリカジ、ハイカジを経て西のサイヌファカジまでの風が吹く時が、漁業従事者の間では「仕事ができる」時間だという。しかし、この後、南西方面の風が止んでくると強風のイーカジが吹き出してくる。この直前の「雲がアガッテキテ（上がってきて）」曇り始める時、仲間たちと「イーカジマーイ（イーカジ廻り）」と口にし合う。この語は、「もうすぐイーカジになるシルシ（印）」であり「イーカジになるから気をつけろ」という警告の意味を持つと説明する。イーカジマーイは、警戒が必要なイーカジに近づく通常の右回り風向変化を確認し合い、互いに注意を喚起する標識として使われている。

一方、左回りで変化する風にはイーカジマーイ以上の注意を払っていた。これは、フユバ（冬場）の一月から二月に、右回りで北東方面のニスカジまで「マワッテキタ」風が、そのまま南風向ブロックの弱風であるハイカジなどに移行せずに、トゥラヌファカジを起点に突然左回りに逆行し、風速一五メートルから一六メートルでイーカジなどの北風向系統の風が再び吹き出す現象である。これをブダシッと呼んで乗組員の間では特に警戒する。

このほか、ナッの強いニスカジの場合は台風が来るものと「見当をつける」などの、特定の風向を起点とした、風名語彙を用いた台風への警戒も行なっている。また、旧暦二月頃の暴風であるニガツカジマーイを使用し、これをタイワンボーズとも呼んで、特に発生の予測が難しい風として警戒している。

このような例からみると、風名語彙は、単に一定の風向を指示する機能だけを持ち得ているのではなく、向後に連続する風向や天候全体の変化などの複合的な情報を、一体として表示する目的のもとに使用される場合があることがわかる。

変化する風を表す語を向後の天候変化の指標として用いるのは、漁業従事者に限らず、伊良部島の農業従事者の例でも確認できた[4]。サトウキビ栽培に最も良くないカゼはカジフツ（台風の意）であり、次に悪いのがフユバ（冬場）のイルカジおよびニスカジだという。旧暦一一月から一月頃のフユバに多いという北方面の風イルカジ・ニスカジは強風で天候も悪い。キビの糖度が上がる一月頃からの時期をはさんで、一二月後半から二、三月（旧暦）までの刈り取り期のイルカジ・ニスカジは、時にサトウキビの倒伏・折損を招く。また、収穫後に開始する開墾時にこのカゼが来ると、土が「カタク（固く）」なる（潮風害による塩分降下が起こる）ため、「農作業はストップする」、「耕耘機での開墾はやめる」という。しかし、東のトゥラヌファの「カド（角）」を「マガッタラ（曲がったら）」[5]、天候は回復し、西風向のウツバイカジまでは「天気はもつ」という。この風向変化の途上、漁業従事者と同様に南西付近の風向事象を認識し、南西方面の風であるパイカジ時点で「イルカジマーイ」の語を意識する。この語は「イルカジが来る」つまり「天気が崩れる意味」を持ち合わせて使われている。

函館のカワセや伊良部島でのカジマーイの使用は、方位ごとに分立した関係にみえる風向語に対して相互に動的な連関を与えていた。そして、向後に推移する風向特徴・天候などを連続的に示唆する意味特徴も内包した形で、風の変化を表現する語が存在して生活の中で機能している。

四．風名語彙の分布

全国各地の風名語彙を知ることができる文献に、関口武による『風の事典』がある。この中の「第二部」は、昭和五五年（一九八〇）に実施された関口による全国規模の風名に関するアンケート調査の結果部分が中心になった語彙集からなる。収載語のほとんどに風向が示されているほか、語によっては、吹く季節、強弱、天候、寒暖、出漁の可否等の説明が付されている。このデータを利用して、津軽海峡を挟んだ、北海道道南地域と青森県北部を中心とした範囲の五〇地点について、風名語彙の分布を示してみることにする[6]。

津軽海峡沿岸地域では、同書に収載された語のうち、例えばヤマセの示す風向の多くが東であり、また、秋の暴風を意味に持つ地点の多いヒカダ類では南西風向がほとんどである。このことから、本地域では、地点ごとに記載された風向の意味のバリエーションは比較的少ないようである。一方、この地域を代表する風名語の一つであるアイノカゼ（アイカゼ・アイを含む）では状況が異なる。図1－4は、各地点に記載された風向を地図化したものである。これをみると、北風向が道南北部と青森県の陸奥湾および津軽半島沿いに多く分布し、北東風向は津軽海峡沿岸にまとまっていることがわかる。海岸線が南北に連続する地点では、地形に沿うような北風向が多い傾向もうかがえる。このように、地域に広く分布する同一語でも、語が指し示す意味の一つである風向には地域差が存在することがわかる。

さらに、同じ地域内において、今度は北東風の意味を表す語彙を取り出して分布を示したものが図1－5である。「語形なし」は、当該地点で北東風に該当する語が収載されていないことを表す。図1－4で確認した、北海道と青森県ともに津軽海峡沿岸部に多いアイノカゼ・アイタバカゼ類に対して、その周囲にヤマセ類およびシモカゼが分布している。また、アイノカゼ類とシモカゼとの接触地域では複合形とみられるアイシモカゼもみら

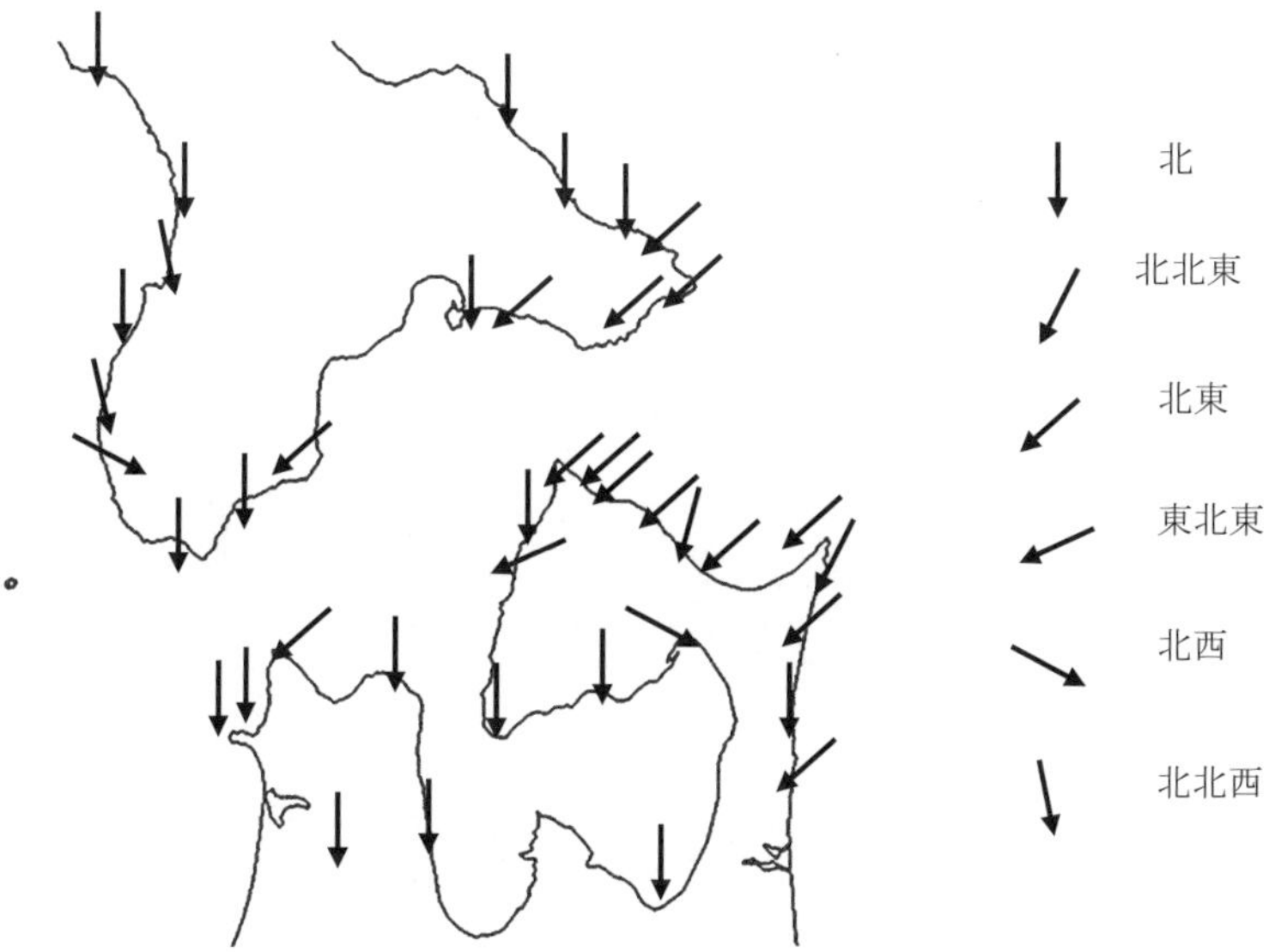

図1－4　アイノカゼの風向（関口 1985 のデータによる）

図1－5　北東風の方言分布（関口 1985 のデータによる）

れる。

アイノカゼ類は、『風の事典』データによると、北海道から福岡県まで、日本海側各地を中心に事例がある。報告例が多いのは、北風向とそれに次ぐ北東風向の北海道・青森のほか、語の消滅地点が多く表示されている、北東風向などの鳥取・島根である。また、アイノカゼ類は、『日本方言大辞典』では、北陸を中心として、広く日本海沿岸および瀬戸内地域での用例が示されている一方、例は少ないが青森県太平洋側の用例も掲出されている。図1－5では、下北地方のほか、道南の亀田半島にも分布が認められる。古代より北陸での用例が存在するアイノカゼ類が、日本海から津軽海峡を通って太平洋側に入り込んだ痕跡、あるいは青森側から北海道への語の伝播の可能性を含め、近世以降の航路、また漁業従事者の広範な移動と移住が語の伝播をもたらした様子をうかがう材料の一つになりそうである。

五．まとめ

函館市・津軽海峡域および沖縄県伊良部島という、日本の南北での方言語彙を例に示しながら、風名語彙を観察してみた。地域の気象特性が語彙の部分体系に映る様子のほかに、実際の語彙使用者が、生業上の目的に基づいて語彙の運用を行なう事例も述べてみた。限られた範囲の調査項目に基づいた結果からの考察であり、風名語彙がつくる領域のほんの一部分を示すにとどまった。

地域で人が自然とどう向き合ってきたのか、それが跡づけられる、自然に関する方言語彙の記録は急務と思われる。広域にわたる風名語彙の分布図もあれば、様々な解釈が広がるだろう。

この夏、筆者の住む宮城県の新聞の見出しには、何度かヤマセの語が登場した。全国各地の季節風や局地風の呼び名は、いま、どのような場面で、どの程度使われているだろうか。また、ビル風などの都市の語彙はどうだろう。各地の風名語彙には、現代の生活に深く入り込んで使われている例が確実に存在している。様々なテーマの開拓も待たれる。

注

(1)気象データは、津軽海峡海難防止研究会編（一九八九）のほか、函館市史編纂室編（一九九八）による。

(2)筆者による農業従事者を対象とした調査でも、ヤマセとヒカダをそれぞれ南東・南西方位で用いながら、この地域に最も多く発生する北北東風に近い風向のカゼ（北東風）を「よく吹く」と認識している（志村 二〇一四）。

(3)気象データは、沖縄気象台編（一九九八）のほか、日本気象協会沖縄支店（二〇〇五）による。

(4)島の西部から南西部（「南区」）には、佐和田・長浜・国仲・仲地・伊良部の各集落があり、サトウキビ栽培などの農業中心の地区である。

(5)当地の話者は自然方位を用いながらも、民俗方位（人文方位）を優先的に使用している。四隅に「カド（角）」のある四角形の方位概念を持ち、自然方位に対して右回りに四五度のずれが認められる（志村 二〇〇八a）。例えば、トゥラヌファカドの場合、自然方位では東方向を指す語だが、民俗方位では南東方向を表現する方位概念である。

(6)柳田（一九四二）の収載語などとの突き合わせによって、昭和五五年（一九八〇）時点で使用が確認されなかったとする語は除かれる。また、関口による「実地調査による資料」および他の文献から引用して収載された語は使用しないこととなる。この基準を満たす当該エリア内の用例をすべて利用した。

文献

沖縄気象台編（一九九八）『沖縄の気候解説（琉球列島の気候風土）』日本気象協会沖縄支部
久木田恵（一九八四）「愛知県南部漁業社会の風の語彙」『方言研究年報』二七
久木田恵（一九八六）「漁業社会における風の語彙体系の記述と比

較の方法」『方言研究年報』二九
国立国語研究所編（一九七四）『日本言語地図』六、大蔵省印刷局
柴田武（一九八八）『語彙論の方法』三省堂
志村文隆（二〇〇四）「北海道道南地方漁業従事者の風位語彙」『宮城学院女子大学研究論文集』九九
志村文隆（二〇〇八a）「沖縄県伊良部島方言の風位語彙―生業との関係を中心に」『国語学研究』四七
志村文隆（二〇〇八b）「北海道函館市東部地区方言における風位語彙体系の生業差」『北海道方言研究会会報』八五
志村文隆（二〇一四）「津軽海峡沿岸地域における風位語彙の分布」小野米一・菅泰雄・佐々木冠編『北海道方言研究会四〇周年記念論文集　生活語の世界』北海道方言研究会
下野敏見（一九八〇）『南西諸島の民俗Ⅰ』法政大学出版局
関口武（一九八五）『風の事典』原書房
津軽海峡海難防止研究会編（一九八九）『津軽海峡の天気とことわざ』北海道新聞社
徳川宗賢監修・尚学図書編（一九八九）『日本方言大辞典』小学館
中山正典（二〇〇九）『風と環境の民俗』吉川弘文館
日本気象協会沖縄支店（二〇〇五）『平成一八年　沖縄の気象暦』同支店
函館市史編纂室編（一九九八）『函館市史　銭亀沢編』函館市
室山敏昭（一九八七）『生活語彙の基礎的研究』和泉書院
室山敏昭（一九九八）『生活語彙の構造と地域文化―文化言語学序説』和泉書院
柳田国男編（一九四二）『増補風位考資料』明世堂書店
柳田国男（一九九〇）「風位考」『柳田國男全集二〇』筑摩書房（ちくま文庫）

第二章　生活・生業と方言語彙

新井小枝子

一．生活の枠組みと意味分野

人は、様々な自然環境の中で生活し、様々な生業にたずさわっている。平野地域もあれば山間地域もある。海から近い地域もあれば、遠い地域もある。ビルの建ち並ぶ地域もあれば、そのような建物のない地域もある。それぞれに異なる生活空間のなかで、様々な制限を受けながら日々のくらしを展開している。そのような生活の中には、それぞれの生業がある。農業、林業、漁業、工業、商業をはじめ、その営みもまた様々である。生活と生業は、現実の世界において重なり合って展開している。生活の中に生業があるともいえるし、生業の中に生活があるともいえる。

人の生活や生業の中には、その生活世界を概念化し構造化して捉えるための、たくさんの語がある。地域ごとに展開する生活の中に存在しているそれぞれの語彙は、一つの体系をなす方言として捉えることができる。それが方言語彙である。生活の枠組みを設け、それを語彙の意味分野として記述がされることが多い。そこに属するそれぞれの語は、生活や生業の中の必要に応じた時と場において造語され、語彙体系を形成している。

藤原（一九七〇）は、「一方言ごとに、その方言を方言たらしめる語彙の体系がある。これが方言語彙である。」と述べ、「方言語彙は、生活語彙である。人は方言の中で生活する。その人は方言人である。方言人にとっては、方言の中の必要全単語が、まさに生活語彙なのである。」としている。共通語と同形式の語も、音訛形式の語も、俚言形式の語も、すべて方言語彙を構成する要素であり、お互いに張り合い関係を有して体系をなすと

表2－1　藤原（1973）による生活語彙の分類の枠組み

a）生活一般語彙	**b）生業語彙**	**e）村落社会語彙**
1. 助辞語彙	1. 農業語彙	1. 人間語彙
2. 独立詞語彙	・農夫	・身体
2′. 副詞語彙	・労働	・精神
・分量表現に関するもの	・耕作	・感情
・程度表現に関するもの	・農具	・人物
・情態表現に関するもの	・肥料	・性向
・時の表現に関するもの	・家畜	・行為
・理由の表現に関するもの	・農作物	・悪態
・能力の表現に関するもの	2. 漁業語彙	2. 交際語彙
・心緒表現に関するもの	3. 副業商業語彙	3. 冠婚葬祭語彙
3. 名詞語彙	**c）衣食住語彙**	4. 年中行事語彙
4. 数詞（→助数詞）語彙	1. 住の語彙	5. 公的生活語彙
5. 代名詞語彙	2. 食の語彙	**f）生活環境語彙**
・自称	3. 衣の語彙	1. 自然環境語彙
・対称	**d）家族族縁語彙**	2. 天文気象暦時語彙
・他称	1. 家庭語彙	3. 動植物語彙
・不定称	2. 族縁語彙	
6. 動詞語彙		
7. 形容詞語彙		
8. 形容動詞語彙		

する。このように方言語彙を捉え、「生活語彙論」の方法を提示した藤原（一九六二、一九八六）は、生活の場、すなわち生活場面によって意味分野を設定している。具体的には、藤原（一九七三）で、表2－1のような枠組みを設けている。現実の生活世界を分類し、それを語彙世界に重ね合わせ、意味分野として設定した枠組みである。ことばの地域差を明らかにすることを目指した方言語彙の体系記述においては、有効な方法であるといえる。生活世界の枠組みの中には、当然、ある地域で行なわれている生業も含まれる。そこには、その生業を概念化し、構造化して捉えるための生業語彙が存在する。

　ところで、篠木（一九九六、一九九九）では、食に関する語彙を記述する中で、概略次のような問いを投げかけている。

> 人は、多様で連続した生活世界をどのように分節するのか。そして、どのようにしてことばを造りだし、〈もの〉〈こと〉の名前として付与していくのか。さらに、それはどのような精神に拠っているのか。

語彙論の課題として、語彙による生活世界の細分化の方法や、語彙にみられる造語発想法を明らかにすることを挙げている。この課題には、語彙体系に迫ろうとする側面と、語を造り出す方法（造語法）に迫ろうとする側面とがある。ここに地域差の観点を加えれば、そのまま方言語彙論の課題となる。石井（二〇〇七）も、人はみな「単語をつくる力（＝造語力）」を持っており、それを駆使して現実世界や想像世界の事物・事象を表現できるとしている。それによって、造語がなされる以前よりもそれぞれの世界を一層はっきりと認識ができるとする。このことから、造語は、表現活動であるとともに認識活動でもあると指摘する。地域によって異なる生活や生業の中に、それぞれの表現活動や認識活動があると考えることができる。

　さらに、生活語彙論をおしすすめ深化させてきた室山（一九八七、四三頁）は、「生活語彙」研究の目的を次のように説明している。

> 「生活語彙」の体系に即して、地域の生活構造、換言すれば地域文化の構造の特色を解明し、土地の人びとの生活意識、外界認識の体系を究明して、「言語」と「生活」との関わりを、全円的に記述し尽くすことが、生活語彙研究における一つの重要な自己目的でなければならないと考える。

生活場面を導入して意味分野を設定することの必然性を説く。現実の生活に即して意味分野を限定して記述し、それを積み重ねていくことは、方言語彙の全体像にせまるためにも重要な研究活動であるといえよう。

二. 自然環境が生み出す生活と生業

方言語彙を記述するための意味分野を、生活場面に重ね合わせて設定しようとすると、全国で展開されているそれぞれの土地の生活を反映したものとなる。生活場面の個別性が、方言語彙の個別性となってあらわれることがある。すなわち、意味分野の有無や、語の形式の差異となって、語彙体系を形成し、その地域に独特の生活を描き出す。その語彙体系を形成する一語一語は、その地域の場と時に応じた発想によって造語されている。地域ごとの語彙体系と造語法が存在するということである。

　具体的な事例を確認してみよう。群馬県の西北部に吾妻郡中之条町という自治体がある。そこに、平成の市町村合併前まで六合《くに》村と称されていた地域がある（以下、「六合地域」と呼ぶ）。長野県や新潟県と接しており、日本海側に向かって流れる中津川の水は、この地域にある野反湖《のぞりこ》を水源としている。つまり、六合地域は、太平洋側と日本海側とを分ける急峻な分水嶺のはしる、標高の高い山間地域である。また、活火山である草津白根山のふもとに位置し、あちらこちらで温泉が湧きだしており、六合温泉郷が形成されている。当然、六合地域では、このような自然環境を活かした生活や生業が展開されている。

例えば、日本中の多くの地域に、〈稲藁〉を用いてつくられる道具、すなわち〈蓆《むしろ》〉や〈菰《こも》〉などの敷物や、〈俵《たわら》〉や〈縄〉という梱包材がある。敷物は、家の中では畳の代わりとして板の間に敷いたり、農作業では〈穀類〉を天日干しにしたりするときに敷いて使う、様々な用途を持った道具である。同じく梱包材は、米や炭などを梱包、運搬するときに使う道具である。これらの道具は、六合地域における生活でもおおいに必要とされる。ところが、六合地域の自然環境は、先に記したような山間地域であるため、水田はごくわずかに存在するのみである。すなわち、〈稲藁〉は〈米〉を収穫したあとの副産物として、自然にかつ簡単に手に入るものではない。しかし、だからといって、地域内に存在しないものを、わざわざ調達することはしない。

六合地域の野反湖を中心とした広い地域には、〈すげ類〉の植物が生えている。種類によって、「スゲ」「ユワスゲ（岩すげ）」などと呼び分けられている。六合地域で「スゲ」と呼ばれる植物は、長く伸びた葉が水をよくはじく。葉の断面はアルファベットの大文字「M」の形をしており、水が当たると中央のくぼんだ部分の溝を伝わって流れる。この葉は、素手でさわれば手を切ってしまうほど鋭い。六合地域で生活を展開してきた人びとは、これを見逃さない。形状といい、繊維の丈夫さといい、道具に仕立てるための植物としてとてもすぐれている。しかも、ごく身近な自然界から手に入る、いわば手持ちの植物である。しかし、それほどまでに丈夫な繊維を持つ〈スゲ〉は、刈り取ったあと、そのまま天日干ししただけでは道具に加工することができない。そこで、その繊維を柔らかくするために、天日干しの済んだ〈スゲ〉を温泉水に浸ける。その場所を「ネド（寝処）」と呼び、その作業を「ネドー　スル（寝処をする）」と表現する。六合地域の入山集落では、刈り取って天日干しした〈スゲ〉を、長笹川《ながささがわ》に湧き出る尻焼温泉《しりやきおんせん》に浸ける。柔らかくなったスゲは、温泉水から取り出してもう一度天日干しして、〈蓆〉や〈縄〉にこしらえる。それぞれを「モシロ（蓆）」「ナワ（縄）」と呼ぶ。〈縄〉は、〈炭俵〉をつくる時の縦糸や、〈草履〉をつくるときの芯にもする。

このように、六合地域には、植物としての〈スゲ〉を表す語、〈スゲでできたもの〉すなわち〈スゲ細工〉を表す語、〈スゲ細工の工程〉を表す語などが、体系として存在する。同じ群馬県の中でも、平野部の地域にはこれらの語彙体系は存在しない。つまり、自然環境の差が、生活や生業の差となり、語彙体系の差を生み出す。その結果が、方言語彙の差としてあらわれる。ある意味分野の語彙体系の有無や、地域独特の造語法を反映した語形のちがいとなってたちあらわれてくるのである。

本章では、このように生み出される方言語彙の中から、養蚕業という生業を取り上げ、そこで用いられる語彙を中心に解説をすすめる。先に示した〈スゲ細工〉は、ある地域に特有の独特な生業である。そのため、〈スゲ細工〉に関する語彙の意味分野は、特定の地域にしか存在しない。一方、養蚕業は、近代以降日本全国で行なわれてきた生業であり、その意味分野も全国に存在する。昭和三一年（一九五六）には、日本放送協会（一九五六）から『養蚕用語のてびき』が編集され、出版されている。これは、漢語が多く難解である養蚕業の専門用語を、音声だけでも伝わりやすいよう、やさしく言い換えるための用語集である。このことからもわかるように、養蚕業の情報は、全国放送において頻繁に話題になる時代があった。しかし、養蚕業への関わり方については地域によって大きな差があるのは確かなことであり、そこで用いられる語彙の体系はそれぞれの地域の緊密さのちがいをもって存在していると考えられる。そのため、同じ生業が展開される中で全国の方言差はどのようにあらわれるのか、また、養蚕業との関わり方の度合いによって語彙のあり方はどのようにあらわれるのかを明らかにすることが、本章の課題となる。

三．養蚕業で用いられる語彙の地域差

(1) 〈蚕〉を表す語の方言分布

新井（二〇一〇、二六頁）では、養蚕語彙を次のように定義している。

主に養蚕業従事者が、養蚕世界において養蚕を営むために用いる語のまとまりを養蚕語彙とする。養蚕世界とは、実際に養蚕がおこなわれる場であり、そこに存在する具体的な〈もの〉や〈こと〉のすべてをふくむ。「蚕（幼虫）に桑などを与えて飼い育て、繭を生産する産業」が養蚕である。その過程で必要とされ、用いられている生活語彙が養蚕語彙である。

養蚕業に従事する者をはじめ、何らかのかたちで養蚕業に関わる者が、養蚕の過程で用い、養蚕世界を概念化し、かつ、構造化する語の集合が養蚕語彙である。

ここでは、その語彙体系の中から、養蚕業の中心にいる〈蚕〉を表す語を取り上げ、日本全国の方言にみられる地域差を説明する。〈蚕〉は、養蚕業において飼育の対象となる生き物である。それを表す語の造語法と方言分布の実態を示し、その背景にある生活、すなわち、各地域における養蚕業の価値や歴史との関係を考える。

日本全国の〈蚕〉を表す方言語彙を把握できる資料には、次のようなものがある。

①柳田國男（一九三一）「音訛事象の考察」『方言』一、「音訛事象の考察（二）」『方言』二、「音訛事象の考察（三）」『方言』三　春陽堂［後に『西は何方』（一九四八）甲文社］
②東條操編（一九五一）『全国方言辞典』東京堂出版
③東條操編（一九五四）『標準語引き　分類方言辞典』東京堂出版
④徳川宗賢監修・尚学図書編（一九八九）『日本方言大辞典』小学館
⑤平山輝男編（一九九二）『現代日本語方言大辞典』第二巻　明治書院
⑥東北大学方言研究センター（二〇〇一）「消えゆく日本語方言の記録調査」資料［未公開。調査については、小林隆・篠崎晃一（二〇〇三）『消滅の危機に瀕する全国方言語彙資料』を参照］
⑦佐藤亮一監修・小学館辞典編集部編（二〇〇四）『標準語引き日本方言大辞典』小学館
⑧国立国語研究所（二〇一六）「方言の形成過程解明のための全国方言分布調査」（ＦＰＪＤ）（プロジェクトリーダー大西拓一郎「全国方言分布調査」http://www2.ninjal.ac.jp/hogen/dp/fpjd/fpjd_index.html）

これらの資料によって、明治後期から現在までの間に、各地で用いられてきた〈蚕〉を表す語を知ることができる。これらのうち、⑥によって作成した方言分布地図が図2－1である。話者は、昭和七年（一九三二）以前生まれ、調査時に七〇歳以上であった男性である。調査年は、平成一三年（二〇〇一）である。

図2－1をみると、〈蚕〉を表す語の地域差は顕著である。この地域差を生み出す要因を論ずる前に、〈蚕〉を表す語の造語法を詳述する。そこに、地域ごとの養蚕業あり方が関わっていると考えるためである。〈蚕〉を表す語の最も古い形式はコである。現代日本語における共通語ではカイコである。この語は、『万葉集』にみられる形式「飼ふコ」から生じたものと考えられる。

図2－1では、造語成分にコを含む語と、含まない語がみられる。凡例の形式でみると、前者は三一種類、後者は一八種類ある。コは合成語の一部となり、〈蚕〉を表す語の造語成分として機能している。造語成分にコを持つ語を用いる地域が圧倒的に多く、コを持たない語は各地域に点在している。上代から用いられてきた一音節コは、様々な合成語の一部として生きているということが確認できる。方言分布をみると、コは徳島、愛媛、熊本、長崎に各一地点ずつ分布する。同様に、クワコは青森に三地点、秋田、宮城、千葉、三重、広島、山口、佐賀に各一地点ずつ分布する。いずれも分布域を持っているとは判断しにくい。一方、カイコは全国に広い分布域を持ち、現代日本語の共通語として通用していることがうかがえる。特に、西日本での分布は広がりがある。東日本では、他の語形の分布域の中に小さな広がりを持って分布している。つまり、西日本と東日本では、カイコの分布のありようが異なる。

西日本におけるカイコ以外の語形は、カイコおよびそれが音声変化したケゴに、敬意を表す形式を付したものが分布域を持つ。カイコ系の語は共通語の形式であると同時に、西日本に広がる語形である。

ところで、造語成分にコを持ち、かつ、敬意を表す形式オ（御）、トド（貴い）、サマ（様）、サン（様）、ジョ、ドンを持つ語形に注目すると、次のように分類することができる。

①コに直接、敬意を表す形式を付す語形
②コを持つ合成語に、敬意を表す形式を付す語形

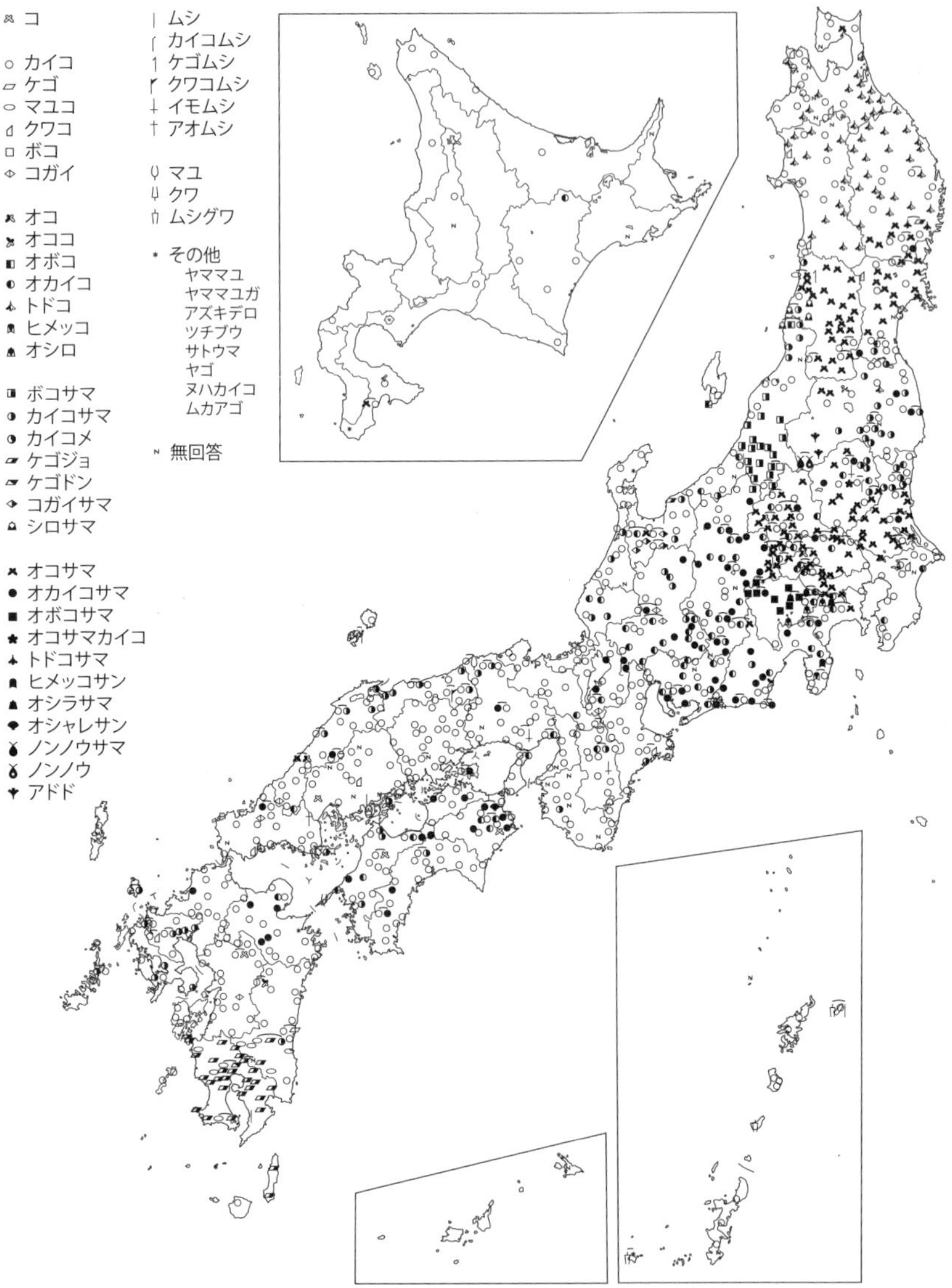

東北大学方言研究センター
「消えゆく日本語方言の記録調査」資料（2001年度調査）より地図化

図2－1　〈蚕〉を表す語の方言分布（新井 2017）

①の語が連続した広い分布域を持つのは、青森、岩手、山形、宮城と、茨城、栃木、群馬、埼玉、東京、神奈川である。西日本には、島根、宮崎に一地点ずつしか分布しない。その他の地域には、②の語形と、敬意の形式を持たない語形が分布する。

それぞれの語を構成する造語成分に注目しながら、その語の分布域を確認すると、東日本だけに広がりを持って分布する語形がある。まず、トドコは、「貴い＋蚕」と解釈される語である。青森、岩手、秋田に連続した分布域を持つ。福島には一地点ある。この地域だけに分布する特徴的な語であるといえる。つぎに、オコサマは「御＋蚕＋様」である。〈蚕〉を表す語形の最も古い形式の前後に、敬意の接辞を付した語である。岩手の南部から、宮城、山形、福島の北部にかけて、また、栃木、茨城、群馬、埼玉、東京、神奈川にかけて、それぞれ広がりをもった分布域を持つ。さらに、ボコサマ、オボコは「ぼこ」に「様」「御」を付した語形である。新潟県に分布域を持つ。オボコサマは、「ぼこ」の前後に「御」と「様」をともに付す語形である。長野県の南部と山梨県に分布域を持つ。

一方、②のうち、西日本に広がりを持って分布する語を確認すると、東日本ほど種類は多くない。宮崎の南部と鹿児島に分布するケゴジョ、ケゴドンだけである。ケゴは「かいこ」の音声変化した語形である。「かいこ」の［kai］の部分が［ke］と変化し、ケゴとなったものと考えてよい。「じょ」および「どん」は、親愛や尊敬の意を表す接尾辞である。敬意の意味合いをこめた造語成分をもつ語は、周圏分布をなしており、東日本と西日本を比べると相対的に東日本の方が多様な語形を造語しているといえる。

ちなみに、造語成分コを持たない語は、分布域を持つ語であってもその広がりはせまく、孤立した分布となっている。まず、ノンノウ、ノンノウサマは福島の一地点でみられる。オシロ、シロサマ、オシロサマは、それぞれ「御＋白」「白＋様」「御＋白＋様」という造語成分からなる語である。造語成分が共通しているこれらの語形は、山形、山梨、神奈川に連続した分布がみられる。ノンノウやシロは、敬意を表す造語成分「お（御）」や「さま（様）」とも相性がよく、〈蚕〉の持つ神話性との関係がありそうな形式である。限られた地域に分布し、それは東日本に偏っている。さらに、〈蚕〉と隣接関係にある対象を表すムシ、マユ、クワの造語成分を持つ語形は、圧倒的に西日本に多い。敬意を表す造語成分を持たない語形を用いる地域が広がっていることとも無関係ではなさそうである。

（2）全国の養蚕業と方言分布

〈蚕〉の語に用いられる造語成分に注目して明らかとなった方言分布を、養蚕業の実態と重ね合わせてみる。

大日本蚕糸会（一九二一）によって、近代の日本における繭の生産量をみてみると図2－2のようになる。明治二五年（一八九二）から大正八年（一九一九）までの間に、繭の生産量は急増している。特に西日本での増加が著しいことがわかる。生糸の需要が増していった時代の、養蚕の隆盛ぶりが想像されるとともに、東日本では、もともと盛んであった養蚕がさらに盛んになっていったという様子を知ることができる。

また、大迫（一九七五）によって、都道府県別の桑園面積を確認する。日本全国の桑園面積は、昭和五年（一九三〇）を頂点として、その後は減少傾向にあるという。大迫（一九七五）では、各都道府県の桑園面積と桑園率（桑園面積の総耕地面積に対する割合）の推移を、「明治期（一九〇〇）」「昭和初期（一九三〇）」「現在（一九七〇）」という時間軸を設定して解説している。「明治期」は、繭生産量、桑園面積、蚕糸行政のいずれをみても、養蚕の「増大期」だとする。同様に、「昭和初期」は「増大期」よりもさらに桑園面積は増えて黄金時代を迎える「急伸期」だとし、「現在」は昭和後期の「漸減期」「激減期」を経て「停滞期」だとする。それぞれの時間軸において、桑園面積と桑園率を比較し、その変化のあり方によって、養蚕地域を次の五つに類型化している。

①中心地型：いずれの時代も養蚕の地位が高い地域
②持続型：養蚕の地位は高いものの衰退が顕著な地域
③衰退型：明治期から最盛期までは養蚕の地位が高いがその後の衰退が著しい地域
④一時伸長型：昭和初期の最盛期のみ養蚕の地位が上がった地域
⑤不振型：養蚕の地位が上がらない地域（養蚕を取り入れたものの早い時期に衰退した）

これを地図に示したものが図2－3である。近代化以降も伝統的に養蚕の盛んな地域は、「中心地型」と「持続型」に分類されている地域である。

〈蚕〉を表す語の方言分布（図2－1）を、〈繭〉の生産量（図2－2）や〈桑園〉の面積（図2－3）と重ね

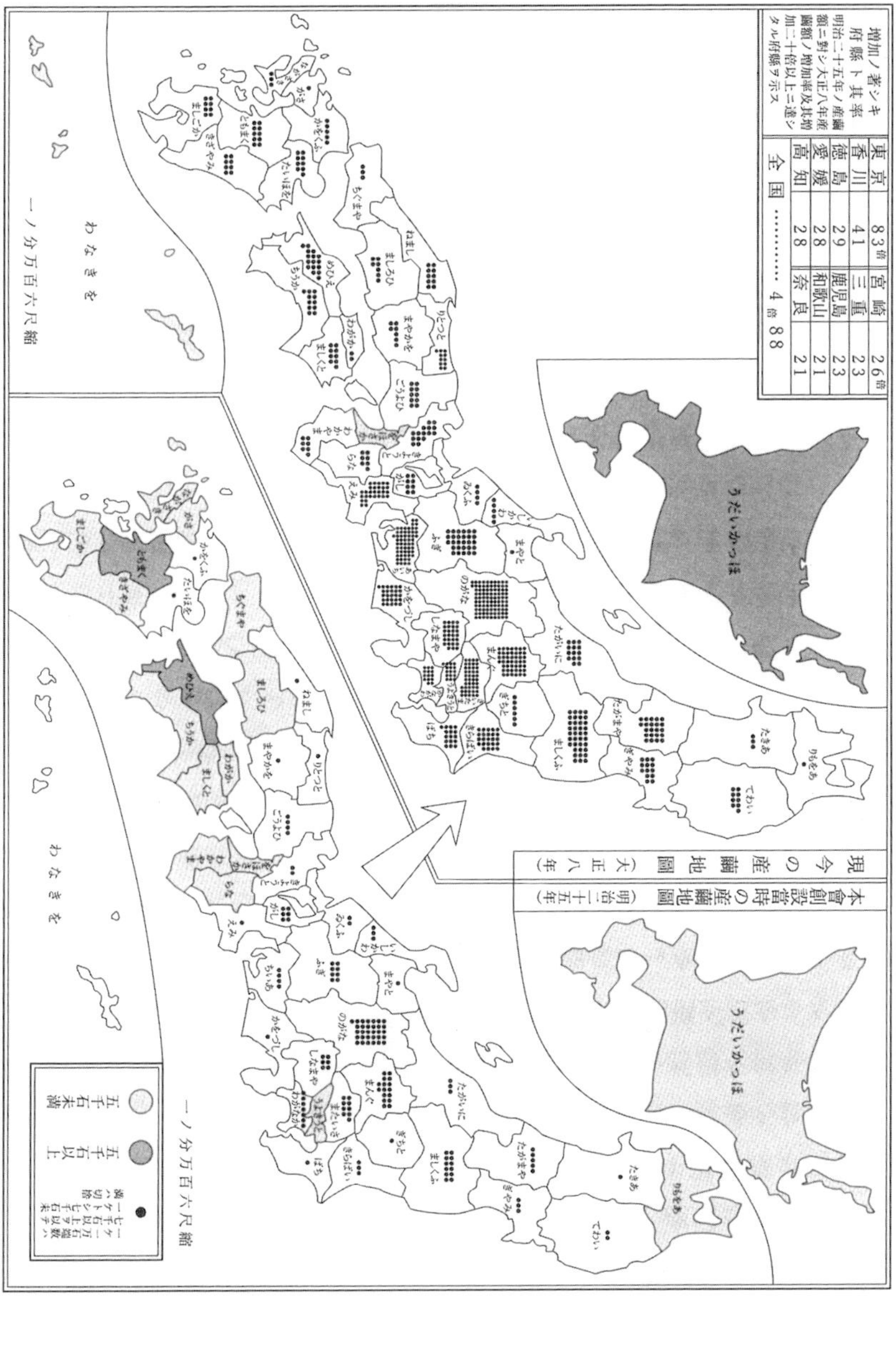

図2-2　都道府県別にみた繭の生産量（大日本蚕糸会 1921 を一部改変）

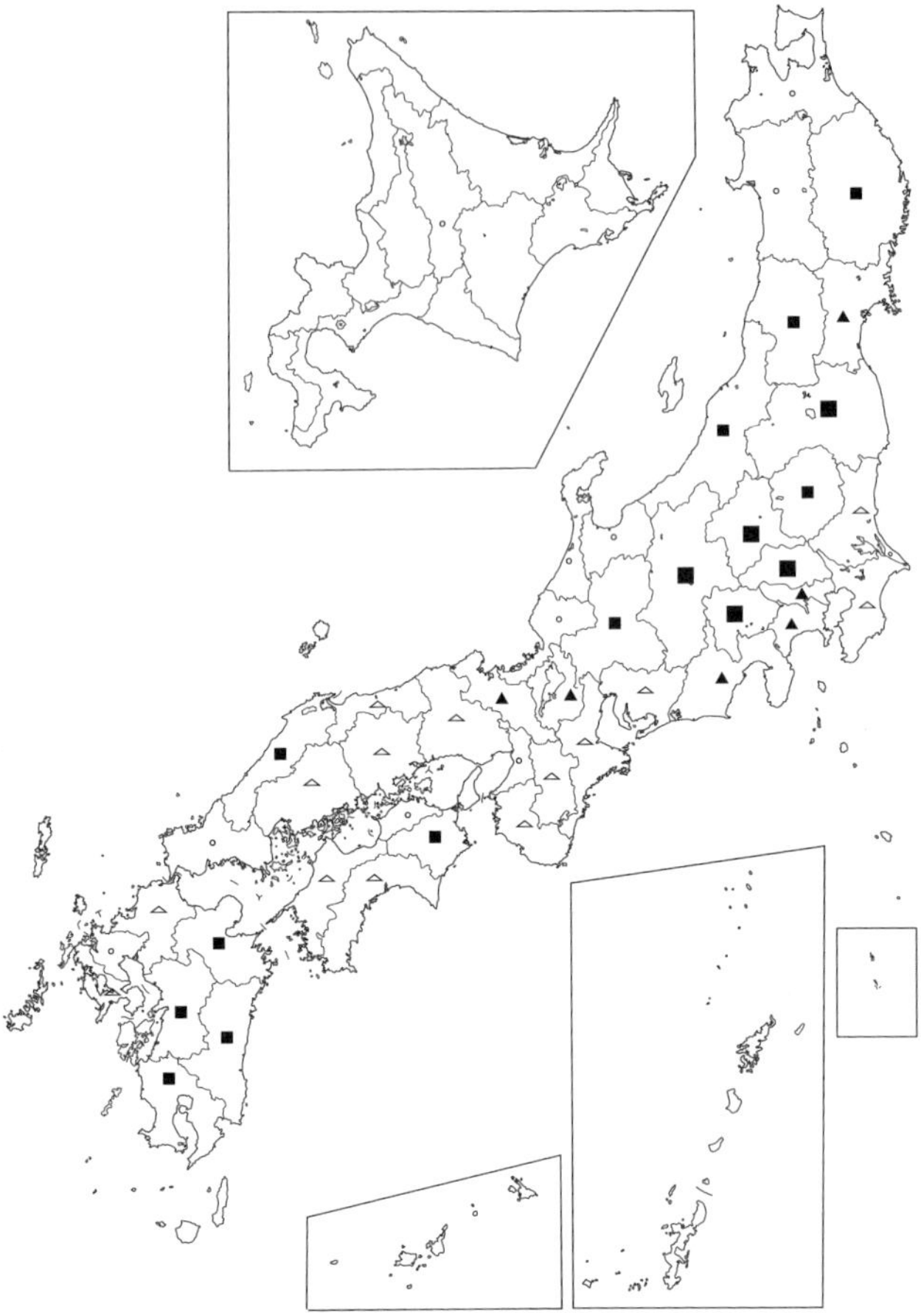

■ 中心地型：いずれの時代も養蚕の地位が高い地域
福島・群馬・埼玉・山梨・長野

■ 持続型：養蚕の地位は高いものの衰退が顕著な地域
山形・岐阜（伝統的に高い水準）
岩手・栃木・新潟・島根・徳島・熊本・大分・宮崎・鹿児島（昭和期から高い水準）

▲ 衰退型：明治期から最盛期までは養蚕の地位が高いがその後の衰退が著しい地域
宮城・東京・神奈川・静岡・滋賀・京都

△ 一時伸長型：昭和初期の最盛期のみ養蚕の地位が上がった地域
茨城・千葉・愛知・三重・兵庫・奈良・和歌山・鳥取・岡山・
広島・愛媛・高知・福岡・長崎

○ 不振型：養蚕の地位が上がらない地域（養蚕を取り入れたものの早い時期に衰退した地域）
北海道・青森・秋田・富山・石川・福井・大阪・山口・香川・佐賀

図2－3　桑園面積に注目した養蚕の盛んな地域（大迫1975より作図）

合わせると、敬意を含む語形は、養蚕業が伝統的に盛んであった地域に分布する。つまり、あの小さき昆虫である〈蚕〉に対し、敬意をこめた名づけを行なっている地域は、〈繭〉の生産量が高く、〈桑園〉の面積が広い地域とほぼ重なるのである。〈蚕〉が生計を支える生活の糧であるがゆえに、大切に扱われているという解釈が成り立つと同時に、もっと原始的な、あるいは純粋な、養い育てる対象への親愛の情が表現されたものであるとも解釈できる。養蚕業を盛んにさせる土壌を潜在的に備え持っている地域では、〈蚕〉を敬意の対象として捉えている。生計を支える意味での重要性と、養い育てる対象としての親愛の感情や、小さな虫に見いだした神秘性が表現されたものであるといえよう。

なお、図２－１の方言分布は、昭和七年（一九三二）以前生まれの話者から得られた語形に基づいている。繭の生産量（図２－２）と桑園面積（図２－３）からみた全国の養蚕事情は、図２－１の話者の世代と比較すると一世代から二世代前の状況を示していることになる。話者が生まれ育った時代は、日本全国で養蚕業は行なわれてはいたものの衰退期を迎える時代と重なる。養蚕事情の変化が著しい中にあって、全国で用いられている〈蚕〉を表す語については、一時代前の養蚕事情を反映したものであるといえよう。

四．まとめ

日本全国で、養蚕業を生業としていた時代があった。養蚕業しかし、その歴史や価値は地域によって異なる。養蚕業の中心にいる〈蚕〉を表す語は、それぞれに異なる生活世界における養蚕業の位置づけを反映する。養蚕業が、その地域にとって重要な、あるいは中心的な生業であれば、そこで養い育てる〈蚕〉への価値判断が造語にあらわれる。その地域の語彙体系の中に持っている形式が造語成分として用いられるため、それが地域差となってあらわれている。〈蚕〉を表す語は、動植物語彙、昆虫語彙といった意味分野にも分類されよう。それらの意味分野に位置づけてみたとしても、各地域における養蚕業のあり方を反映した造語発想法になっていると考えられる。

生業語彙には地域差がある。生活世界の違いから生ずる現象であり、かつ、その生業の価値や歴史を反映する現象であるといえる。

文献

新井小枝子（二〇一〇）『養蚕語彙の文化言語学的研究』ひつじ書房

新井小枝子（二〇一二）『シルクカントリー双書九　絹のことば』上毛新聞社

新井小枝子（二〇一七）「〈蚕〉を表す語彙―造語法と方言分布」『地域政策研究』一九―四、高崎経済大学地域政策学会

石井正彦（二〇〇七）『現代日本語の複合語形成論』ひつじ書房

大迫輝通（一九七五）『桑と繭―商業的土地利用の経済地理学的研究』古今書院

大西拓一郎編（二〇一六）『新日本言語地図―分布図で見渡す方言の世界』朝倉書店

篠木れい子（一九九六）「食語彙を読む」『月刊言語』二五―一一

篠木れい子（一九九九）「日本における粉食の文化史―生活語彙と生活文化史」『食文化助成研究の報告』九、財団法人味の素食の文化センター

大日本蚕糸会（一九二二）『大日本蠶絲會報』三五一

日本放送協会放送文化研究所編（一九五六）『養蚕用語のてびき』日本放送協会

藤原与一（一九六二）『方言学』三省堂

藤原与一（一九七〇）「方言語彙」『正しい日本語第四巻　語彙編』明治書院［藤原与一（一九九九）『藤原与一方言学論集上巻方言学建設』ゆまに書房に再録］

藤原与一（一九七三）『昭和日本語の方言第一巻　昭和日本語方言の記述―愛媛県喜多郡長浜町櫛生の方言』三弥井書店

藤原与一（一九八六）『続昭和日本語方言の総合的研究第一巻　民間造語法の研究』武蔵野書院

室山敏昭（一九八七）『生活語彙の基礎的研究』和泉書院

第三章　キリシタン文化と方言語彙

小川俊輔

本章は、「南蛮文化」の下位概念である「キリシタン文化」と方言語彙との関係について記すことを目的とする。より具体的には、キリシタン宗門と直接関係のある外来の物質文化、精神文化の受容、変容、土着、あるいは拒絶、忘却の様相を、方言語彙をとおして読み解こうとするものである(1)。

一．キリシタンの教義に関するラテン語、ポルトガル語・スペイン語の受容

中世末期から近世初期にかけて日本に渡来したキリシタン宣教師の共通語は、ラテン語とポルトガル語・スペイン語であった。日本でのキリシタン伝導において、布教当初は、神Deusを「大日」と翻訳するなど、ラテン語、ポルトガル語・スペイン語の宗教用語を日本語に置き換えることも試みられたが（「訳語主義」）、やがて、キリシタン信仰の核心を担う語については、原語がそのまま用いられるようになった（「原語主義」）（土井　一九三三）。「原語主義」によって編纂されたキリシタン資料の一つ『Doctrina《どちりいな》 Chriftan《きりしたん》』（一五九二年刊、天草版）の扉頁には、次の文言が記されている（傍線は本章の筆者による、以下同様）。

NIPPONNOIESVS no Companhia no Superior yori Chriftan ni soto no cŏtŏuari uo tagaino mondŏ no gotoqu xidai uo vacachi tamŏ DOCTRINA.

以上を、橋本（一九六一、五七頁）は次のように翻刻している（ルビは省く）。

　日本のゼズスのコンパニヤのスペリヨルよりキリシタンに相当の理を互の問答の如く次第を分ち給ふドチリイナ。

IESVS（イエス）、Companhia（会）、Superior（上長）、Chriſtan（キリシタン）、DOCTRINA（教義）などの原語がみえる。橋本（一九六一、四五〜五六頁）には、『Doctrina Chriſtan』にみられる原語が列記されている。その総数は一八二語である。[2]

　しかし、これらの語は、今日、そのほとんどが失われてしまった。江戸幕府による禁教政策の為である。だが、中には、潜伏キリシタン・カクレキリシタンによって幕末まで伝えられ、明治以降は、主に、彼らの子孫に当たる長崎や天草地方のカトリック信者によって、今日まで使用され続けてきた語もある。それらの語の歴史を一語ごとに描いてきたのが、小川による一連の研究である。取り上げられている語は、ＡＢＣ順にamen（そのとおりです／そうなりますように）、Christão（キリシタン）、contas（念珠）、gentio（非カトリック信者）、Jesus（イエス）、oratio（祈祷、祈祷文）、padre（神父）、paraiso（天国）、pater（父、神父）、rosario（ロザリオ＝念珠）、Santa Maria（聖母マリア）の一一語である（章末の参考文献を参照）。

　小川の研究は、九州地方三〇〇地点における現地調査に基づく。右記の一一語のうち、主としてカトリック信者にのみ使用されてきたのは、contas・gentio・oratio・paraiso・pater・rosario・Santa Mariaの七語である。特定の宗教の信仰者によってのみ使用されてきたことから、この七語は、地域方言ではなく社会方言である、と言えそうである。しかし、実は、これらの語は潜伏キリシタン・カクレキリシタンを先祖に持つ長崎・天草出身または在住のカトリック信者にのみ使用されていた。その意味では、この七語は、地域方言である、とも言える。他方、amen・Christão・Jesus・padreの四語は、カトリック信者ではない人々にも使用され、かつ、特定の地域（主に長崎県内）で使用されてきたことから、まさしく、地域方言である、と言える。以上の四語のうち、三.でamenとChristão、四.でpadreについて取り上げる。その際、以上の三語についてのみ記述するのではなく、三.では、「キリスト教の信者」を表す複数の語（Christão・Christian・amen・信者・カトリックなど）の「分布」、「接触」、「交替」に焦点を当て、四.では「神父」を表す複数の語のうち、padreから生まれた語「バテレン」の「意味変化」に焦点を当てて記述する。

二．「キリスト教の信者」を表す語の受容、変容、土着

今日、キリスト教の信者は「クリスチャン」と呼ばれることが一般的である。他方、初めて日本国内にキリスト教信者が生まれた中世末期、彼らは「キリシタン」と呼ばれていた。これは、「キリスト教の信者」を表す語に歴史的変遷があった、ということである。小川（二〇〇七a）は、平成一五〜一七年（二〇〇三〜二〇〇五）にかけて実施された九州地方三〇〇地点における現地調査の結果に基づいて「キリスト教の信者」を意味する語の言語地図を描き、地理言語学の方法により、当該地域における当該事象の歴史的変遷過程について考察を行なっている。ただし、同論文に掲げられた地図1〜3は「キリスト教の信者である被調査者」の回答と「キリスト教の信者ではない被調査者」の回答とを区別せずに示している。そこで、本章では、両者を区別し、「キリスト教の信者」を表す語の歴史的・社会的・地理的変異の発生とその要因について考えることにする。

（1）カトリック信者は「キリスト教の信者」をどのように呼称するのか？

図3－1には、カトリック信者[3]である被調査者の回答語形（全二二地点）が示されている。「キリシタン◉」系が九地点、「シンジャ▣」系が二〇地点、「カトリック8」系が一三地点に分布している。多くの地点で二つ以上の語が併存している。各語に対して、「古い語である」「新しい語である」などの説明（＝語に対する新古の判断）があった場合は、それを地図上に示した。

「キリシタン◉」系の語に対して、回答された九地点のうち六地点で「古い語である」との説明がなされた。他方、この事象に対して「新しい語である」との説明は全く聞かれなかった。

最も多くの地点（二〇地点）で回答された「シンジャ▣」系の語に対しては、五地点で「新しい語である」との説明がなされた。このとき「古い語」とされたのは、すべて「キリシタン◉」系の語であった。他方、二地点で「シンジャ▣」系の語に対して「古い語である」との説明がなされている。このとき「新しい語」とされたのは、すべて「カトリック8」系の語であった。

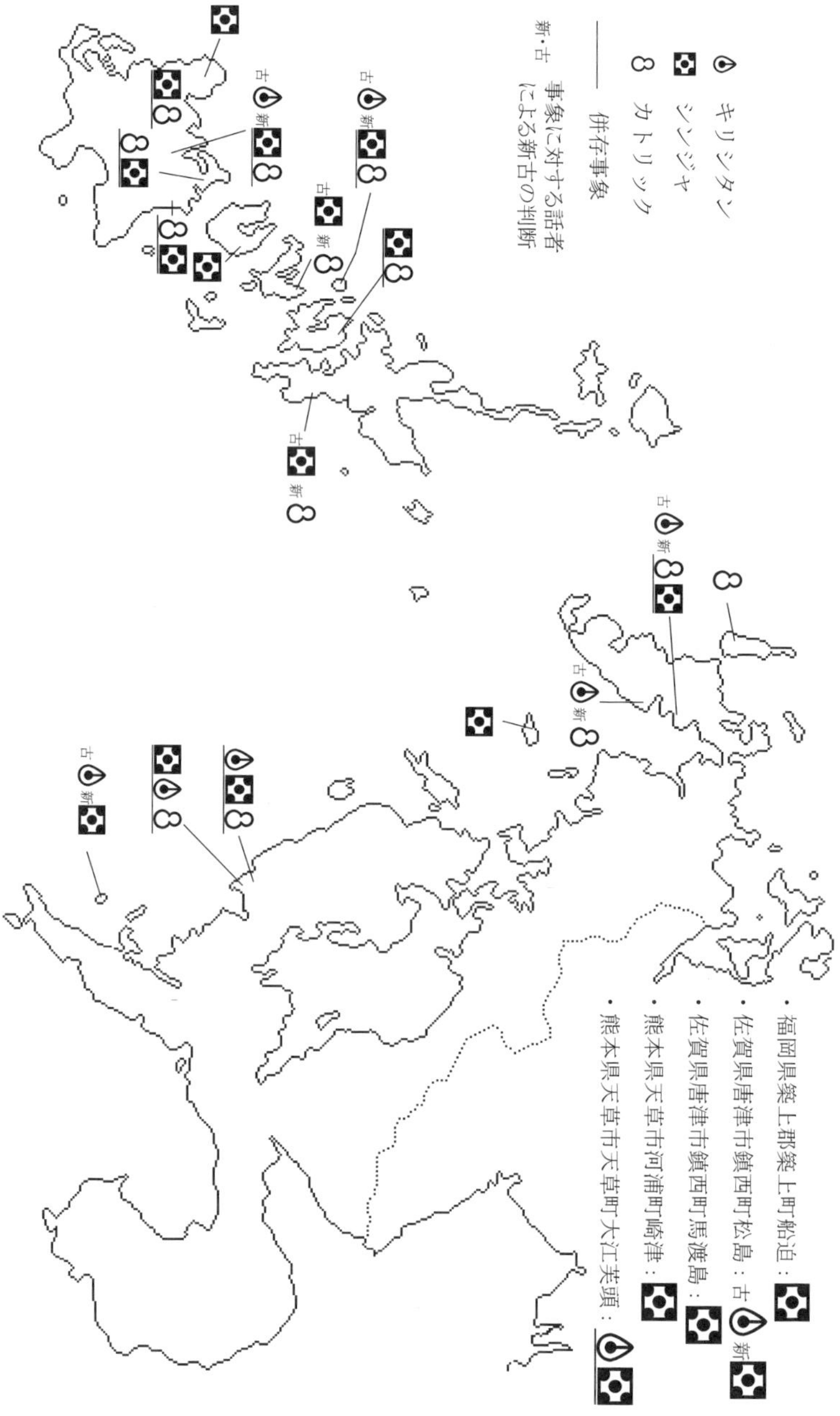

図3−1　「キリスト教の信者」：被調査者＝カトリック信者（小川 2007a より作成）

「カトリック8」系の語に対しては、回答された一三地点のうち六地点で「新しい語である」との説明がなされた。他方、この事象に対して「古い語である」との説明は全く聞かれなかった。また、「『カトリック』が正式名称である」、との説明も一地点で聞かれた。

以上から、カトリック信者が「キリスト教の信者」を呼称する場合の事象は、古い順に、

「キリシタン◉」系→「シンジャ▣」系→「カトリック8」系

であったことがわかる。

(2)「キリシタン」と「クリスチャン」の「混淆」と「棲み分け」

今日、「キリスト教の信者」を指す語として最も一般的なのは、英語Christianを祖とする「クリスチャン」である。この語が使用されはじめたのは、明治時代以降のことである。小川（二〇〇七a）の地図1~3においても、九州全域で「クリスチャン」が使用されている。そして、長崎県以外では、ほとんど「クリスチャン」のみが使用されている。一方、長崎県では複数の語が使用されている。長崎県における「キリスト教の信者」を表す語の分布とその歴史は複雑だが、最も大きな潮流として、かつて最も広く使用されていた「キリシタン」が次第に使用されなくなり、これに代わって「クリスチャン」が使用されるようになったことを挙げることができる（小川 二〇〇七a）。

しかし、九州全域で単純に「キリシタン」が「クリスチャン」にとって代わられたのではなかった。以下に示すとおり、長崎県内のいくつかの地域では「キリシタン」と「クリスチャン」が「混淆」して新しい語形が生まれ、他方では「キリシタン」と「クリスチャン」の意味の「棲み分け」が起きたのである。

「混淆」については二例あり、一例が「キリシチャン」（長崎県南島原市布津町乙中通）、もう一例が「クリスタン」（長崎県北松浦郡小値賀町前方郷筒井浦）である（ただし、二例とも接触によらない自律的な音声変化の可能性もある）。

「キリシタン」と「クリスチャン」の意味の「棲み分け」とは、具体的には、「キリシタン＝カトリック信者」、「クリスチャン＝プロテスタントの信者」というものである。この「棲み分け」の事例は、長崎県在住の複数のカトリック信者から報告された。長崎県のカトリック信者は、迫害を受け、殉教者まで生みながら信仰を護り続けてき

た「キリシタン」の子孫・末裔であることを自覚し、そのことに誇りを持っている（小川 二〇一三b）。そのような意識が、長崎県在住のカトリック信者による「クリスチャン」の受容を抑制し、[4]他方では「キリシタン」と「クリスチャン」の意味の「棲み分け」を生む要因となった。

そして、この「棲み分け」は、過去の遺物ではない。以上の「棲み分け」について、本章の筆者が大学の授業（平成二一年（二〇〇九）七月二九日）で紹介したところ、受講生のK君（一九九〇年生まれ、カトリックの神言修道会が経営する長崎南山高校卒業）から、「自分自身が『キリシタン』と『クリスチャン』をそのように使い分ける」との発言があり、続けて、「カトリックとプロテスタントの違いは、教会に行く、行かないでわかる。カトリック信者は熱心に教会へ行く。プロテスタントの人は、本人がそう名乗らなければ、その人がプロテスタント信者かどうかわからない。」との説明があった。なお、K君はキリスト教の信者ではない。

（3）「シンジャ」の使用の広がり

（1）において、「キリスト教の信者」を表す複数の語のうち、長崎県のカトリック信者に最も広く用いられているのは「シンジャ」であることを述べた。実は、「シンジャ」は、キリスト教の信者ではない人々にも「キリスト教の信者」を表す語として使われている。特に、カトリック教会が多く存在し、集落全戸・全員がカトリック信者である、という場合も多い五島列島では、五一名のカトリック信者ではない被調査者のうち三七名から「キリスト教の信者」を表す語として「シンジャ」が回答されている。他方、九州全域（五島列島を除く）では、一九〇名のカトリック信者ではない被調査者のうち、一七名だけが「シンジャ」を回答している（小川 二〇〇七a の地図1〜3参照）。「シンジャ」の漢字表記は「信者」であり、元来、特定の宗教・宗派の信仰者を表す言葉ではない。しかし、五島列島では、「シンジャ」＝「キリスト教の信者」なのである。これは、（1）でみたカトリック信者による「シンジャ」の使用が、他の宗教・宗派の信仰者に広がったものと解釈できる。その経緯は詳らかではないが、例えば、次のような事例をとおして説明することができそうである。以下は、あるカトリックの修道会が経営する大学の教授会での会話（作例）である。

「今度の学長、信者ではないらしいね。」「信者でなくてもなれるんだねえ。」

この会話において、「信者」が「カトリック信者」の意であることは容易に想像できる。すなわち、何らかの宗教・宗派の「信者」について話題にするとき、その「宗教・宗派」が話し手と聞き手に特定・共有されていれば、その宗教名・宗派名は省略されうる、ということである。現代の都市生活では、他人の信仰や宗教について話題にすることは避けられがちであるし、実際にそのような会話を耳にすることも少ない（仮に話題にするとすれば、まず、宗教名・宗派名が確認されるはずである）。一方、五島列島には、キリシタン時代以来の布教、迫害、潜伏、復活の歴史があり、また、毎週日曜日、ミサに参列するために教会に通い、朝・晩や食前・食後の祈りを欠かさない、といったカトリック信者の熱心な信仰態度が現前する。五島列島において、「信者」＝「キリスト教の信者」という用法が、今日においても、また、キリスト教の信者ではない人にも使用されるのには、以上のような歴史的な経緯から説明できるのではないだろうか。

（4）方言語彙に見るキリシタン禁制・迫害・差別の痕跡(5)

『日本国語大辞典』（第二版、二〇〇〇～二〇〇二）は、「キリスト教の信者」を表す差別語・蔑称語として、アーメン、げどう（外道）、バテレンの三語を載せる。それぞれ、次のような記載がある。

アーメン：キリスト教やキリスト教徒をひやかしたり、さげすんだりしていう語。＊牛肉と馬鈴薯（一九〇一）〈国木田独歩〉「矢張その頃は熱心なアーメンの仲間で」。＊桜の実の熟する時（一九一四～一八）〈島崎藤村〉二「奈何もあたしは、アーメンは嫌ひだ」

げどう：方言 キリシタン。長崎県五島。

バテレン：語誌 江戸中期から明治にかけてもキリスト教とその宗徒に対する偏見を含んだ俗称として用いられた。

図3－2は、小川（二〇〇七a）の地図2・3から「キリスト教の信者」を表す複数の語のうち差別語・蔑称語のみを取り出して描いたものである。「アーメン」系、「ゲドー」（外道）系、「バテレン」系のほか、「ボサ」

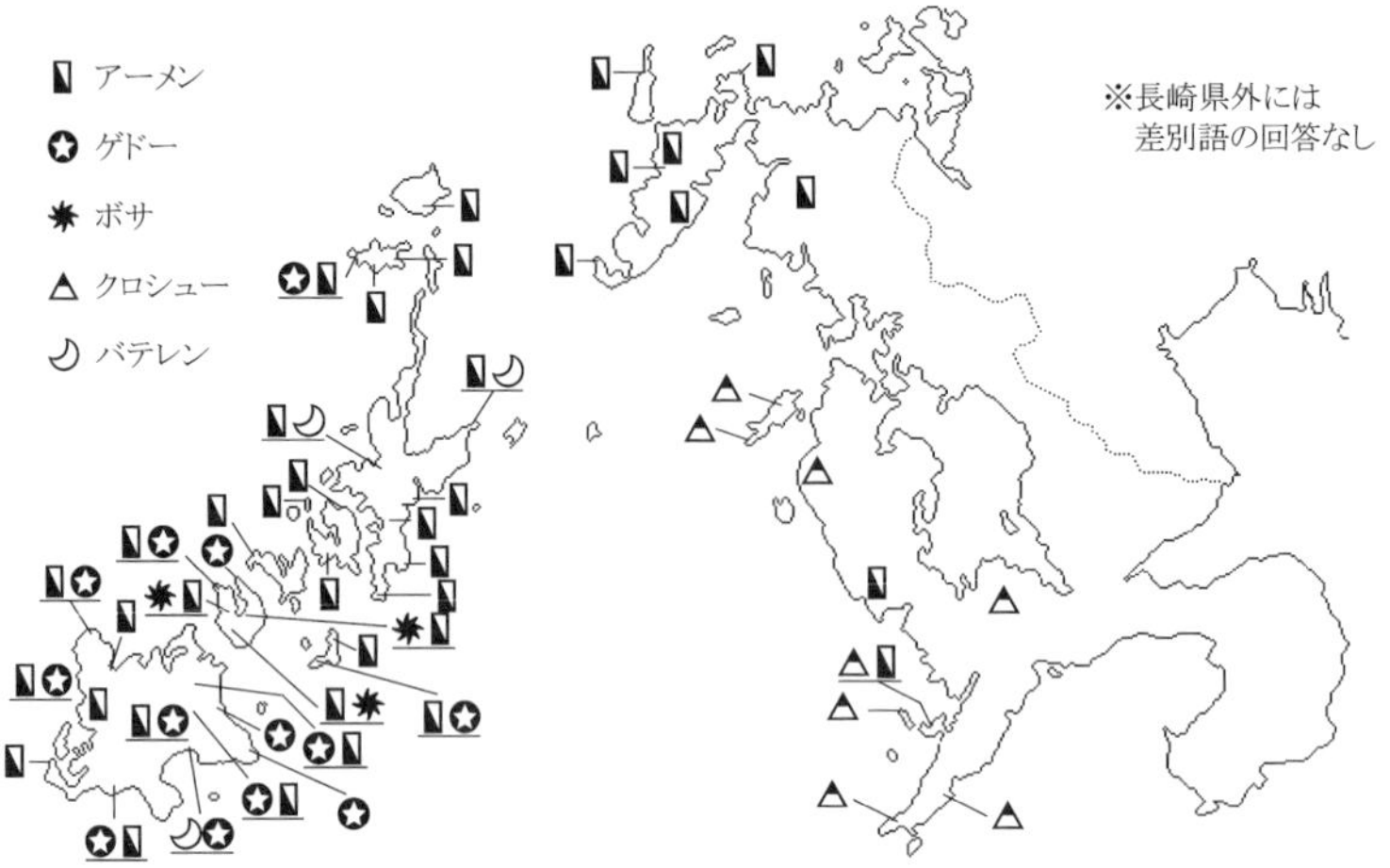

図3－2　差別語の分布（小川 2007a より作成）

系、「クロシュー」系が表れている。具体的な語形は、以下のとおりである。

◩「アーメン」系：アーメン、アーメンアーメン、アーメンサン、アーメンソーメン、アーメンソーメンヒヤゾーメン、アメンソメン

✪「ゲドー」系：ゲド、ゲドー、ゲドゲド、ゲドパッパ、ゲドバテレン

✸「ボサ」系：ボサ、ボサクレ

△「クロシュー」系：クロシュ、クロシュー、クロスー

☽「バテレン」系：バテレン、バテレンサン

ただし、これらの差別語・蔑称語は、「キリスト教の信者」について言及する場合にいつも必ず使用されたというわけではないようだ。以下は、それを示す話者の説明である。○「被調査者の説明」（調査地点、被調査者の生年、調査年月日）の順に記す。

○男の子が喧嘩するときには意味もわからず「キリシタンノタンコロガンが！」「フルキリシタンが！」とカトリックの人に向かって言っていた。

（長崎県平戸市大川原町、一九三五年、

二〇〇四年五月一二日）

○「ゲド」「ゲドパッパ」と意味もわからずけなし言葉で使っていた。「アーメン」とも言っていた。「このアーメンが！」。

（長崎県五島市田ノ浦町、一九二四年、二〇〇四年三月二五日）

○「ゲド！」などと言った。子どもの頃、仲間外しにした。「ゲドバテレン」「アーメンソーメン」などとも言った。

（長崎県五島市篭渕町西来院、一九三四年、二〇〇四年三月二一日）

○子どもの喧嘩のときには「アーメンソーメン」とも言った。

（長崎県西彼杵郡外海町西出津郷、一九三二年、二〇〇四年七月二四日）

以上の説明から、子どもの喧嘩のときなど、面と向かってカトリック信者をなじるときなどに頻用されたものとみられる。他方、右記の差別語・蔑称語の分布にはかなり明瞭な地域差のあることが注目される。各事象の分布領域は以下のとおりである。

◪「アーメン」系：五島列島および長崎本土の沿岸地域全体に多数

✪「ゲドー」系：下五島を中心に、上五島にも一地点

✹「ボサ」系：下五島に属する久賀島のみに三地点

△「クロシュー」系：長崎県本土の西部沿岸地域（西彼杵半島・野母半島）に八地点

☽「バテレン」系：五島列島に三地点

近年、これらの差別語・蔑称語は使用されなくなってきている。その理由は、これらの語が使用されてきた地域に広く浸透していたキリシタン邪教観（この邪教観を生んだのは、中世末期から近世期にかけて長く続いたキリシタン禁制、迫害）が薄れてきたためである。

小川（二〇〇七ａ）には、九州地方におけるキリスト教・キリスト教信者に対する差別・差別意識の有無、一九四八年当時にカトリックの教会堂が建てられていた地点、キリシタン禁制の時代に潜伏キリシタン・カクレキリシタンの組織が存在した地点が地図化されている。これらと地図３－２を重ね合わせてみると、次のようなことが言える。

潜伏キリシタン・カクレキリシタンの人々は、明治になってカトリック信仰が黙認されるようになると、教会に通い、カトリック司祭の指導を受けるようになった（いわゆる「キリシタンの復活」）。そして、潜伏キリシタン・カクレキリシタンの組織が存在した地域に教会が建てら

れ、カトリック信者の存在が顕在化した。それらの地域では、禁制時代以来のキリシタン邪宗観が太平洋戦争終結頃まで残り、その意識を背景として「キリスト教の信者」を指す「アーメン」や「バテレン」などの差別語・蔑称語が使われてきた。しかし、そのような意識が薄れるにつれ、それらの差別語・蔑称語は使われなくなり、差別的な意味合いを持たない「シンジャ」や「クリスチャン」などが使われるようになった。

三.「神父」を表す語の受容、変容、土着

本節では、地域方言となったキリシタン語彙のもう一つの事例としてpadreの受容、変容、土着について概観する。まず、『日本国語大辞典』（第二版、二〇〇〇～二〇〇二）の「バテレン」の項を抜粋して引用する。

> **バテレン**【伴天連・破天連・頗姪連】：（1）キリスト教が日本に伝来した当時の宣教師・神父に対する呼称。パーテレ。（2）日本に伝来したキリスト教の俗称。また、その宗徒。バテレン宗。（3）がむしゃらで荒々しいのを特色とする唄・三味線の一風の称。文化年間（一八〇四～一八）大坂に行なわれたもの。［語誌］（1）もとのポルトガル語に「伴天連」などの漢字をあて、その字音によって生じた語。（2）江戸初期まではキリスト教も「伴天連宗」ほか「南蛮宗」「だいうす宗」などと称されたが、次第に「吉利支丹」が一般化した（延宝八年以降は、徳川綱吉の諱を避けて「切支丹」「切死丹」と表記された）。（3）江戸中期から明治にかけてもキリスト教とその宗徒に対する偏見を含んだ俗称として用いられたため、江戸中期以降は（3）のような「荒々しい芸風」を意味したり、侠者の一派を「ばてれん組」と称したりすることもあった。［方言］（1）元気な娘。おてんば。徳島県　香川県小豆島（2）放蕩者。道楽者。新潟県佐渡

（1）padreとpaterの痕跡

小川（二〇〇七b）には、ポルトガル語padre（神父）およびラテン語pater（父、神父）に関する言語地図が掲げられている。質問文は「キリスト教の僧侶のことをどのように呼びますか?」である。地図上、「パーテルサマ」「バーテレサマ」「バテレン」という語が一地点ずつ回答されている。「パーテルサマ」は熊本県の天草地方に、「バーテレサマ」は長崎県の平戸《ひらど》島に、「バテレン」は五島に分布している。どの地点も離島地域であり、「シ

ンプ」または「ボクシ」とともに回答されている。この併存事象について、天草と平戸の被調査者から次のとおり説明があった。

○「昔は『パーテル様』と言った。今は『神父様』と言う。『パーテル様』は明治生まれの人が言っていた。」

（熊本県天草市天草町大江、一九二七年、二〇〇五年一〇月三〇日）

○「主に『神父様』と言うが、『バーテレ様』とも言うだろう。」

（長崎県平戸市津吉町、一九二五年、二〇〇四年五月一二日）

神父のことを「パーテルサマ」「バーテレサマ」「バテレン」と言うのは、中世末期に日本へ伝えられたpaterとpadreが受容され、土着し、化石化して残ったものであろう。

(2)「バテレン」の意味の変容と土着

次に、「バテレン」の意味の変容と土着について記す。前述のとおり、『日本国語大辞典』（第二版、二〇〇〇～二〇〇二）には、「江戸中期から明治にかけてもキリスト教とその宗徒に対する偏見を含んだ俗称として用いられたため、江戸中期以降は（中略）『荒々しい芸風』を意味したり、侠者の一派を『ばてれん組』と称したりすることもあった。」との説明があり、徳島、香川、新潟では「バテレン」が「元気な娘。おてんば」、「放蕩者。道楽者」を意味する地域方言として使われていたとの記載がある。九州地方では、以上の意味のほか、「変な人」「素性の悪い女」として「バテレン」が使用されてきた。このような意味の発生の背景には、辞書の説明のとおり、キリシタン禁制やキリシタン邪教観があると考えられる。

他方、九州地方では「バテレン」が「カトリック信者」、「修道女」、「外国人」、「お洒落な人」の意味でも使われていた。それぞれの意味の発生メカニズムは、次のように考えることができる。

カトリック信者：「バテレン」の祖形であるポルトガル語padreの語義は「神父」である。キリシタンの布教当初の神父は、すべて「外国人宣教師」であった。やがて「バテレン」は神父も信徒も含む「カトリックの信仰者すべて」を表すようになった。その後、禁教令によって外国人宣教師は国外退去を余儀なくされ、国内のカトリック信仰者は日本人信徒のみになったので、「神父」あるいは「外国人宣教師」の意味が失われ、「カトリック信者」のみを表すようになった。

修道女：padreの原語の語義は「神父」である。神父はカトリック教会の指導者であるが、修道女もまた、一般信徒の信仰生活を助ける指導的立場にある。一度「カトリック教会の指導者」の意味に拡大した「バテレン」から「神父」の意味が失われて「修道女」の意味だけが残った。

外国人：中世末期から近世初期にかけても、また、明治以降も、カトリック教会の神父は、ほとんどが外国人宣教師であった。そのような状況下にあって「外国人宣教師」を指して使われていた「バテレン」から「宣教師」の意味が失われ、「外国人」の意味だけが残った。

お洒落な人：この意味の発生の経緯は判然としないが、一つの仮説としては、日本人の素朴な舶来信仰（あるいは西洋かぶれ）が背景にあり、「外国人」の意で使用された「バテレン」が、「外国人のような（格好をした）お洒落な人」のような意味を経て「お洒落な人」に行き着いた、と考えることができそうである。

以上の意味の変化を図にして示したのが、図3－3である。

四．まとめ

中世末期から近世初期にかけて隆盛を極めた「南蛮文化」は、日本（語）に多くの「南蛮渡来語」をもたらした。「南蛮渡来語」のうち、キリシタン宗門と直接関係のない語――「カステラ」、「カッパ」、「ジュバン（襦袢）」、「タバコ」、「ビードロ」、「ビロード」、「ボーロ」、「ラシャ」など――は、日本語体系の中に、原語に近い語音・意味のまま受け入れられ、今日に至っている。他方、キリシタン宗門と直接関係のある宗教用語（＝「キリシタン語彙」）のほとんど（Companhia（会）、Superior（上長）、DOCTRINA（教義）など）は、忘れ去られた（一．参照）。数少ない例外がamen・Christão・padreの三語であり、その受容、変容、土着には、キリシタンの迫害、差別、潜伏、偏在などの社会的な背景が影響を及ぼしていた（二．と三．参照）。

他方、キリスト教に対する偏見・差別の薄れとともに、

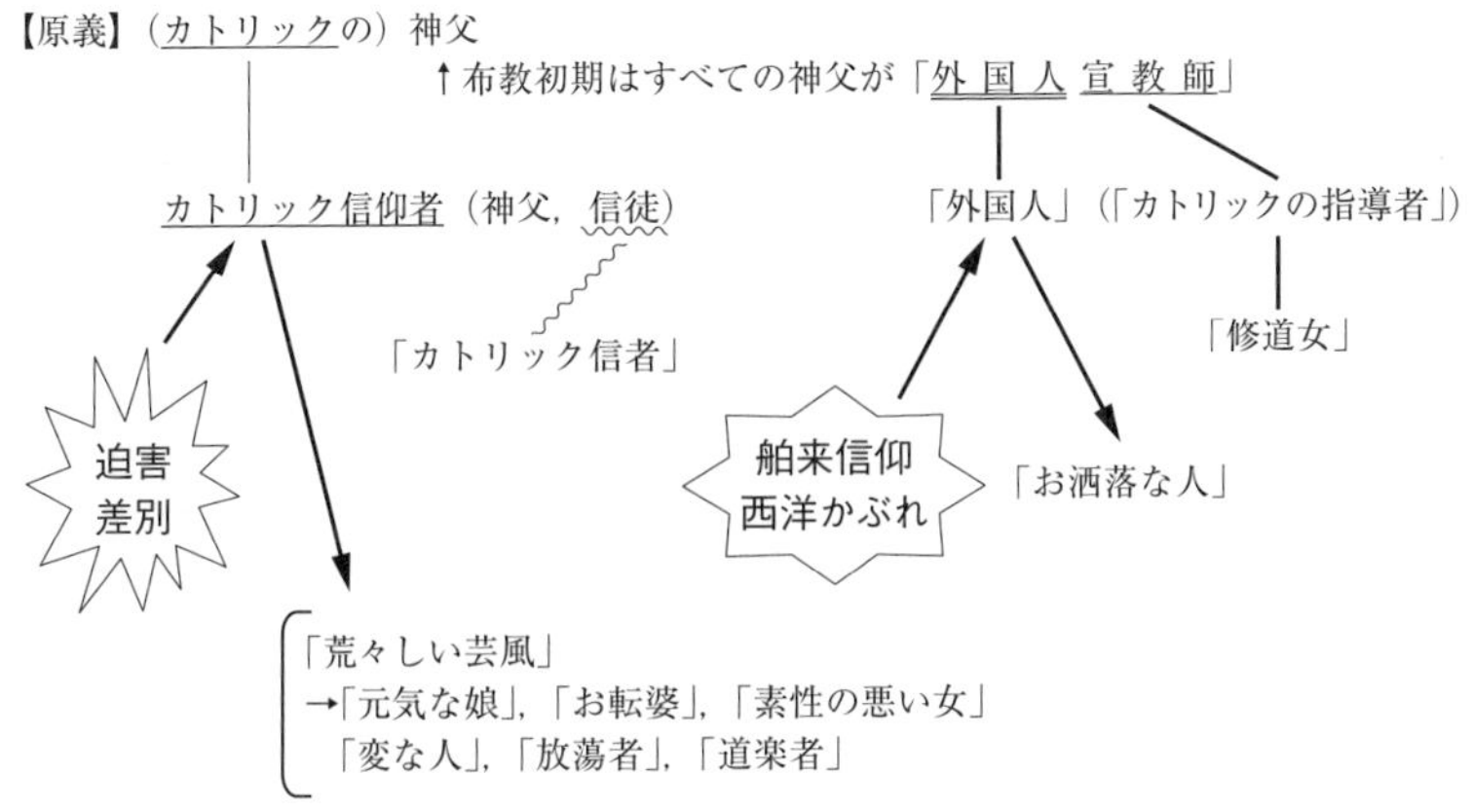

図3－3　「バテレン」の意味変化のメカニズム

今日、「キリシタン語彙」は新しい価値を持ちはじめている。北原白秋や芥川龍之介、遠藤周作らの「南蛮趣味文学」あるいは「切支丹物」と言われる作品群には、「キリシタン語彙」が頻用され、異国情緒を喚起し、多くの読者を惹きつけている。また、九州では、今、「ザビエル食べようか」、「クルス（原語は「十字架」の意のポルトガル語cruz）食べようか」、「バテレン飲もうか」などの会話が、日々、交わされている。種を明かせば、「ザビエル」は大分の銘菓、「クルス」は長崎県島原半島の銘菓、「バテレン」は同じ島原半島の焼酎の商品名なのである。商品名として「キリシタン語彙」が選ばれたわけである。このような近年の「キリシタン語彙」の利活用については、Ogawa (2010) および小川（二〇一一、二〇一四）に詳しく記されているので参照されたい。

注

（1）「南蛮文化」全般に関わる外来語の受容については、楳垣（一九六三、四六～五九頁）、石綿（二〇〇一、一九三～二一八頁）にまとまった記述がある。

（2）『Doctrina Chriftan』などのキリシタン資料にみられる「外国語系のキリスト教用語（＝キリシタン語彙）」の全体像については、石綿（二〇〇一、一九三～二一〇頁）および小川（二〇一三a）を参照。

(3)キリスト教には、バチカンのローマ法王を頂点とするカトリック教会と、カトリックから分かれたプロテスタントの諸派がある。図3－1の回答者は、すべて、カトリック信者である。

(4)全国（長崎県以外）の、潜伏キリシタン・カクレキリシタンの子孫ではないカトリック信者のうち、自らのことを「クリスチャン」と名乗ることに抵抗を感じる人は少ない。

(5)ここではキリスト教、キリスト教徒に対する迫害・差別と差別語・蔑称語との関係について考察を行なっている。差別語・蔑称語を言語研究の対象とすることの是非については、これまでに様々な議論がなされてきた。言語地理学においても、被調査者から差別語・蔑称語が回答された場合、それを言語地図上に表さず、取り上げないということがあった。しかし近年では、国内外の社会言語学研究において、差別語・蔑称語あるいは卑罵語などを研究の対象とすることも増えてきている。それで、本章でも取り上げることにした。このことについて、筆者は、特定の宗教に対していかなる差別意識も持たないこと、純粋に科学的言語研究の対象としてのみ考察を行ない、記述することを明記しておく。

文　献

石綿敏雄（二〇〇一）『外来語の総合的研究』東京堂出版

楳垣実（一九六三）『日本外来語の研究』研究社出版

小川俊輔（二〇〇七a）「九州地方域方言におけるキリシタン語彙Christãoの受容史についての地理言語学的研究」『広島大学大学院教育学研究科紀要』五五―二

小川俊輔（二〇〇七b）「九州地方域方言におけるキリシタン語彙pater/padreの受容史についての地理言語学的研究」『国文学攷』一九二・一九三

小川俊輔（二〇〇七c）「九州地方域方言におけるキリシタン語彙Santa Mariaの受容史についての地理言語学的研究」『国語教育研究』四八

小川俊輔（二〇一一）「日本社会の変容とキリスト教用語」『社会言語科学』一三―二

小川俊輔（二〇一二a）「九州地方における「天国」の受容史―宗教差、地域差、場面差」『日本語の研究』八二

小川俊輔（二〇一二b）「九州地方におけるキリシタン語彙の受容史」大石一久編『日本キリシタン墓碑総覧』長崎文献社

小川俊輔（二〇一二c）「キリシタン語彙の歴史社会地理言語学―oratioオラショを例にして」陣内正敬・相澤正夫・田中牧郎編『外来語研究の新展開』おうふう

小川俊輔（二〇一三a）「長崎・天草におけるキリシタン語彙の継承と変容」長崎県世界遺産登録推進室編『長崎県文化財調査報告書 第二一〇集 長崎県内の多様な集落が形成する文化的景観保存調査報告書【論文編】』昭和堂

小川俊輔（二〇一三b）「南米に移住した長崎のキリシタン家族―ボリビア多民族国サンフアン日本人移住地の事例」『キリスト教史学』六七

小川俊輔（二〇一四）「キリシタン文化と方言形成―Jesusの歴史社会地理言語学」小林隆編『柳田方言学の現代的意義―あいさつ表現と方言形成論』ひつじ書房

Ogawa, S. (2010) On the Decay, Preservation and Restoration of Christian Vocabulary in the Kyushu District of Japan since the 16th Century. *Slavia Centralis*. 3-1

土井忠生（一九三三）「日本耶蘇会の用語に就いて」『外来語研究』

日本国語大辞典第二版編集委員会（二〇〇〇～二〇〇二）『日本国語大辞典』第二版、小学館
橋本進吉（一九六一）『キリシタン教義の研究』岩波書店

第2部

創造性が育てる言葉

第四章　方言語彙の発想法

小林　隆

一．「言語的発想法」という捉え方

近年、言葉の形や意味だけでなく、それを生み出し使用する思考の地域差に関心が集まりつつある。現象面に現れる地域差の背後に、言葉に対する人々の向き合い方や好みが潜んでおり、そうしたレベルを掘り起こそうという試みである。小林・澤村（二〇一四）ではそのような言葉の志向性を「言語的発想法」と呼び、新たな方言学の可能性を論じた。

小林・澤村はその著書の中で七種類の言語的発想法を提案している。すなわち、発言性、定型性、分析性、加工性、客観性、配慮性、演出性の七つである。これら相互の関係や理論的側面については小林（二〇一六）で述べたのでここでは繰り返さない。結論的には、これら七つの発想法の地域差をみると、それらが発達している地域とそうでない地域とが浮かび上がる。概して、近畿地方を中心とした西日本はこれらの発想法が発達しているが、東日本、とりわけ東北地方は未発達な状態に置かれている。

さて、小林・澤村（二〇一四）では、発想法の違いが現象面に顕在化しやすい言語行動や談話といった分野を中心に取り上げた。ここでは、この問題を語彙の世界に広げて考えてみたい。語彙の世界でも、発想法レベルでみた場合、上に述べたような地域差が観察できるかどうかを検討していく。

二．加工性からみた語彙

七種類の発想法のうち、今回は特に「加工性」に焦点を当てたい。加工性は小林・澤村（二〇一四）で、「直接的な言い方を避け、手を加えた間接的な表現を使うという発想法」と定義した。

この場合の「直接的」というのは、表現意図が明瞭に示された話しぶりを指す。単刀直入に用件そのものを口にする話し方と言ってもよい。何のための会話なのかが明らかであり、話のねらいや伝えたいことが表現の上に露骨に現れる。その逆が「間接的」であり、この場合は話の用件やねらいどころが何らかの表現上の操作によって覆われている。一般に、表現意図を露わに示すより、包み隠した言い方をした方が丁寧に感じられるので、この問題は「配慮性」の発想法ともつながっていくことになる。

また、「直接的」という概念の中には、事態の表し方や現象の描写が直接的だということも含まれる。すなわち、直接的な話し方では、事態・現象を複雑に言語化することなく、そのまま描き出そうとする。いわば生っぽい感じの表現になる。この逆が「間接的」であり、そちらは事態・現象に様々な言葉の衣をまとわせたような表現になる。表すべき事態が心の状態、すなわち感情である場合、この問題は「客観性」の発想法とも関わってくる。普通、自分の気持ちをさらけ出すより、抑制の効いた話し方をする方が、ストレート感が抑えられ、客観的な印象が強くなるからである。

今、「表現意図の述べ方」と、「事態・現象の表し方」という二つの観点から、直接的・間接的の考え方を説明した。それらに共通しているのは、その表現にどの程度、手が加えられているかということである。直接的な表現は素朴・単純であり、あまり手が加わっていない。一方、間接的な表現は作為的であり、手が込んでいる。直接的・間接的というのは、要するに言語としての加工度の違いを意味している。この発想法を「加工性」と名づけたのは、そうした理由による。

それでは、この加工性を語彙の世界に当てはめてみると、どうだろうか。加工度の高さ・低さは、語彙のどのような面に現れているのだろうか。この問いに関して、これまでの先行研究からはいくつかの分析の視点が見えてくる。

(1) 表現意図の露出性・被覆性という視点

前述の「表現意図の述べ方」に関連して、語彙では、それに反映した言語行動の目的や用件がどの程度露骨かという視点が加工度の判定に使える。目的・用件の露出性が強ければ語彙の加工度は低く、逆に被覆性が強ければ語彙の加工度は高いとみなすことができる。

例えば、挨拶表現として「入店の挨拶」（小林 二〇一四）を取り上げてみると、「買う」「売ってくれ」といった表現はそのものズバリの言い方で、目的・要件が露わである。一方、「こんにちは」「まいど」といった言い方は目的・用件が覆われており、何をしたいのかが明示的でない。語彙の加工度としては、前者が低く、後者が高いと言える。

（2）感覚的表現と概念的表現という視点

前述の「事態・現象の表し方」に関連して、語彙では、その表現が感覚的かそれとも概念的かという視点を用意することができる。これはオノマトペや感動詞に関わるものである。

①オノマトペ・感動詞と一般語

現象を描写する際、オノマトペと一般語のどちらを好むかという点が語彙の加工度に関わる。オノマトペは現場性が強く感覚に頼るものであり、それを用いた表現は加工度が低いと言える。それに比べて一般語を用いた表現は現場から離れ概念化が進んだものであり、加工度が高いと言える。例えば、「大声で泣く様子」（小林 二〇一〇）の表現を見たとき、「ワンワン泣く」「オエンオエン泣く」などとオノマトペを使えば加工度が低く、「ひどく泣く」「わめく」などと、副詞的表現や全体で同等の意味を表す動詞を使えば加工度が高いと判断される。

これと並行的に、驚きの表出についても、感覚的表現である感動詞（「アッ」「キャッ」など）を使うか、概念的表現である一般語（「驚いた」「びっくりした」など）を使うかという違いを、加工度の問題として扱うことができる。

②オノマトペらしさ・感動詞らしさ

オノマトペの中には、「ポヤポヤ」（乳幼児の柔らかく薄い髪の毛の感覚）、「ハカハカ」（息切れや動悸の感覚）のように具体的で描写性に優れたものと、「しっかり」「きっと」「うんと」のように抽象的で汎用性に長けたものとがある（齋藤 二〇〇七、小林 二〇一八a）。前者は感覚的でオノマトペらしいが、後者はそれが薄まりオノマトペらしさを失っている。オノマトペ本来の機能からみたとき、加工度は前者が低く、後者が高いと言える。

感動詞についても、例えば、「失敗の感動詞」（澤村 二〇一〇）を取り上げると、「アチャ」「サーサ」「アリャ」など、生理的音声や指示語由来のものはそれ自体意味を持たない感覚的な表現であり、「シマッタ」「アイタ」「チクショー」など、体言・用言由来のものは実質的な意味に根ざした概念的な表現と言える。感動詞の原初的なあり方からみれば、加工度は前者が低く、後者が高いとみなされる。

(3) 婉曲表現・比喩表現と一般表現という視点

「事態・現象の表し方」に関してもう一つ。同じ意味内容でも、それを表すのに婉曲表現や比喩表現を使うか、それとも一般表現を使うかという視点がありうる。婉曲表現・比喩表現は、一般的な表現をあえて別の表現に置き換える一種のレトリックである。作為的・技巧的である分、一般表現に比べて加工度が高いと言える。

例えば、普通「死ぬ」と言うところを、「隠れる」「あの世へ行く」などと言えば婉曲的であり、加工性が読み取れる。また、語彙の命名に比喩を利用した「方言比喩語」（はんざわ 二〇〇二）を取り上げると、例えば、馬鈴薯を「キンカ（＝はげ頭）」と言ったり、おしゃべりな人を「ホーソーキョク（＝放送局）」と言ったりする表現は、そうでない表現に比べて加工度が高いとみなすことができる。

以上、大きくは三つ、細かくは四つの視点を挙げてみた。これらの視点から実際の語彙や表現を観察することで、加工性に関わる地理的傾向を把握できる可能性がある。

なお、先で言及した先行研究では、いずれの場合も、東日本方言に比べて西日本方言の加工性の高さが指摘されている。そうした傾向は、おそらく一般性を持つものであろう。ただ、そう断言するためには、事例の積み重ねによる検証が必要である。

三．死ぬことを表す婉曲表現

(1) 資料および表現の分類

ここでは一つの事例として、死ぬことを表す婉曲表現の地域差についてみてみよう。死を表す言葉については、すでに澤村（二〇一三）に方言地理学的なデータによる考察がある。ただ、分布調査では語のレベルの比較的短い形式は捉えやすいが、句のレベルの長めの形式になると把握しにくいと思われる。そこで、ここでは、日本放送協会編『全国方言資料』を用いることで、実際の会話に使用されている形式を把握してみたい。

『全国方言資料』には場面設定の会話として、

地点の「不祝儀」の会話が収録されている。その会話に現れた死ぬことを表す表現を調査し、データとして用いる。

　具体的に、どのようなかたちで死ぬことを表す表現が出現するか、例を挙げてみよう。次の①〜④は、いずれも弔問客が遺族に悔みの言葉を述べている部分である（原文の共通語訳は原則として省略するが、わかりにくい場合のみ（　）に入れて示す。また、共通語訳の句読点を方言文に移して施した。なお、mは男性話者、f　f_2は女性話者であり、出典の一：四九は資料の第一巻四九頁の意味である）。

①m：コノタビァ　オメタジノ（お宅の）オボッコ（こどもが）シンデネシ。ナント　コマチマタネシ（困ってしまいましたね）。

（青森県南津軽郡黒石町　一：四九）

②m：ナガナガ　ビョーキノトコ、ゾンガイ　ハヤクシマイデ　ゴザイマシテ、ドーモ。

（岐阜県揖斐郡久瀬村　三：三一二）

③m：（略）ドーカ　マー　ハナシュ　キケバー、ヂーサン　ヨージョガ　カナワザッタフーヂャネー。

（宮崎県東臼杵郡南方村　六：四三六）

④m：タダイマ　ホンケカラ（本家から）ウケタマワリマシタラー、コノタビ　オジーサンニワ　ツイニオヨロシュー　ゴザイマセンナンダソーデー。

（京都府京都市　四：二六〇・二六一）

⑤f：（略）モ　ホンナコッツ（ほんとにね）マ　アゲン　タッシャニ　ゴザッシタトガレスナ、ヒョコーット（突然）マー　コゲナ　コトイ（ことに）ナンナザスナンテ（なりなさるなんて）ユーテ（ことは）モー　フンニ（ほんとに）タマガリマシタケンレスナー（驚きましたのですね）

（福岡県福岡市　六：五七）

　まず、①では「死ぬ」という語が使用されているが、これは直接的な言い方であり、婉曲表現とはみなされない。一方、②では「仕舞う」という語が用いられており、これは直接的な言い方を避けた間接的な表現と判断される。これと同様に、③の「養生がかなわない」、④の「よろしくない」も婉曲表現と考えられる。⑤は「こんなことになる」というように指示詞を使って死をぼかしており、これも一種の婉曲表現とみなされる。

　②〜⑤のような形式を収集して分類してみると、死ぬ

ことを表す婉曲表現には四つの種類が認められる。

A類：死ぬことを解釈し直して述べるもの（例えば前述②の例）

B類：死に至る経緯や原因を述べるもの（例えば前述③の例）

C類：死に対する感想や評価を述べるもの（例えば前述④の例）

D類：指示詞・疑問詞を使って述べるもの（例えば前述⑤の例）

A類は死の持つ様々な側面・性質に焦点を当てたものであり、一種の言い換え表現と言える。B類は死そのものではなく、それに至る経緯や原因を述べることで死を暗示するものである。C類も暗示の一種であるが、こちらは死に対する感想や評価によってそれを表そうとする。D類は談話レベルの表現であり、場の情報や相手との共有知識に基づき、指示詞や疑問詞で死を指し示すものである。

なお、B類・C類の形式は、死ぬことを表す婉曲表現か、それとも文字どおり、経緯や原因、あるいは感想や評価を表すものか解釈が難しいケースがあるが、その場合には文脈を見て判断することにした。例えば、次の⑥の「タッシャニナリカネヤッタ」は会話冒頭における死去の確認部分に現れるものであり、そのあとに死についての特定の表現が見られない。このようなものは死ぬことを表す婉曲表現とみなした。

⑥f_2：コンニチワ。ウチノ（おたくの）オジンツァマ フッ ドーデモ タッシャニ ナリカネヤッタテ ワ オサンザンアコンデ ゴザエモス エヤエヤ

（山形県南置賜郡三沢村 一：二三一～二三二）

一方、次の⑦も死去の確認部分であり、⑥と同様「達者にならない」という表現が使われるが、こちらは「ナクナッタ」という死そのものを示す形式も共起している。したがって、その前に位置する「タッシャニナリネ」は文字どおり死去の経緯を説明するものとみなし、婉曲表現とは捉えなかった。

⑦f：ウチノ（お宅の）マタ バーチャンモ タッシャニ ナリネデ、ナクナッタケノシー。

（新潟県中魚沼郡津南町 二：三八〇）

（2）表現の種類と具体例

以下では前項で示した四つの類ごとに、該当する事例を詳しく見ていくことにしよう[1]。

①A類：死ぬことを解釈し直して述べるもの

この類は、死の持つどのような側面・性質に注目するかによって、四つに分類できる。

a. 死がもたらす不在に注目するもの

亡くなる（無くなる）：共通語では「死ぬ」に対する敬語であり、一般的に使われる。『全国方言資料』でも全国まんべんなく使用が確認される。

無しになる：「亡くなる」の類似表現で、「ナシンナリマシテ」（石川県石川郡白峰村）、「ナシンナッテ」（香川県三豊郡詫間町）といった形式も確認される。使用地点は限られる。

失う：「usinataru」（沖縄県国頭村安波）を挙げることができる。「この世を失う」に当たる「kunujun 'usinaeR」（沖縄県伊平屋村）といった表現もみられる。

居ない：主として「居る」に当たる語の打消し形式で使用される。「オアリアンネソーデ」（岩手県宮古市）、「オラハレンテ」（滋賀県高島郡朽木村）のように用いられる。

隠れる：「カクレタ」（新潟県佐渡郡畑野村）の例が唯一見いだせる。

b. 死が生の終点であることに注目するもの

仕舞う：「（ハヤク）シマイデゴザイマシテ」（岐阜県揖斐郡久瀬村、前述②の例）、「シモーテキマシタ」（三重県一志群美杉村）の例がみられる。

過ぎる：「オスギニナリヤヒタ」（長崎県南高来郡有家町）の例がわずかに観察される。

c. 死の宗教的な性格に注目するもの

行く：「行く」「参る」は澤村（二〇一三）が指摘するように「あの世へ行く・参る」という意味の形式であり、人間の魂や冥土・極楽を想定する精神的な表現と言うことができる。「イガレッチャヤッタヨ」（茨城県新治郡葦穂村）、「イクトワオモワナンダンデノー」（三重県北牟婁郡海山町）などのほか、「コノヨオサッテ　アノヨニイッテシマイマシタ」（岡山県真庭郡勝山町）のようなより説明的な表現もみられる。また、「ハッテエカッタガワー」（鹿児島県熊毛郡上屋久町）のような「這って行く」という表現も使用されている。

参る：「行く」の謙遜的な表現であり、「マイラシテマッタ」（岐阜県上郡白鳥町）、「マイッタソーナナー」（大分県臼杵市）などの例がみられる。また、「お先参りする」

に当たる「オサキマェリセラレタ」（山口県美禰郡秋芳町）や、「お浄土参りする」に当たる「オジョードマイシタッチ」（長崎県南松浦郡新魚目町）などといった表現も観察される。

発つ：「行く」「参る」が行き先であるあの世に向けた表現だとすれば、こちらは出発点であるこの世に視点を据えた表現である。ただ、使用例は「（ハヤク）タツベトワ」（宮城県宮城郡根白石村）に限られる。「いとまごいする」に当たる「イトマゲサリマシタ」（長崎県壱岐郡郷ノ浦町）も同類の表現と言えよう。

往生する：あの世に生まれ変わるという意の「往生する」も、「オージョーサレタ」（広島県佐伯郡水内村）、「オージョーシタヨー」（長崎県福江市）のように用いられる。

戻る：「muduimisoRQcaga」（沖縄県具志川村）は「戻る」、すなわち、「天に戻る」といった意味の表現である。

d．死を象徴する動作に注目するもの

目を閉じる：死を特徴づける外見的な動作として「目を閉じる」ことに着目した言い方である。「mirk'uriNseRci」（沖縄県名護町）の例が見られる。

まろぶ（転ぶ）：死ぬことを「転ぶ」と比喩的に捉えた表現である。「マルビーイタシタラ」（東京都八丈島大賀郷）、「マルッデ」（東京都八丈島中之郷）のような使用例がある。

②B類：死に至る経緯や原因を述べるもの

この類は、死に至る経緯や原因を述べることで死ぬことを表そうとするものである。三種類に分類されるが、a．の使用例が圧倒的に多い。

a．回復できなかったことを述べるもの

よくなれない：「ヨーナレアイデ」（兵庫県城崎郡城崎町）、「ヨーナリキリマッシェズナ」（福岡県三井郡善道寺町）といった用例がみられる。また、同様の趣旨の表現として、「タッシャニナリカネヤッタテワ」（山形県南置賜郡三沢村）、「マメニナラナンダワイ」（三重県志摩郡浜島町）、「オトリナオシナサエシェンダッタソーデ」（島根県大原郡大東町）、「ゼンカイモデキズ」（長崎県上県郡上対馬町）のように様々な形式が使用されている。

養生がかなわない：「よくなれない」と近い表現であるが、治療やケアの意味が含まれている点で別にしてみた。「ヨージョカナワンソーデゴザ…」（山口県都濃郡都濃町）、「ヨージョガカナワザッタフーヂャネー」（宮崎県東臼杵郡南方村、前述③の例）のように類似のパターンで使用されているほか、稀に「（トートー）カナイマシェダッテゴザエマス」（島根県大原郡大東町）のように、「養生」の部分が省略されたような形式もみられる。

b．体力の限界が来たことを述べるもの

耐えきれない：「ヨーヤリヌカイデ」（愛媛県北宇和郡津島町）、「エーシノガラッテ」（高知県幡多郡大方町）、「キバイキーモハンジャッター」（鹿児島県揖宿郡山川町）といった表現が観察される。

疲れ切る：「（トートー）ツカレッキイマシテ」（山口県都濃郡都濃町）といった特殊な形式も行なわれている。

c．年齢的な原因であることを述べるもの

年をとる：「トシガヨリマシテ」（高知県香美郡美良布町）のように、高齢であることを述べて死の表現に替えるものもわずかにみられる。

③C類：死に対する感想や評価を述べるもの

この類は、死に対する感想や評価の提示により死ぬことを示そうというものである。四つに分類されるが、a．の使用地点が多い。

a．「よくない」と述べるもの

「ヨクネータッテ」（千葉県安房郡富崎村）、「ヨーゴザリマセナンデ」（愛知県海部郡立田村）、「ヨーナカッタナ」（佐賀県佐賀郡久保泉村）などのほか、「オヨロシューゴザイマセンナンダソーデー」（京都府京都市、前述④の例）や「オヨロシューゴザイマヘナンダソーデ」（大阪府大阪市）のような「よろしくない」を使った表現も観察される。

b．「つまらない」と述べるもの

「ツマランコドヤッタ」（鹿児島県薩摩郡鹿島村）、「ツマランコチ（ヒン）ナイヤシタ」（鹿児島県肝属郡高山町）などといった表現がみられる。

c．「不幸だ」と述べるもの

「ゴフコーデゴザイマシテ」（徳島県那賀郡延野村）、「（ババサンガ）ゴフコーデ」（熊本県上益城郡浜町）などの表現が行なわれる。運の悪さについて言う「シアワセワルカッタッテ」（奈良県吉野郡十津川村）もここに分類しておく。

d．その他

ここにはいろいろな種類の形式が含まれる。「トンダコトダッタ」（静岡県吉原市）、「オーゴトデデキマシタゲナ」（福岡県福岡市）のようにことの重大さに言及するもの、「キノドクナコトデアッテ」（富山県下新川郡入善町）、「イトシコトサシテゴザラシテー」（島根県知夫郡西ノ島町）のように同情を示すものなどがある。

④D類：指示詞・疑問詞を使って述べるもの

この類は、指示詞や疑問詞を使うことで死ぬことをぼかして表現するものである。場の情報や相手との共有知識に基づいて談話論的に示す表現と言ってよい。三つに分類される。

a．指示詞を使うもの

「アンナコトニナッテー」（滋賀県高島郡朽木村）、「コナイナリマシタ」（兵庫県城崎郡城崎町）、「コゲナコトイナンナザスナンテ」（福岡県福岡市、前述⑤の例）のように、「あんなことになる」「このようなことになる」といった表現をとる例が多い。

b．疑問詞を使うもの

「（ヒョコットナー）ナーシテ」（長崎県南松浦郡新魚目町）、「（トートー）ナンジャッタガ」（宮崎県日南市）のように、「何した」「何だった」に当たる表現が使用される。

c．「見ろ」と指示するもの

「（ジュミョーノカギリキタラ）ミーサイー」（奈良県山辺郡都祁村）、「（ツマンゴデ［つまらないことで］）ミアイヨー」（鹿児島県熊毛郡上屋久町）のように、「見なさい」という言い方で事態を漠然と理解させる表現が見られる。この類も、D類に入れておきたい。

（3）婉曲表現の地理的傾向

ここまで婉曲表現の種類についてみてきた。それでは、そうした婉曲表現は地理的にどのような傾向を示すのだろうか。この点について明らかにするために、以上の表現の分布を地図に描いてみた。見やすさを優先して2枚の地図に分け、図4－1にA類とD類を、図4－2にB類とC類を示した（黒の点はもう片方の図に記号を載せた地点を表す）。

なお、直接表現である「死ぬ」は全国にまんべんなく分布するので、婉曲表現との併用地点はその分布を示さなかった。また、婉曲表現の中で共通語である「亡くなる」も地域差がみられず、他の婉曲表現と併用の場合は分布を載せていない。そして、「死ぬ」ないし「亡くなる」だけが使用されている地点のみ白丸記号で表すことにした。この白丸記号の地点は、婉曲表現を使わないか、使っても共通語の「亡くなる」くらいであり、婉曲表現の積極的な使用地点ではないとみなしてよい。

まず、図4－1をみてみよう。A類、すなわち、「死ぬことを解釈し直して述べるもの」の類は東日本にもみられるが、概して西日本に多く分布していることがわか

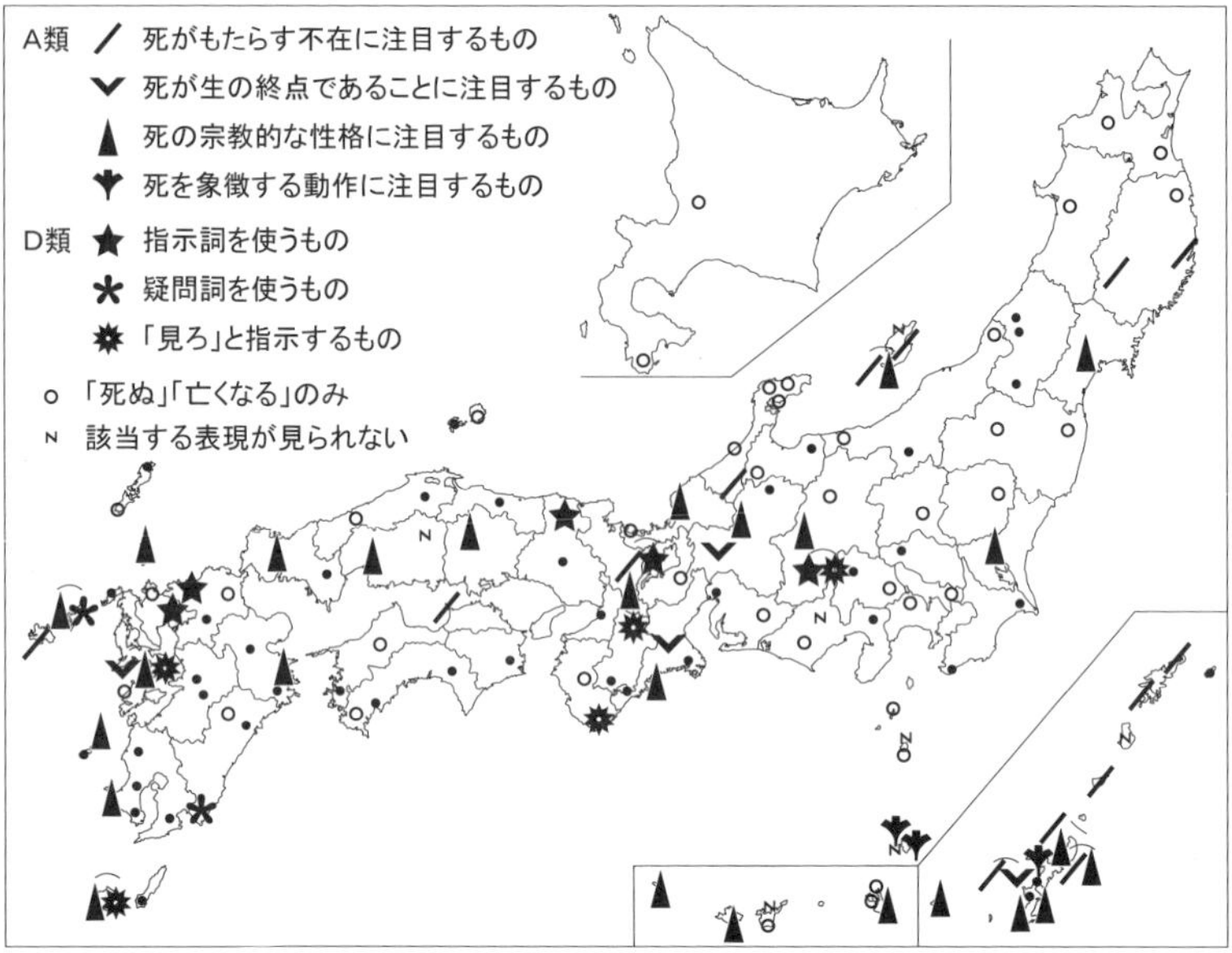

図4−1　死ぬことを表す婉曲表現の分布（A類・D類）

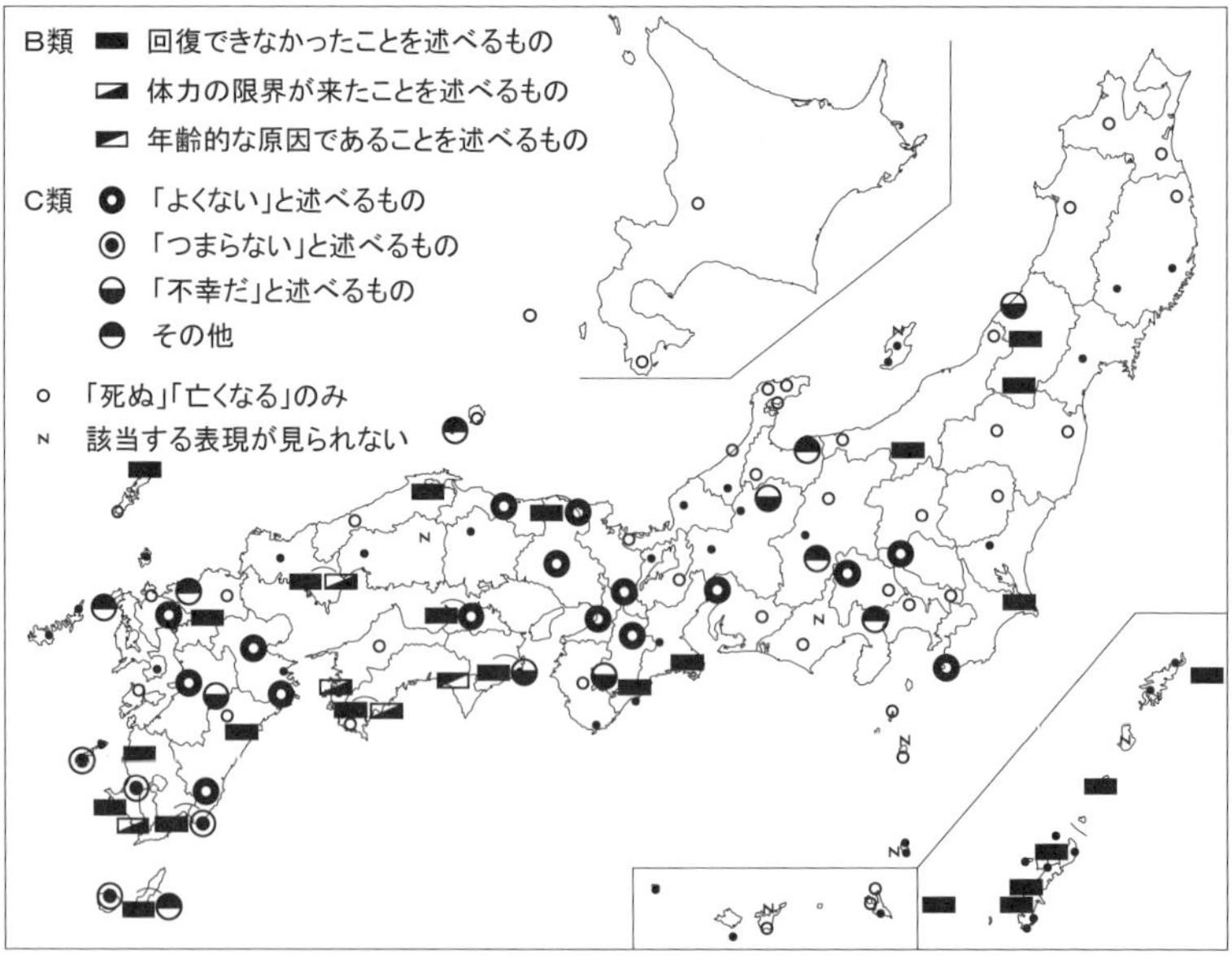

図4−2　死ぬことを表す婉曲表現の分布（B類・C類）

る。特に、琉球地方における分布が密である。A類の四つの下位区分の分布は地域差をつかみにくいが、「死がもたらす不在に注目するもの」が琉球北部に集中する点や、「死を象徴する動作に注目するもの」が八丈島などに局所的に分布する点は注意される。今回、「死の宗教的な性格に注目するもの」に分類した「行く」「参る」が西日本型の分布を示すことは、すでに澤村（二〇一三）が方言地理学的な調査により指摘しており、談話資料を用いた今回の考察でも同様の傾向が確認されたことになる。もう一つのD類は近畿と九州を中心に分布が確認でき、東日本にはほとんど見当たらない。

次に図4－2を検討する。こちらには、B類「死に至る経緯や原因を述べるもの」とC類「死に対する感想や評価を述べるもの」を載せた。これらは山形に分布がみられるものの、大体、関東・中部地方から西の地域に出現している。ただし、C類は琉球には及んでいない。B類の三つの下位区分の中では「回復できなかったことを述べるもの」の勢力が強い。C類の四つの下位区分の中では「「よくない」と述べるもの」が目立ち、特に近畿に多いようである。それに比べると他の表現はやや周辺的であり、特に、「「つまらない」と述べるもの」は鹿児島に集中している。

ここで図4－1と図4－2をあわせて考えてみよう。両図を総合すると、婉曲表現の発達地域は西日本であると言える。もちろん、東日本にもそれらの表現の使用は見られるが、西日本に比べて劣勢である。特に、「死ぬ」や「亡くなる」しか使用しない地点（白丸記号の地点）に注目すると、明らかに東日本に偏っていることがわかる。西日本では死ぬことを婉曲に表そうという発想が強く、様々な表現を生み出してきたが、東日本ではそうした発想は弱く、直接的な表現の使用に留まってきたとまとめることができる。

四．婉曲表現の発想法

ここでは、死ぬことを表す婉曲表現を通して、加工的な表現の地域差についてみてきた。婉曲的な言い方が東日本に比べて西日本で発達している様子は、小林・澤村（二〇一四）で述べた加工性全般の地理的傾向に合致するものと言える。もちろん、この事例のみをもって婉曲表現の地域差を一般化することはできないが、おそらく他の事例についても類似の傾向が浮かび上がる可能性は高いであろう。

ところで、不祝儀の会話には、死の受け止め方に関する発言が含まれる場合がある。中には、「もう極楽だ」「後生は安楽だ」とか、「楽にあの世に行った」「年に不自由はない」などといった、いわば死を前向きに捉えるような発言が観察される。これらは、遺族を励ましたり、弔問客の気遣いを軽減したりするための一つの手段として用いられていると考えられる。死という悲痛な事態を前に、その深刻さを回避し、互いの精神的な負担を和らげるための演出的な配慮と解釈してよいものであろう。そして、このような表現もまた関東・中部より西側の地域のものであり、そこから東の地域には現れて来ないのである。

死ぬことを婉曲的に表現することの背景には相手への配慮がある。そうした気遣いは、単に死そのものの言い方にとどまらず、死の受け止め方・向き合い方の表現となっても現れてくる。このことは、死に関する表現を個々の単語レベルではなく、不祝儀の会話全体としてみていく必要性を示唆する。

もう一つ、不祝儀の婉曲表現は配慮性のみでなく、儀礼性や定型性という側面を持つことも忘れてはならない。日常と異なる特殊な場において、その場らしさを強調するための一種の決まりごととして特別な表現が使用される。「居られない」「あの世へ参る」「よろしくない」などの定型句の使用は、それが弔いの儀式の場であることを特徴づけるものでもあり、そうした視点から婉曲表現をみることも重要である。不祝儀の会話における儀礼性・定型性については椎名・小林（二〇一七）や小林（二〇一八b）で論じたが、そのような議論の一環として婉曲表現の使用も位置づけることが可能であろう。

注

（1）「死去がある」「死去なさる」に当たる「スケアッタ」（富山県氷見市）、「ゴシッキョナサイマシタソーデ」（岡山県真庭郡勝山町）は四つの分類に入らないため今回は取り上げなかった。また、「ヨワッタデソー」（静岡県吉原市）は『全国方言資料』では「終わったのでは……」と訳されているが、「弱った」の可能性もあると考え保留とした。

文　献

小林隆（二〇一〇）「オノマトペの地域差と歴史―『大声で泣く様子』について」小林隆・篠崎晃一編『方言の発見』ひつじ書房
小林隆（二〇一四）「あいさつ表現の発想法と方言形成―入店のあ

いさつを例に」小林隆編『柳田方言学の現代的意義―あいさつ表現と方言形成論』ひつじ書房
小林隆（二〇一六）「東北方言の特質―言語的発想法の視点から」益岡隆志編『日本語研究とその可能性』開拓社
小林隆（二〇一八a）「オノマトペの機能の東西差―言語的発想法の視点から」小林隆編『感性の方言学』ひつじ書房
小林隆（二〇一八b）「儀礼性と心情性の地域差―弔問の会話に見る」小林隆編『コミュニケーションの方言学』ひつじ書房
小林隆・澤村美幸（二〇一四）『ものの言いかた西東』岩波書店
齋藤ゆい（二〇〇七）「方言オノマトペの共通性と独自性―宮城県旧小牛田町と高知県安芸郡奈半利町との比較」『高知大国文』三八
澤村美幸（二〇一〇）「感動詞の地域差と歴史―『失敗の感動詞』を例として」小林隆・篠崎晃一編『方言の発見』ひつじ書房［澤村美幸（二〇一一）『日本語方言形成論の視点』岩波書店に再録］
澤村美幸（二〇一三）「『死』を表す言葉と発想の地域差」鈴木岩弓・田中則和編『講座東北の歴史六 生と死』清文堂出版
椎名渉子・小林隆（二〇一七）「談話の方言学」小林隆・川﨑めぐみ・澤村美幸・椎名渉子・中西太郎『方言学の未来をひらく―オノマトペ・感動詞・談話・言語行動』ひつじ書房
はんざわかんいち（二〇〇一）「西の人は『たとえ』がお好き?―日本方言比喩語の東西比較」『文学芸術』二五

第五章　接尾辞「コ」の創造力

櫛引祐希子

一．接尾辞のコ

秋田県の大館市では二月の第二週の週末に飴ッコ市が開催される。飴ッコ市では飴玉だけでなく丹切り飴や水飴、また餅花のように枝を飾った飴などが売られる。飴ッコ市を訪れた人は、飴に彩られた街の賑わいを楽しむ一方で、もしかしたらこんな疑問を抱くかもしれない。「そもそも、飴ッコの〝コ〟って何？」

言語学では、飴ッコのコは接尾辞と呼ばれる。接尾辞とは、接辞の一種である。接辞には、接頭辞と接尾辞がある。接頭辞は語基の前につき、接尾辞は語基の後につく。例えば「お嫁さん」という語は、接頭辞のオ、語基のヨメ、接尾辞のサンからなる。

語基とは、語構成的にみれば独自の意味的なまとまりを持つ要素、すなわち語として存在しうる要素のことである。語基が単独で構成された語は、単純語と呼ばれる。例えば「飴」は、単純語である。「飴」は「ア［a］」と「メ［me］」という音からなるが、それぞれが独自の意味的なまとまりを持つわけではない（「メ［me］」という音は、単独で「目」「芽」という意味を表すことがあるが、「飴」という語を構成する「メ［me］」と「目」「芽」は関係ない）。これに対し、アメイロのようにアメとイロという語基が二つ以上で構成された語は、複合語と呼ばれる。複合語は、派生語とともに合成語に包括される。派生語は、語基に接辞を結合させた語である。例えば先に例として挙げた「お嫁さん」は、接頭辞のオと接尾辞のサンが使われた派生語である。

そして接尾辞には、派生語の意味を特徴づけるもの（例えば「田中サマ」「太郎サン」「たけしチャン」などの待遇表現に関わるサマ・サン・チャン、「石コロ」「犬コロ」などのコロ、「虫ケラ」のケラなど）と、語基に結合して品詞を転成するもの（例えば形容詞の語幹に結合し「高サ」「甘サ」「高ミ」「甘ミ」といった名詞の派生語を生み出すサ・ミ、「春メク」「時メク」のように名詞の語基に結合して動詞の派生語を生み出すメクなど）がある。

本章で取り上げる接尾辞のコは、その特徴が共通語と方言において異なる。特に東北方言のコは多様な派生語を生み出しており、共通語のコとの違いが明確である。本章では二．で共通語のコについて、三．で東北方言のコについて論じる。なお、東北方言のコの分析には、筆者が実施した秋田県大館市、宮城県名取市、宮城県鳴子町鬼首地区での記述調査の結果を用いる。[1]そして四．で共通語のコと東北方言のコを「創造力」という視点から捉えなおし、両者の違いを浮き彫りにする。

二．共通語としての接尾辞のコ

共通語の接尾辞のコによる派生語の語基は、名詞、動詞の連用形、副詞に分類される。そして、派生語が表す意味は〈人〉、〈物〉、〈動物〉、〈場所〉、〈部位〉、〈行為〉、〈状態〉などに分けられる。派生語の意味と語基の文法的特徴の関係は、次のようにまとめられる。

①〈人〉を表す派生語（語基＝名詞）

例：氏コ、芸コ、一人ッコ、秘蔵ッコ、いたずらッコ、甥ッコ、江戸ッコ、現代ッコ

②〈人〉を表す派生語（語基＝動詞の連用形）

例：踊りコ、売りコ、舞いコ、売れッコ

③〈物〉を表す派生語（語基＝名詞）

例：判コ、紙コ、餡コ

④〈物〉を表す派生語（語基＝動詞の連用形）

例：振りコ、呼びコ、入れコ、組みコ

⑤〈動物や物〉を表す派生語（語基＝副詞）

例：わんコ、にゃんコ、うんコ、しッコ

⑥〈場所や部位〉を表す派生語（語基＝名詞）

例：隅ッコ、端ッコ、根ッコ

⑦〈行為〉を表す派生語（語基＝名詞、動詞の連用形）

例：かわりばんコ、あいコ、取り替えッコ、慣れッコ、構いッコ、駆けッコ

⑧〈状態〉を表す派生語（語基＝副詞）

例：ぺしゃんコ、どんぶらコ

①から⑦の派生語は、名詞である。⑧には語基にコが

付くことで派生語が形容動詞になるもの（例「タイヤがぺしゃんコになる」）と、語基にコがついても派生語は副詞のまま変わらないもの（例「どんぶらコと流れてきた」）がある。三．で取り上げる東北方言のコによる派生語はすべて名詞であるため、⑧のコは本章の分析の対象から外すことにする。

同様に、⑦のコも分析の対象から外す。本章では⑦の派生語の意味を〈行為〉と一括りにしたが、『日本国語大辞典　第二版』（小学館）や『明鏡国語辞典』（大修館書店）では、「慣れッコ」「出来ッコ」のように何らかの行為を行なうことを表す派生語と「駆けッコ」「にらめッコ」のように互いに同じ動作をすることや競い合うことを表す派生語を別の項目に分けている。こうした〈行為〉を表す派生語を創出するコについて『日本国語大辞典　第二版』は「『こと』の変化したもの」と説明し、①から⑥の派生語を創出するコとの違いを示している。本章もこれにならい、⑦のコについてはこれ以上言及しないことにする。

さて、②④の語基は動詞の連用形、⑤の語基は副詞だが、②④⑤の派生語はすべて名詞である。つまり、②④⑤についてはコが語基に結合したことで品詞の転成が生じたとみることができるわけだが、②には「踊り」「舞い」のように名詞として定着している動詞の連用形もあり、コによる品詞の転成には語に応じて程度の差がある可能性がある。

⑤の派生語は⑧と同様に副詞を語基にしているが、⑤は擬音語、⑧は擬態語という違いがある。犬と猫の愛称である「わんコ」「にゃんコ」の「わん」「にゃん」は、それぞれの鳴き声である。大便を意味する「うんコ」の「うん」は、『日本国語大辞典　第二版』には「いきばる声」とある。小便を意味する「しッコ」の「し」は排泄に伴う擬音語「しぃ」の変化したものと考えられる。なお、「うん」と「しッ」について『新明解国語辞典　第七版』（三省堂）は母親が子どもに排泄を促す際の擬音語であると説明している。ここに挙げた⑤の「わんコ」「にゃんコ」「うんコ」「しッコ」などの派生語が幼児語や俗語として認識されているのは、擬音語が幼児に向けての発話やあらたまりの程度が低い場面で多用される傾向があるからだろう。

ここから先は、コの語彙的な働きに注目してみよう。前で述べたように品詞の転成に関しては①③⑥（コが語基の品詞を転成しない）と②④⑤（コが語基の品詞を転成する）で違いがあるものの、コが派生語の意味を特徴づける働きをしていることは共通している。この点については、ゆもと（一九七七）の分類が参考になる。ゆもとは、コを後項に配した語彙を「職業的な活動の特徴的な手段とその活動をするひと（芸コ、やまコなど）」「職業的なうごきと、そのうごきをするひと（踊りコ、売りコなど）」「組織や地域とそれに属するひと（氏コ、江戸ッコなど）」「材料とそれでつくられる（ちいさな）道具（紙コ、布コなど）」「道具をつくる過程、または、道具の属性としてのうごきと、そのうごきの結果つくられる、または、そのうごきを属性としてもつ（ちいさな）道具（刺しコ、振りコなど）」の五つに分類した。

この分類には、「いたずらッコ」のように人物の性格に関わる語、「甥ッコ」のように親族関係における位置づけを示す語、「売れッコ」のように人物の社会的な状況を表す語、「わんコ」のように擬音語とコによる派生語は含まれていない。だが、ゆもとの分類に一貫している、派生語の表す〈人〉や〈物〉の属性や特徴を語基の意味が特定しているという点は、これらの語彙にも当てはまる。つまり、コによる派生語において語基は〈人〉や〈物〉の属性や特徴を表し、コはその派生語が〈人〉や〈物〉を表す語であることを決定づけているのである。

これに対して⑥の派生語のコは、その働きがわかりにくい。というのも、語基の語としての意味（例えば「隅」）と派生語としての意味（例えば「隅ッコ」）の違いが不鮮明だからである。「隅ッコ」や「根ッコ」のコについて宮島（一九七三）は「それ自身で積極的な意味をもっておらず、つねにほかの特定の（有意味的な）要素と結びついてあらわれる要素」として無意味形態素と名づけた。これに従えば、本章のタイトルにある「創造力」を持ちあわせないコが存在することになる。だが、例えば「隅ッコ」に関しては「隅のくだけた口頭語的表現（『新明解国語辞典』）」や「〔くだけた言い方で〕すみ（『明鏡国語辞典』）」という説明があるように、コには俗語的な表現を生む働きがあると考えられる。

このことは、⑥の派生語が語基とコの間に促音を介するXッコの形態であることにも関係している。⑥以外の①②にも語基とコの間に促音を入れるXッコがあるが、促音を入れないXコもある。語基とコの間の促音の介入には、江戸語の形成が影響していると考えられる。というのも、Xッコの形態を持つ語彙は、江戸語・東京語として誕生した語彙か、あるいは上方で使われていた語彙が江戸で形態を変化させた語彙だからである。①の「現代ッコ」、②の「売れッコ」、⑥の「隅ッコ」「端ッコ」「根ッコ」は前者に該当し、①の「江戸ッコ」「一人ッコ」「秘蔵ッコ」は後者に該当する（上方語は「江戸コ」「一人ゴ」「秘蔵ゴ」である）。こうしたXッコの形態を持つ語彙は、語連接上の促音化が著しかったという江戸語の音韻的特徴を受けて生じたと推察される。⑥の「隅ッコ」「根ッコ」がくだけた口頭語的表現と意識されている理由も、江戸語に由来する語彙ということで説明がつく。だが、〈物〉を表す派生語は総じてXコの形態を有するのに対し、〈人〉を表す派生語の多くが江戸においてXッコの形態になった理由は不明である。今後の課題としたい。

以上、共通語の接尾辞のコによる派生語の特徴を整理した。共通語の接尾辞のコは、名詞、動詞の連用形、副詞（擬音語）といった文法的特徴を持つ語基と結合して派生語を創出し、それが〈人〉や〈物〉を表すということを決定づけている。では、方言の世界では接尾辞のコはどのような働きをしているのだろうか。ここで再び東北方言に目を向けてみよう。

三．東北方言としての接尾辞のコ

管見の限り、東北方言の接尾辞のコについては桜田贅庵著『方言達用抄』（文政一〇年（一八二七））の記述が初出である。

物事の下え付ル　この字の事
鳥子　鍋子　蛛子　蟻子　わらし子　山こ　又酒を
呑ムこ　酒を買ふこ
皆代言なし　野俗の言葉也

「物事の下え付ル　この字」は、語基の末尾に結合する接尾辞を指していると理解される。また、最後の「野俗の言葉也」という説明書きから、コが卑俗な表現として認識されていたことがうかがえる。しかし、「鳥子　鍋子　蟻子　わらし子　山こ」などの名詞に結合するコと「酒を呑ムこ　酒を買ふこ」などの動詞の連体終止形に結合するコの違いは、この記述だけではわからない。

『日本方言大辞典』（小学館）を参考にすると、「酒を呑ムこ　酒を買ふこ」のコは、「まげだらば酒ぃ一升買うこ」（桜田鉄斎『仙台方言』文化一四年（一八一七）頃）と「明日から九時に学校に行くこだ」（秋田県学務部学事課編『秋田方言』昭和四年（一九二九））のように動詞の連体終止形に結合しており、派生語を名詞化するだけでなく語基が表す行為の実施をあらかじめ決めておくという意味であると理解できる。しかし、このタイプのコが使用されるのは秋田県と宮城県、山口県大島（ただし、形態はゴ）のみであり、コのなかでは特異な存在である。

一方、「鳥子　鍋子　蟻子　わらし子　山こ」などの名詞に結合するコについては、『日本方言大辞典』では「名詞に付いて親愛の情を表わしたり、小さなものの意を表わしたりする」と説明され、使用地域として福島県を除く東北五県と新潟県、富山県、長野県、愛媛県、高知県、大分県が報告されている。使用地域の分布が南北にのびることから、名詞に結合するコは周圏的に各地に広がったと考えられる。

だが、東北方言に関する先行研究や筆者が今まで行なった東北方言のコに関する調査結果を踏まえると、名詞に結合するコに関する『日本方言大辞典』の説明は十分とは言い難い。今までの研究の成果をもとに、東北方言のコによる派生語の特徴をまとめてみよう。

①文法的特徴…結合する語基は、名詞か動詞の連用形が名詞化したものである。

②音韻的特徴…語基とコの間に促音が入る。だが、語基の末尾が撥音である音環境では促音は介入しない（例えば「わん（椀）」は「わんコ」となる）。

③意味的特徴…語基が表す対象の〈物理的な小ささ〉、〈年齢的な幼さ〉、〈量的な少なさ〉、〈程度の微弱さ〉、〈未熟さ〉を意味する。

ただし、このまとめは東北方言のコの一般的な特徴（別の言い方をすれば、平均的な特徴）であり、先行研究では例外も報告されている。例えば岩手県の平泉でコを調査した小松代（一九七六）は、「んめぁコ（甘いものやお菓子）」「しょっぺぁコ（塩辛いもの、特に味噌漬けや大根の漬け物）」を取り上げ、「んめぁ（「うまい」の方言形）」「しょっぺぁ（「しょっぱい」の方言形）」といった形容詞に結合するコを報告している。また、コと副詞が派生語を創出する例もある。秋田県では〈少し〉とか〈手軽〉という意味で「さっとコ」（例「さっとコだばで、食べてたもれ（少しだけれど、食べてください）」）を使うが、これは「さっと」という東北の他の地域でも使う副詞にコがついた派生語であると考えられる。だが、こうした名詞以外の文法的特徴を有する語基にコが結合する例は、非常に少ない。

東北方言のコと共通語のコは、派生語における役割が大きく異なる。共通語のコは派生語が表す対象が何であるのか（〈人〉か〈物〉か）ということを決定づけているが、東北方言のコは語基が表す対象に新しく意味を添加する働きをしている。次の表5－1は、コが添加する意味とコの派生語について筆者が宮城県鳴子町鬼首地区で行なった調査の報告（櫛引 二〇一一a・b）を整理したものである。

ここにまとめたように、語基が表す対象が具体物の場合は対象の物理的なサイズを捉えることができるため、コは生物（動物・植物・人）／無生物（道具・鉱物・地形）の違いにかかわらず〈物理的な小ささ〉という意味を添加することになる。また、対象が生物の場合、その年齢を問題にすることが可能となり、コは対象の〈年齢的な幼さ〉という意味をもたらすことになる。さらに、一般的に量を話題にする対象（気象・金銭）であれば、コは〈量的な少なさ〉を意味するようになる。一方、語基が表す対象が抽象物（感覚器官で捉えるもの・病・行為）であれば、そのサイズや量を把握することができないため、コは対象の〈程度の微弱さ〉を表すようになる。また、職業的な経験や能力を問題にする場合、コは語基が表す職業に就いている人物の〈未熟さ〉を表す。

このように、東北方言のコは、語基が表す対象が小さいのか、幼いのか、少ないのか、微弱なのか、未熟なのかということを特定する。先に『日本方言大辞典』の「名詞に付いて親愛の情を表わしたり、小さなものの意を表わしたりする」という説明では不十分であると述べた理由は、この点にある。だが、この説明は誤っているわけではない。例えば「犬ッコ」はサイズが小さな犬や生まれて間もない仔犬のことだが、そうした意味だけでなく「可愛い犬や愛情を向けるペットであれば『犬ッコ』と言う」という話者の内省が物語るように、犬への親愛の情を表現する場合もある。

しかし、何に対して親愛の情を抱くのかということには個人差がある。例えば、秋田県大館市での調査では、「山ッコ」は山の規模が問題ではなく山に対して馴染みがあるということ、言い換えれば心理的な近さを感じる場合

表 5－1　宮城県鬼首地区における接尾辞のコの派生語

コが添加する意味	例	語基が表す対象
物理的な小ささ	魚ッコ，犬ッコ，馬ッコ	動物
	枝ッコ，花ッコ	植物
	手ッコ，足ッコ	身体部位
	鍋ッコ（家族用の鍋），ナイフッコ（小形のナイフ），飾りッコ（小さな装飾品）	日用品
	石ッコ（小石や砂利），山ッコ（日帰りできる規模の山），川ッコ（川遊びできる規模の川）	鉱物・地形
年齢的な幼さ	魚ッコ（孵化後間もない魚），犬ッコ（仔犬），馬ッコ（仔馬）	動物
	枝ッコ（生えて間もない枝）	植物
	野郎ッコ（就学前から小学校低学年くらいまでの男子），兄ッコ（思春期までの年上の男子　※血縁の有無は問わない），姉ッコ（思春期までの年上の女子　※血縁の有無は問わない）	人
量的な少なさ	雨ッコ（降り始めの雨や少量の雨），雪ッコ（降り始めの雪や少量の雪）	気象
	銭ッコ（少量の金銭）	金銭
程度の微弱さ	匂いッコ（かすかな匂い）	嗅覚で捉えるもの
	音ッコ（聞こえる程度の音）	聴覚で捉えるもの
	風邪ッコ（引きはじめの風邪．重い症状を伴わない風邪），熱ッコ（微熱）	病
	喧嘩ッコ（深刻ではない喧嘩．口喧嘩）	行為
未熟さ	医者ッコ，先生ッコ	職業

に使えるという内省が聞かれた。また、宮城県名取市の調査では、コは犬と猫（「猫ッコ」）のような愛玩動物や馬・牛（「べごッコ」）・鶏「とりッコ」）のような家畜に使うが、他の動物には使いづらいという内省があった。

対象に対する認識の違いに応じてコが表す話者の心情が変わることは、コが対象への軽蔑を表現する場合にもみられる。医者や教師のような専門職に就きながら経験と能力が未熟である人物を「医者ッコ」「先生ッコ」と言うとき、コは軽蔑を表す。だが、専門職であることを話者が評価するのであれば、その人物が軽蔑の対象になることはない。なお、専門的な未熟さを「憎めない」というように好意的に受けとめて「医者ッコ」「先生ッコ」と表現することも考えられるが、これについては調査で確認できていない。

さて、コが表す〈親愛〉や〈軽蔑〉といった意味は対象に対する話者の感情に関わるものであり、語基が表す対象の概念に関わる〈物理的な小ささ〉、〈年齢的な幼さ〉、〈量的な少なさ〉、〈程度の微弱さ〉、〈未熟さ〉といった意味とは語彙的な意味としての性格が異なる。しかし、〈親愛〉や〈軽蔑〉といった意味は、コが対象の〈物理的な小ささ〉という意味を表すことと関係している。なぜなら、小さいものは生物であれ無生物であれ、その対象に接する人から「可愛らしい」「愛おしい」という親愛の情を向けられる傾向があり、また一方で、不完全さや未成熟さを相手に印象づけてしまうことで「頼りない」「みっともない」という軽蔑の対象にもなりうるからである。

青森県南津軽方言のコを調査した日野（一九五八）は、コは話者が対象を具体的に把握していることを表すと結論づけた。たしかにコが対象の小ささや少なさ、また対象への親愛や軽蔑などを表すためには、話者が対象を具体的に認識していなければならない。けれども、対象に対する認識には個人差がある。例えば、宮城県名取市の話者は、風邪や喧嘩などの抽象物、山や川などの地形、雨のような気象に対してコは使えないという。だが、宮城県鬼首方言や秋田県大館市方言ではコが使える。また、青森県弘前市方言のコについて記述した阿部（一九九九）は、「人間」という意味素性を持つ語基にコは結合しないとする。だが、前述のように宮城県鬼首方言では「医者ッコ」「先生ッコ」が使用できる。こうした違いについては接尾辞のコの地域差として解釈することもできるが、話者個人の認識の差異が反映されている可能性もある。このように、東北方言のコは接尾辞として添加する意味を共有しながらも、コが結合する語基にはある程度の個人差が存在すると考えられる。

四．接尾辞のコが創造するもの

一般に創造力と呼ばれるものには二種類ある。何かを新しく創出する力と今まであったものを新しくアレンジする力である。共通語のコは、語基の意味が反映された〈人〉や〈物〉を表す語彙を創出する点で、前者の創造力を有する。一方、東北方言のコは、語基が表す対象の意味的な特徴を新たに添加する点で、後者の創造力を有する。両者の創造力は質的に異なるものの、通時的には連続していると考えられる。というのも、共通語の「甥ッコ」「ちびッコ」「いたずらッコ」などの人を表すコの派生語には〈年齢的な幼さ〉や〈親愛〉といった東北方言のコが表す意味との関連性を見いだすことができるからだ。

しかしながら共時的にみれば、東北方言のコは対象の〈物理的な小ささ〉、〈年齢的な幼さ〉、〈量的な少なさ〉、〈程度の微弱さ〉、〈未熟さ〉など、共通語のコにはない意味を表すことができる。こうした意味を表す接尾辞は、指小辞と呼ばれる。

指小辞は、言語を越えて類似した語彙的な意味や語用的な働きを持つことが知られている。ロシア語の指小辞（論文では指小語）を研究した中尾（二〇〇二）によれば、相手に与える物の小ささを指小辞で表すと、与え手の控えめな態度を提示することになるという。

東北方言のコにも、こうした指小辞の語用的な働きをみることができる。それが冒頭で紹介した「飴ッコ」のコである。「飴ッコ」のコは、単に飴の物理的な小ささだけを表すわけではなく、飴の与え手と受け手の心理的な上下関係を緩和する。「飴、やっから（やるから）」よりも「飴ッコ、やっから」の方がやさしい感じがするという話者の内省は、東北方言のコがこうした語用的な働きをすることの傍証である。「飴ッコ」以外では、「お茶ッコ、飲むべ」（秋田県大館市）、「お茶ッコ、飲まいん」（宮城県名取市）のように使われる「お茶ッコ」のコにも同様の働きがみられる。「お茶ッコ」は、コが本来表す対象の小ささという意味を比喩的に用いて、話者が用意したお茶が取るに足らないものであるという謙遜を表す。その結果、与え手である話者は相手にお茶を勧めやすくなるのである。

東北方言のコが指小辞としての意味や働きを獲得するに至った全容は解明されていないが、その変化を考察するための手がかりはある。佐藤（一九九〇）は、接頭辞のコについて血縁に基づく生物学的な〈子〉から派生したと推定している。また、諸言語の指小辞の変化を考察したJurafsky (1996) や文法化の観点から指小辞の派生を整理したHeine and Kuteva (2002) においても「CHILD（子）＞DIMINUTIVE（指小辞）」という、佐藤の接頭辞のコに関する分析と同様の変化の方向が指摘されている。しかし、コのルーツが〈子〉であるとすれば、東北地方に特化するかたちでコが指小辞として多義性を獲得したのはなぜかという問題が浮上する。この問題を解明することは、共通語のコと東北方言のコが持つ創造力の通時的な関係を知るためにも必要である。

注

(1)宮城県鳴子町鬼首地区では二〇〇八年に東北大学大学院文学研究科国語学研究室による共同調査で面接調査（四〇代、七〇代、八〇代各一名）を実施した。二〇〇九年には前年度の成果を踏まえた筆者個人による面接調査（四〇代一名、七〇代二名、八〇代一名、九〇代一名）を実施した。なお、二〇〇九年のインフォーマントの四〇代・七〇代・八〇代の各一名は、二〇〇八年の調査のインフォーマントと同一人物である。

　宮城県名取市では二〇一四年に七〇代二名に面接調査を実施した。秋田県大館市では二〇一五年に七〇代と八〇代の各一名に面接調査を実施した。両調査は、平成二四～平成二六年度科学研究費助成事業若手研究（B）課題番号二四七二〇二一二「消滅の危機にある日本語の指小辞に関する研究」（研究代表者　櫛引祐希子）の一環として行なった。

文献

阿部貴人（一九九九）「いわゆる指小辞/ko/の記述」『阪大社会言語学研究ノート』一

櫛引祐希子（二〇一一a）「東北方言の指小辞『コ』の意味―宮城県鬼首方言の分析を通して」『国語学研究』五〇

櫛引祐希子（二〇一一b）「指小辞『コ』」小林隆編『宮城県・山形県陸羽東線沿線地域方言の研究』東北大学大学院文学研究科国語学研究室

小松代融一（一九七六）『岩手方言の音韻と語法』岩手方言研究会

佐藤武義（一九九〇）「《小》の接辞「ヲ」「コ」の成立と展開」日本語語源研究会編『語源探求　二』明治書院

中尾裕子（二〇〇二）「丁寧さを表す手段としての指小接尾辞の使用」『ロシア語ロシア文学研究』三四

日野資純（一九五八）「青森方言管見」『国語学』三四

宮島達夫（一九七三）「無意味形態素」『国立国語研究論集　四ことばの研究　四』

ゆもとしょうなん（一九七七）「あわせ名詞の意味記述をめぐって」『東京外国語大論集』二七

Heine, B and Kuteva, T. (2002) *World Lexicon of Grammaticalization.* Cambridge : Cambridge University Press.

Jurafsky, D. (1996) Universal tendencies in the semantics of the diminutive. *Language* 72.

第六章　育児語と方言語彙

椎名渉子

一．育児語の特徴

子育てや子どもと接する場面において大人（育児者）が子どもに対して、犬のことを「ワンワン」といったり、入浴の行為を「キレイキレイスル」といったりする。これらは、育児語・幼児語（以下、育児語）と呼ばれる子どもに向けられた言葉である。育児語を広義に捉えると、大人（育児者）から子どもへ伝達される言葉すべてをさすという見方もできるが、ここでは、育児場面に用いられる言葉で、一般的な言い方（以下、成人語）とは異なるものを育児語と呼ぶ。

子どもは、成長過程において社会の一員として生活するために、言葉をはじめ様々な知識を習得する。育児語は、そうした知識の世界と言葉とを体系的に結びつけるための準備的なツールになっている。それゆえ、一見、育児語は単純で体系性を持たないようにみえるが、子どもに向けられた言葉として観察すると、形式や意味の面で様々な特徴を持つ。

例えば、先に挙げた犬を表すワンワンという名詞は、犬の鳴き声のオノマトペを用いることにより、言いやすさや記憶のしやすさの効果を生むとともに犬の持つ鳴き声の記憶・理解を促す。また、入浴を表すキレイキレイスルという動詞は、風呂に入った結果・状態を意味する「きれい」を用いることにより、入浴行為の意義・効果の理解も促す。そして、キレイキレイというような反復の形式はリズム感やインパクトを生み、子どもの記憶を助けると考えることができる。ほかに、ワンチャン（犬）の「チャン」、オニンギョサン（人形）の「サン」のような接辞の付加は、親近感や愛情意識を促すために機能していると考えられよう。さらに、キレイキレイスルという育児語は、地域や個人によっては、入浴行為だけでなく掃除や洗濯にも適用される場合もあり、動作・行為の体系的把握を狙った使い方もみられる。

このように、育児語は子どもの理解を助ける知恵が詰まった言葉といえるのである。それと同時に、子どもに把握・理解してもらいたいと大人が考える世界観が投影されたものともいえるだろう。その世界観には、育児語使用者の属する地域社会における、ものの捉え方や考え方が含まれている。

そうしたことを総合的・記述的に論じた研究には友定（二〇〇五）がある。育児語の研究史・課題を概観したうえで育児語を体系的に整理する。また、早川（一九八三）をもとに育児語の全国的な調査結果をまとめた『全国幼児語辞典』（友定編　一九九七）がある。この辞典は、統一調査票に基づく全国四〇〇地点の調査を中心に集められた育児語二〇〇項目の語形を類別・地域別に記載したものであり、日本語学だけでなく幅広い分野での活用を視野に入れた書と言える。

一方で、全国分布を対象とし、語の伝播や受容をテーマにした地理的研究は少ない。育児語の分布を考察した研究では鏡味（一九七一～一九七六）の言語地理学的研究が代表的だが、中国・四国を中心とした西日本地域が対象であり、全国的な視点からの考察は行なわれていない。そこで、国立国語研究所共同研究プロジェクト「方言の形成過程解明のための全国方言調査」（二〇一〇～二〇一五年、以下、ＦＰＪＤとする）[1]の調査データを用い、「神仏」の育児語を対象に、全国的視野から語の伝播や受容について考察していきたい。

二　育児語研究の一視点

ここでは全国分布を観察する切り口について述べる。対象とする「神仏」の育児語として代表的なものには、ノンノンサマ・マンマンサマなどの形式がある。そうした神仏の育児語の語構成についてみると、主要な意味を担う前部要素となる語根（ノンノン・マンマンなど）に、尊重や親愛といった待遇的意味を有する接辞（サマ・チャンなど）が後接する構成となっていることがわかる。この前部要素のバリエーションには、ノノ・ノンノ・ノンノンなど様々な音節数を持つ形式が存在する。また、後部要素となる接辞サマについても、サマのほかにサン・チャンなどがみられる。これまでの研究において、語根部分については、主にノンノンサマ・ノンノサンなどをまとめたノンノン類と、マンマンサマ・マンマチャンなどをまとめたマンマン類[2]とに二分されてきた。この二つの類について鏡味（一九七四）では、ノンノン類は近世の文献に多くみられるのに対し、マンマン類は明治期の文献からみられることを指摘し、「ノンノン∨マンマン」という歴史を説く。また、友定編（一九九七）では全国の神仏を意味する育児語を語根部分に従って類別して提示する。これらの研究では後部要素の接辞については考察対象として取り上げていない[3]。しかし、バリエーションを生んでいるのは語根だけでなく、接辞も同様である。このことから、語根と接辞という二つの観点を設け、育児語の語形を観察する。

　では、このノンノンサマ（便宜上、ここではノンノンサマを神仏の育児語として代表させる）の指す対象について考えてみる。先行研究によると、拝むべき対象を一語にまとめた「神仏の総称」（鏡味 二〇〇六、一二三頁）と説明されるが、成人語の「神仏」と完全に同義とは言えない。成人語の「神仏」「かみほとけ」などの言い方とノンノンサマは、どちらも神仏をまとめて言う総称という点では同じだが、その使い方は異なる。成人語の「神仏」は、神・仏それぞれを指してシンブツやカミホトケとは言わず、神を指すときはカミサマ、仏を指すときはホトケサマと言い分けるのが一般的であろう。それに対し、ノンノンサマは、神・仏どちらの場合でも拝む対象として言い分けずにノンノンサマを使う。これは拝むべき対象すべてを一つの概念として捉えているということになる。

　ところが、FPJDの調査結果からは神・仏どちらか一方にのみノンノンサマの形式が当てられるという個別称（専用表現）も存在することがわかった。つまり、ノンノンサマは神にしか使わない、あるいは仏にしか使わないという地域もあるということになる。これらを踏まえ、神仏を言い分けるのか（個別称を使うのか）、言い分けないのか（総称するのか）という観点を設け、育児語の意味・用法を観察する。

　以上のように、①語形と②意味・用法という二つの切り口を設け、育児語を観察する。①では、神仏の育児語の中でも広域に分布するノンノン類とマンマン類を対象にし、語根と接辞に分けて検討する。また、②では、神仏の育児語全体を対象にし、出現の有無も含めて総称・

個別称の地域差について考える。

三．育児語の語形の地域差

（1）「神仏」の育児語の語根の地域差

神仏の育児語のノンノン類とマンマン類に着目し、語根の形式についてみていく（図6－1）。ノンノン類の語根には、主に、ノノ・ノンノ・ノンノンの三形式がみられ、ほかにノノー・ノンノー・ノーノーというような長音を含む形式もみられ、多様な形式がある。マンマン類の語根には、ママ・マンマ・マンマイ・マンマンがみられる。

図6－1からわかる全体的な様相としては、近畿を中心にみると、マンマン類の外側にノンノン類があらわれ周圏分布をみせていることである。ただし、九州にもマンマン類がみられることから、単純には解釈できない。長崎や宮崎にわずかにノンノン類が存在することからすると、九州はノンノン類が古く、そこへ新しく近畿からマンマン類が飛び火的に持ち込まれたと考えることができるかもしれない。

類別に観察すると、まずノンノン類はかなり複雑な分布をしているものの、東日本にはノノ・ノンノが多く、西日本にはノンノンが目立つ。関東・東海と中国東部にはノーノーも分布する。それらの中では、ノノの分布が長野周辺を除いて散発的で弱く、全体として周辺的にみえる。ノノという形式は、鏡味（二〇〇六）に指摘されるように、近世、井原西鶴の『男色大鑑』（一六七六）に「彼忰子（かのせがれ）いたいけしたる手をあはして、あれはののさまかと目もふらず拝みける社（こそ）、おかしけれ。」（定本西鶴全集第四巻、一九〇頁）と登場する。このノノが元になり、ノンノ・ノーノー・ノンノンなどの形式が生み出されたとみることができる。ただし、これらの類は仏への称名である「南無阿弥陀仏」の「南無南無」に由来するという説もあり、それに従えば、撥音や長音を持たないノノは一番変化した新しい形ということにもなる。

一方、マンマン類は、マンマンが主流であり、近畿・九州を中心に分布している。このマンマン類は近畿で使われ始めた（鏡味 二〇〇六）と推定されており、ノンノン類分布域の内側に分布していることから、近畿から西日本一帯に勢力を伸ばしていったことが窺える。

このようにマンマン類が西日本に広がる中、近畿・中

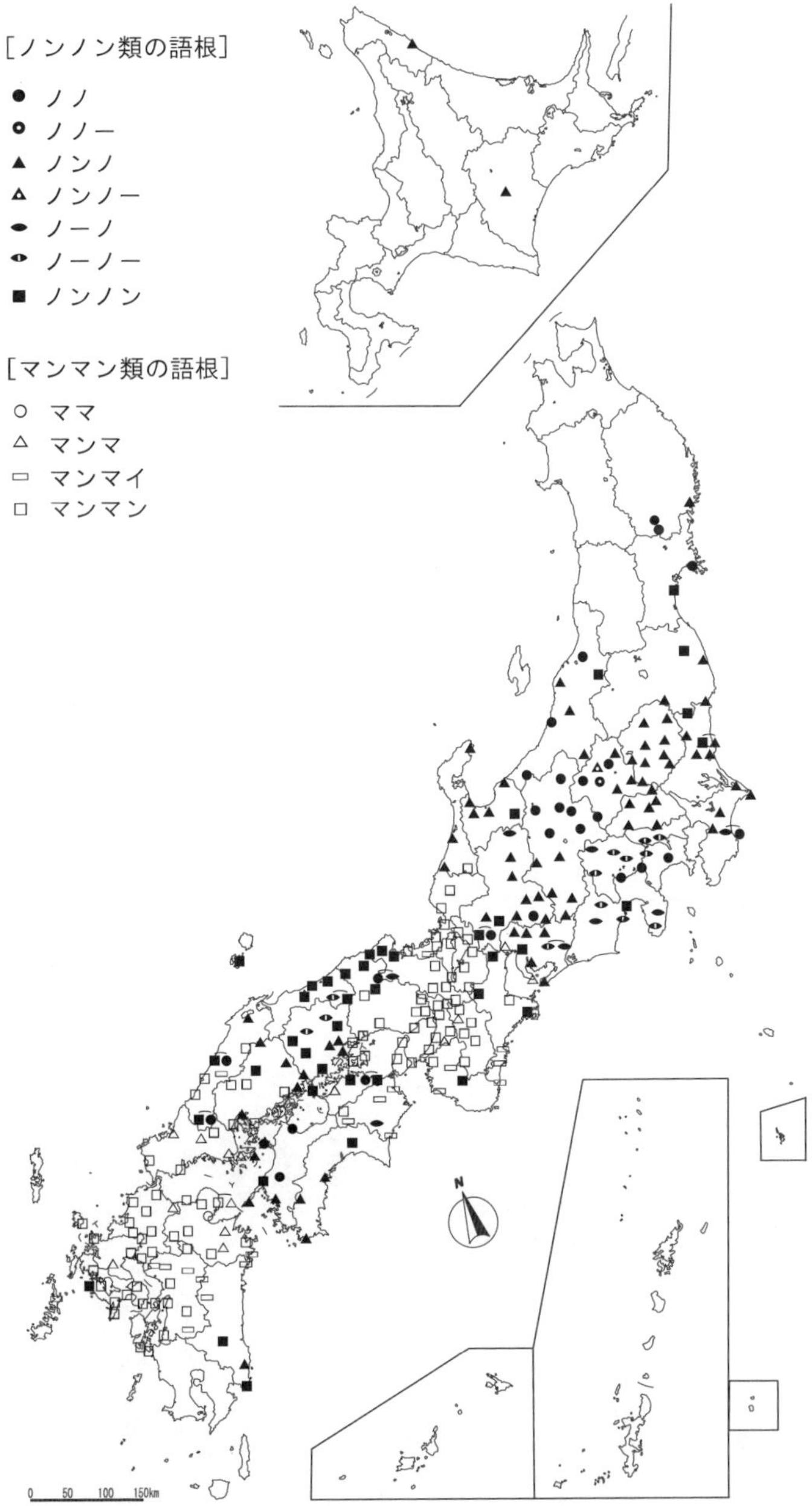

図6－1　ノンノン類・マンマン類の語根

国・四国にはノンノン類も見受けられる。特に兵庫県の日本海側と鳥取県・岡山県においてはノンノン類の分布が密であり、頑なに残存し続けているようにもみえる。これは、鏡味（一九七四）の西日本を中心とした地域における神仏の育児語の分布図と重なる傾向であり、四〇年ほどのあいだ、同じ状態を保っていることになる。

（2）「神仏」の育児語の接辞の地域差

次に、ノンノン類とマンマン類の接辞に着目してみよう。図6－2には、図6－1のノンノン類・マンマン類の語根に接辞を組み合わせて分布を示した。

図6－2をみると、全体的な傾向としては、語根と接辞の組合せにおいても周圏分布のような様相がみてとれる。まず、最も外側に位置する東北・九州南部にはノンノン類＋サマがみられ、その内側に位置する関東・東海・中国にはノンノン類＋サンがみられる。そして、マンマンが出現する西日本では、九州にマンマン類＋サンが、近畿にマンマン類＋チャンが見受けられる。このことから、ノンノン類＞マンマン類、サマ＞サン＞チャンというように、語根と接辞それぞれの変遷過程が組み合わされて地図上にあらわれているようにみえる。また、語根と接辞の組合せのパターンとしては、ノンノン類（古）にはサマやサンが付加され、マンマン類（新）にはサンやチャンが多いことがわかる。

ところが、ノンノン類にチャンが用いられている地域（右上向きの黒矢印記号）が近畿・中国（京都府・兵庫県・広島県）に計五か所みられる。マンマン類が広がる西日本地域に、ノンノン（古）＋チャン（新）という組合せがあるということは、語根は変わらずにノンノン類のままで新しい接辞チャンを付加したかたちが生まれ、それが保持されていると考えることができる。これには近隣地域のマンマンチャンが影響していると考えることもできるだろう。この組合せが出現する地域は、（1）に述べたマンマン類優勢の西日本においてノンノン類が根強く残存する地域である。このような形式は、新しい接辞を取り入れながらも語根は変化させずに保持するというこの地域における残存の一形態であるといえるかもしれない。

四．育児語の出現様相の地域差

三．ではノンノン類とマンマン類の語形に着目したが、ここでは、ノンノン類・マンマン類に限らず、ＦＰＪＤ

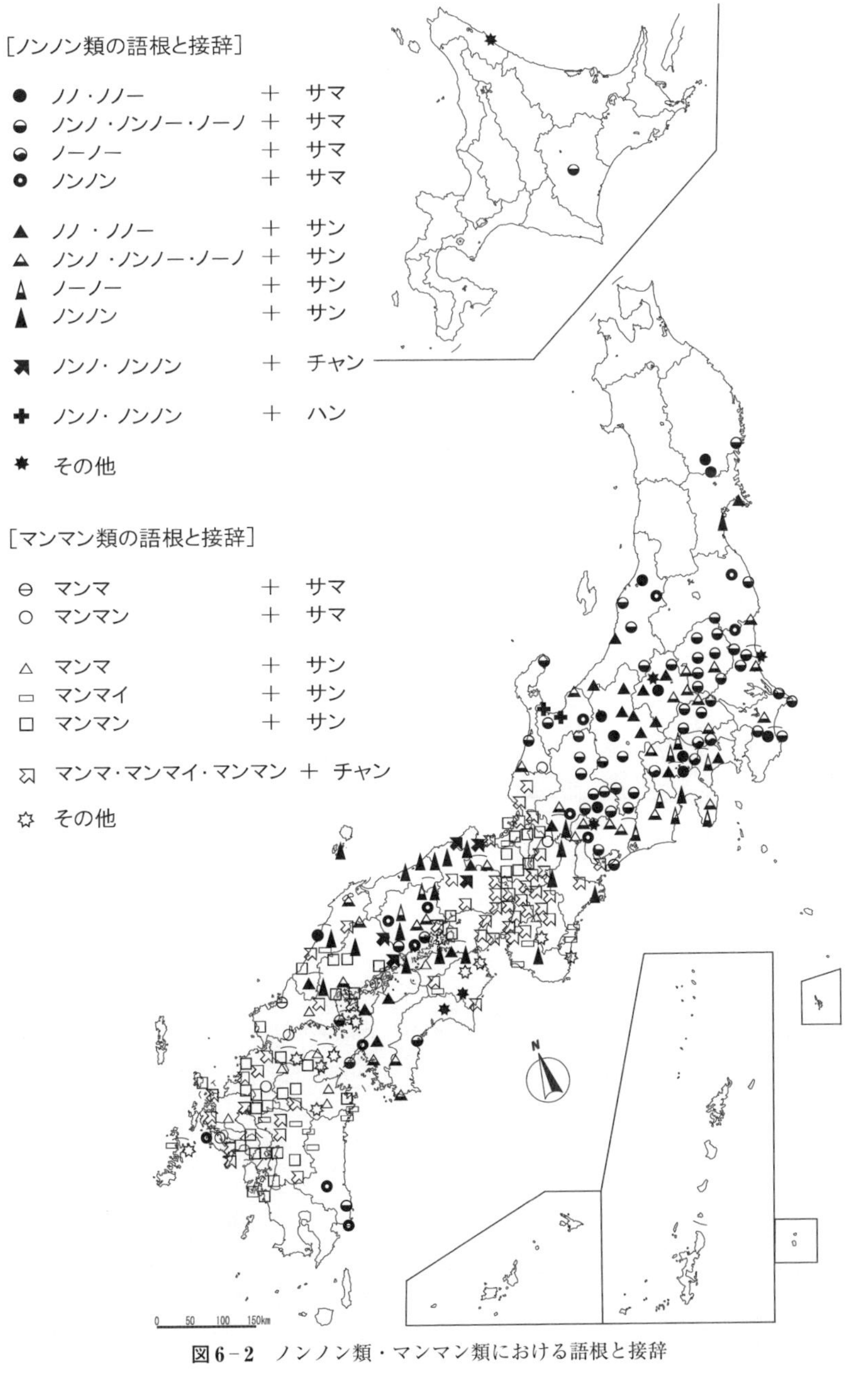

図 6－2　ノンノン類・マンマン類における語根と接辞

の調査において出現した神仏の育児語すべてを対象とし、その意味・用法の観点から分布をみていきたい。

まずは、神仏の育児語自体が出現するのかという出現の有無についてみてみる。育児場面において「神仏」を何というかについての回答を地図化し、成人語が出現するのか、育児語が出現するのかという点をみていく（図6－3）。凡例にあるとおり、回答語形は［成人語］・［育児語］に大別し、［育児語］はさらに類別した。［育児語］の類は、ナムナム類、ノンノン類、マンマン類、トト類[4]とその他に分け、神仏の個別称・総称にかかわらず回答された語すべてを含めた。一方、［成人語］のカミサマ・ホトケサマに含まれる語はすべて、神仏それぞれを指す個別称ということになる。また、地図化の際、神仏の総称としての育児語については「昔は言ったが今は言わない」と回答された育児語もすべて地図上に反映させている。

図6－3における育児語の分布自体は三.（1）に取り上げたようにノンノン類とマンマン類の対立が主となってあらわれるが、そうした類は問わず、単純に育児語の有無という点から分布をみてみよう。すると、相対的に育児語が少ない東北に対し、関東以西には育児語がみられるというように、育児語出現の有無に地域差があることがわかる。東北に神仏の育児語が少ないということは、近畿から広域に分布するノンノン類・マンマン類が東北においては受容されにくかったことを意味するとも考えられる。一方、ノンノン類・マンマン類が混在する西日本の分布は、東北に比べ積極的に神仏の育児語を受容してきたというようにもみえる。出現の有無に関する地域差は、神仏の育児語における受容の積極性・消極性に関わる地域差であるとも言える。

では、ここに出現した育児語は、神仏を言い分けず総称しているのか、それともどちらか一方の意味を指しているのか。また、そうした点に地域差がみられるのだろうか。まずは、図6－3にみられた育児語のみを対象とし、その育児語が神仏を言い分けるか言い分けないかという基準で地図化した（図6－4）。

図6－4からは、東北は育児語自体の出現は少ないが、神仏を言い分けている地点は少ないことがわかる。また、関東・近畿においても言い分けない地点が多く見受けられる。それに対して、北陸や中国の一部、とりわけ九州に神仏を言い分けている地点がみられる。では、こうした個別称地域においては、神・仏のどちらにどのような育児語が用いられているのだろうか。神仏を言い分ける

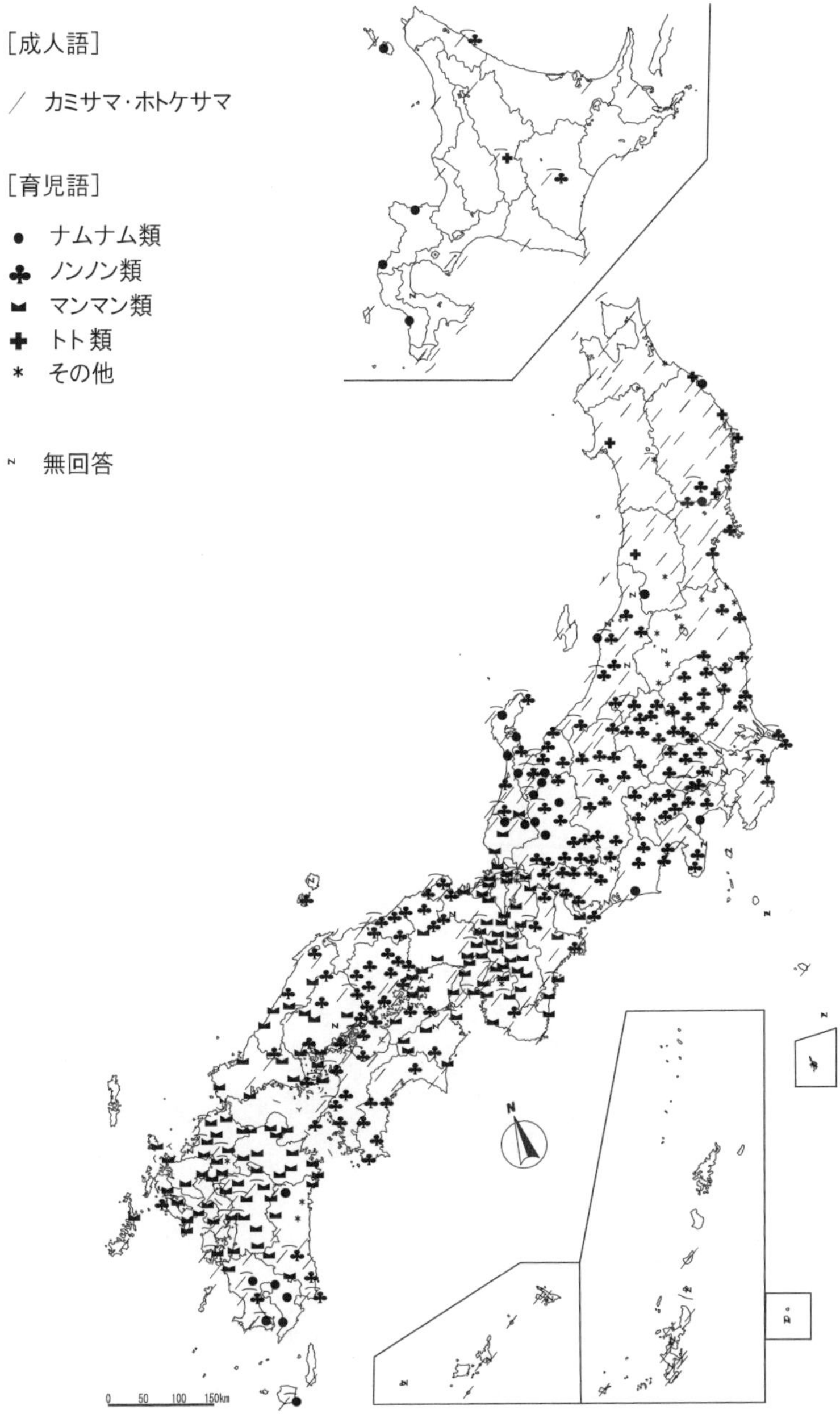

図 6－3　育児場面において神仏を意味する語

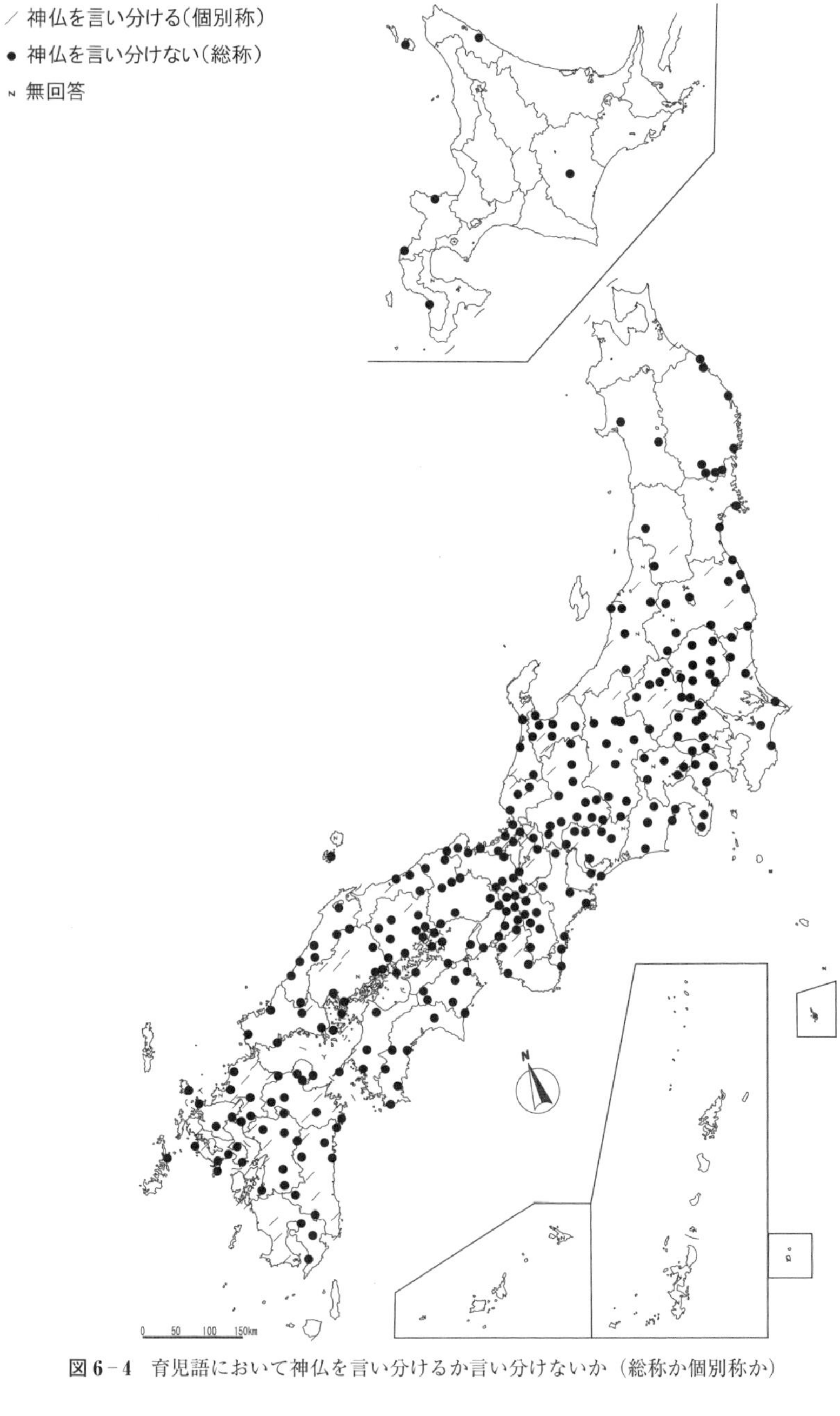

図6－4　育児語において神仏を言い分けるか言い分けないか（総称か個別称か）

育児語のみを対象とし、その分布を示した（図6－5）。図6－5からは、北陸や中国・九州では仏のみに使用する地点が大多数であり、東日本では数は多くないが神のみに用いる地点が見受けられる。仏のみに用いる育児語は、北陸と九州南部などにノンノン類がみられ、北陸の一部にはナムナム類、中国・九州北部にはマンマン類がみられる。関東や近畿は概して神仏を言い分ける地点が少ない。

ナムナム類・ノンノン類・マンマン類の由来として、仏への称名（南無阿弥陀仏）がもとであるという説を三（1）で紹介したが、それに従えば、一つの変化のパターンとして、もともと仏のみを指していた言い方が北陸や中国・九州に残り、関東・近畿といった都市圏ではそれよりあとに神仏を言い分けなくなったという流れが考えられる。つまり、神仏を言い分ける個別称が古く、言い分けない総称が新しいという歴史である。もう一つの可能性としては、各地でナムナム類・ノンノン類・マンマン類を神仏を言い分けない形式として受容したが、その後、地域内で仏のみを指すようになったという解釈もあるかもしれない。

また、神のみに用いる育児語は、数は少ないがノンノンが多い。仏への称名が由来のノンノンが神のみに用いられるということは、ノンノンの語が伝播したのち、地域の中で意味が変化したというように考えられる。

五．まとめ

ここでは、神仏の育児語を対象に、語形と意味・用法という二つの切り口から分布の観察と歴史的検討を試みた。語形に関する考察では、語根と接辞の地域差から、育児語の分布の様相について考えた。また、意味・用法に関する考察では、育児語自体の有無や個別称・総称の地域差から、その成立について考えた。

今回は、主として地理的な分布と変化の観点から考察したが、育児語の地域差を生む要因には、育児語自体に対する地域独自の発想法や規範意識、さらには教育観などが関連すると考えられる。そうした面を掘り下げた考察も今後行なっていく必要があるだろう。

例えば、接辞の地域差をみた場合、東日本ではサマが多いのに対し、西日本ではサンが目立ち、とりわけ近畿にはチャンが分布する。サマはあくまでも神仏に対する畏敬の念を表すものであろうが、チャンとなると畏敬の

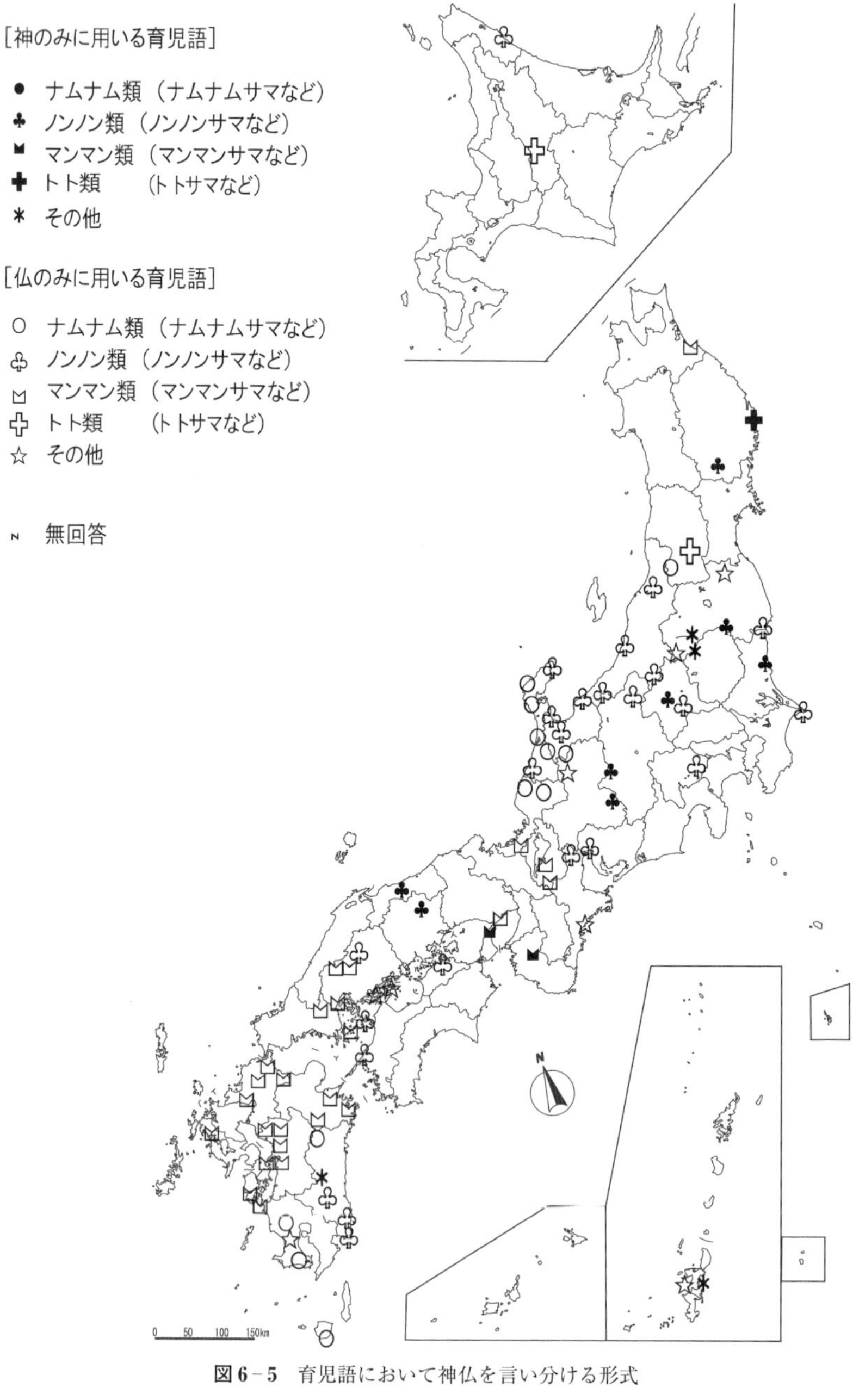

図6－5　育児語において神仏を言い分ける形式

みでなく親愛の情を含むものになっているのではないかと思われる。この点、神仏に対する人々の捉え方、つまり、その存在と人間との関係をどのように意識するか、そして、それを子どもにどう教えるかということが重要になってくると考えられる。各地域における接辞の待遇的性格を調べるとともに、そうした思想的・教育的な背景についても掘り下げて検討していかなければならない。

また、成人語と育児語を区別するかという点については、配慮表現の立場からの見方も可能かもしれない。すなわち、育児語をわざわざ用意するというのは、幼児を成人とは異なる範疇の話し相手と認識することであり、そこには一種の配慮、つまり、幼き者への思いやりや気遣いが働いているのではないかと思われる。さらに、この問題は、状況に応じて表現を細かく分化させるか否かという問題とも関わりそうである。誰に対しても同じ言い方で済ませるのではなく、相手の特性に応じて形式を切り替えていく。成人語と育児語の区別は、そうした分析的な表現への志向の一つの現れともみなすことができる。以上の点に関しては、小林・澤村（二〇一四）が言語における「配慮性」「分析性」の問題を扱い、それらの性格が東日本より西日本に、そしてとりわけ近畿に強く現れると述べており、それとの関連が注目される。成人語と育児語の問題は、そうした言葉の発想法に関わるより大きな枠組みの中で検討していく必要もあるだろう。

「子どもの言葉」という視点は、言語と社会・思想・教育との関係を考え、言葉に対する人々の発想法を探るための興味深い切り口となるにちがいない。

注

(1)国立国語研究所共同研究プロジェクト「方言の形成過程解明のための全国方言調査」（二〇一〇～二〇一五年、代表：大西拓一郎）における全国五五四地点の調査（面接調査）である。調査における質問文は次のとおりである。「孫など幼い子どもに対して、神様や仏様のことを言う場合、何と言いますか。例えば、『神様に水をあげろ』『仏様に手を合わせろ』などという場合です」。

(2)マンマンの語源については、牧村編（一九五五）において南無阿弥陀仏が子どもの耳にはマンマンマンと聞こえるとする見方が示されている。

(3)椎名（二〇一六ａ）では後部要素のみを対象に地図化したが、前部要素との関わりを含めた考察は行なっていない。

(4)トト類に含まれる形式には、トートー・アットー・トーディァーサマといったものが含まれるが、これらは「あな尊し」に由来するとされる（友定編 一九九七）。

文献

穎原退蔵・暉峻康隆・野間光辰編（一九六四）『定本西鶴全集第四巻』中央公論社

鏡味明克（一九七一～一九七六）「幼児語の方言分布の考察（1）～（5）」『順正短期大学研究紀要』一～五

鏡味明克（二〇〇六）「幼児語の分布と伝播」『月刊言語』三五―九

小林隆・川﨑めぐみ・澤村美幸・椎名渉子・中西太郎（二〇一七）『方言学の未来をひらく―オノマトペ・感動詞・談話・言語行動』ひつじ書房

小林隆・澤村美幸（二〇一四）『ものの言いかた西東』岩波書店

椎名渉子（二〇一六a）「育児語の全国分布―『神仏』と『座る』を対象に」『フェリス女学院大学文学部紀要』五一

椎名渉子（二〇一六b）「かみ・ほとけ（神・仏）―育児語」大西拓一郎編『新日本言語地図―分布図で見渡す方言の世界』朝倉書店

友定賢治編（一九九七）『全国幼児語辞典』東京堂出版

友定賢治（二〇〇五）『育児語彙の開く世界』和泉書院

早川勝広（一九七五）「育児語の諸問題（上）」『文教国文学』三

早川勝広（一九八一）「育児語と言語獲得」『言語生活』三五一

早川勝広（一九八三）『言語獲得と行動構造・認知構造の発達との相関的発達についての研究（全国育児語方言集）』（昭和五七年度科学研究費補助金（一般研究C）研究成果報告書）

牧村史陽編（一九五五）『大阪方言事典』杉本書店

柳田国男・丸山久子（一九九七）『分類児童語彙 新装版』国書刊行会

付記

言語地図作成にあたっては、国立国語研究所の言語地図作成用プログラム（プラグイン）を使用した。

第3部

変化の中にある言葉

第七章　方言語彙の語源と歴史

八木澤　亮

一．方言に流れ込む漢語

本居宣長が「すべて田舎には、古の言の残れること多し」（『玉勝間』巻七）と指摘したように、方言の中には共通語では滅びてしまった古い日本語が今でも生き長らえている。方言語彙の語源、すなわち、その源流を訪ねると、多くの語彙が、いにしえの中央語に由来していることがわかる。

そうした方言に流れ込む中央語には、語種の点で言えばいわゆる和語だけでなく漢語も含まれる。神鳥（二〇〇一）が取り上げるように、漢語が語源となっている方言語彙も数多く見いだせる。ただし、その成立過程について詳細に論じた研究はまだ多くない。

そこで、一つの事例として漢語「徒然《とぜん》」に由来する方言（以下、トゼン類とする）を取り上げたい。この語は、古い時代の中央語に端を発し、各地の方言に溶け込んでいる。ただし、それらは中央語の姿をよく反映する部分もあれば、語形や品詞の変化など地方独自の改新も起こしている。その点で「徒然」は、小林（二〇〇八）のいう「中央語の再生」の一例であり、漢語の方言化に伴う様々な変容を観察できる事例として興味深い研究対象と言えるのである。

また、漢語由来の方言は、上層の文章語が庶民の口頭語になった点で位相的にも注目される。位相の問題は小林（二〇〇四）や澤村（二〇一一）でも扱われているが、その実相が十分明らかになったとは言いにくい。文献資料の性格を踏まえることで、中央語における「徒然」の庶民語化と、方言への伝播とをつなぎ合わせて考えることができそうである。ここでは、そうした位相的な問題をも視野に入れて論じていきたい。

二．「徒然」をめぐる研究と本章の方法・資料

（1）先行研究と研究方法

方言のトゼン類に言及した研究には、柳田（一九三〇）、橘（一九三六）、小林（一九四四）などがあり、それらはトゼン類が漢語「徒然」に由来することを指摘している。ただし、実際の分布を詳細に把握しているわけではなく、言語地理学的な分析には至っていない。

また、福島（一九八八）も方言に言及するほか、文献資料における「徒然」について扱っており、文献上の「徒然」の様子を教えてくれる。さらに、遠藤（二〇〇六）は「徒然」の日本語化について、奈良時代から平安時代後期までを記録体を材料として詳細に考察しており、「徒然」の語史の初期段階について知ることができる。しかし、いずれも、各時代にわたる大きな流れを描いているとは言いにくい。

以上のように見てくると、方言のトゼン類については地理的な把握がいまだ不十分であり、文献の「徒然」については通時的な考察が行き届いていないようにみえる。ましてや、両者を対照・総合して「トゼン（徒然）」の日本語史を描き出す作業はこれからの課題と言える。

そこで、ここでは、小林（二〇〇四）で提唱された「方言学的日本語史」の方法を用いることで、この課題に迫ってみたい。すなわち、まず、方言学的方法については、「消滅する方言語彙の緊急調査研究」（小林・篠崎　二〇〇三）のデータを用いてトゼン類の語形・意味の分類を行ない、分布を言語地図に表したうえで言語地理学的に考察する。次に、文献学的方法については、「徒然」が現れる上代から近代までの資料を調査し、語形・意味の通時的な変遷を明らかにする。また、資料の性格を考慮し、どのような位相で使用されるのかという点にも注目する。そのうえで方言・文献双方の成果を突き合わせ、両者を総合したより高次の語史を描き出す。

（2）研究資料

使用した方言資料について述べる。「消滅する方言語彙の緊急調査研究」は、『日本言語地図』以降の語彙に関する全国的な言語地理学的調査としては最大級のものであり、三四〇項目について分布を明らかにしようとしたものである。調査時期は二〇〇一～二〇〇三年、調査方法はアンケート記入式の通信法であり、全国二〇〇〇

地点の市町村教育委員会の協力を得て、調査票を配布・回収している。ここでは、得られた回答のうち、インフォーマントが「生え抜き」の条件を満たすもののみを対象とした。

具体的に使用した項目は、第四調査票内の三つの調査項目である。一つ目は「『さびしい』を方言で何と言うか」(調査項目二六)、二つ目は「『たいくつだ』を方言で何と言うか」(調査項目二七)という共通語翻訳式の調査であり、これらの回答にトゼン類が出現していた。もう一つは「『トゼンダ』という方言を使うかどうか」(調査項目四三)、さらに「使う場合はどのような言い方か」を尋ね、「その言い方をどのような意味で使うか」を選択肢から選んでもらう調査である。この調査は先の二つの調査項目と異なり、方言辞典などの先行研究でトゼン類にどのような意味があるかをあらかじめ調べたうえで、出現すると予想される意味を選択肢として提示している。これら三つのデータを総合し、トゼン類の語形と意味を具体的に確認できたものをデータとして使用した。

なお、地図化にあたってはAdobe社のIllustrator_15_1_LS2を用い、竹田晃子氏(立命館大学)と澤村美幸氏(和歌山大学)の作成した地図化の基本図を利用した。

三．方言におけるトゼン類

トゼン類は東北地方と九州地方にまとまった分布が見られ、本州中央部にはほとんど出現しないため、この二地方に限って議論を進めていくことにする。

(1) トゼン類の語形・品詞

トゼン類の語形について、図7-1に東北地方の語形を、図7-2に九州地方の語形を掲げた。品詞は大きく形容動詞と形容詞とに分けられる。

①形容動詞

形容動詞型と判断されるものにはトゼンダ形とトゼンコダ形がある。

トゼンダ形：トゼンダ形は、図7-1の岩手県・宮城県・山形県に広く分布する。このトゼンダ形は「～ダ」の形式をとることから、中世中期以降、関東あたりで成立したものが東北に伝播した可能性が高いと思われる。後述するが、中世中期に中央語で「トゼンナ」という形が成立しており、これをもとに「トゼンダ」が生まれたのであろう。

トゼンコダ形：トゼンコダ形は岩手県南部に分布する。これに関して、小松代（一九七六、七九～八〇頁）は岩手方言における接尾辞コについて次の二点を指摘している。第一に「きわめて多くの事物に、有形無形・具体抽象・生物無生物のいずれを問わず自由自在につけて用いる」こと、第二に「この『コ』はわれわれの生活圏～言語圏に入ったという鑑札としての役目を果たしている」ことである。また、「心配（スンペア）コ」の例が挙げられており、感情を表す抽象名詞にも「コ」がつく

図7－1　東北地方のトゼン類の語形

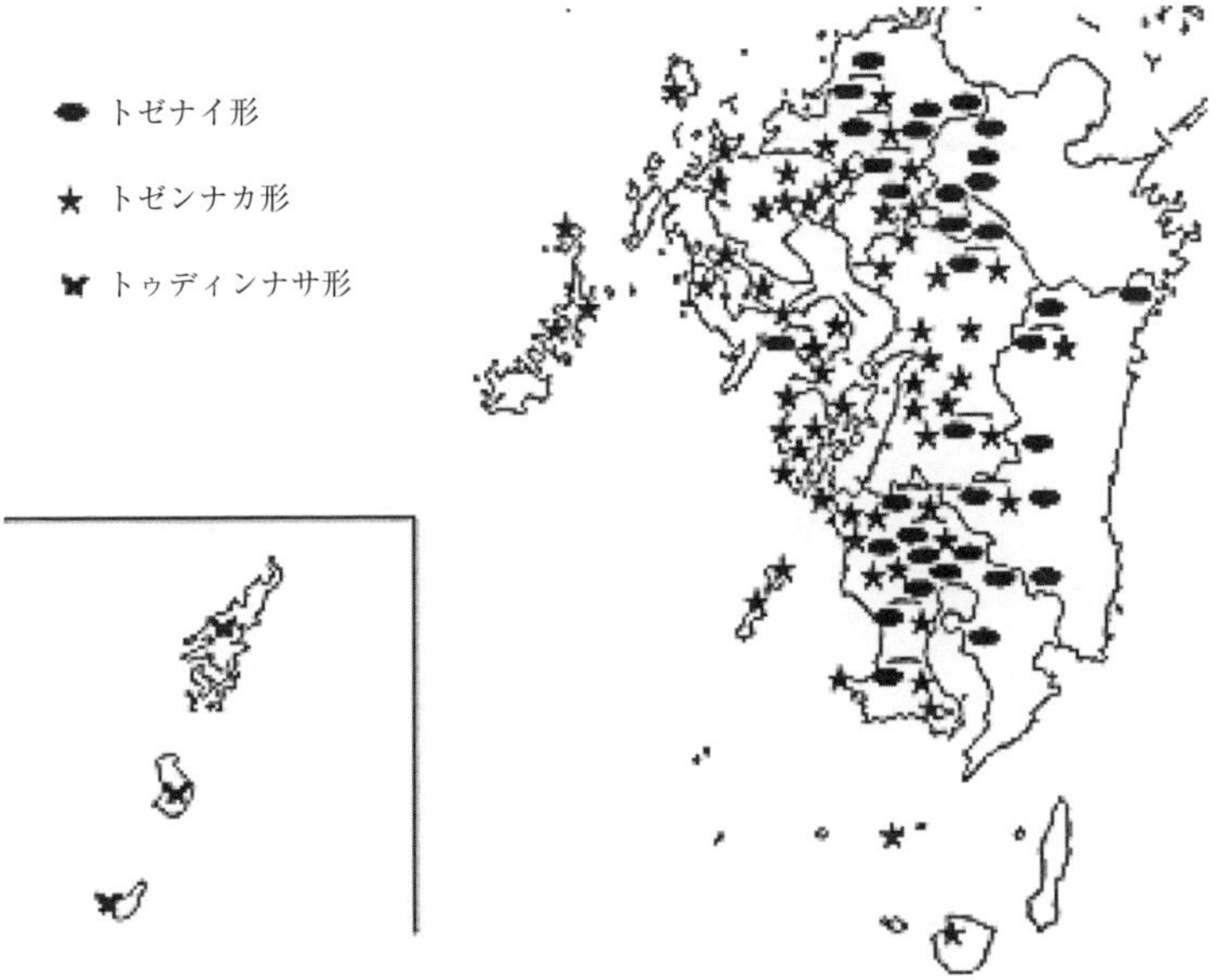

図7－2　九州地方のトゼン類の語形

ことがわかる。これは「心配コだ」のように形容動詞的に使用されるものであろう。この小松代の観察や考え方を参考にすると、トゼンコダ形はトゼンダ形から派生してできたものであり、「トゼン」が身近な感情と認識されたために、その土地の「鑑札」である「コ」がついて岩手方言に取り込まれたと推定される。

②形容詞

形容詞型とみなされるものには、トゼナイ形、トゼンナカ形、トゥディンナサ形、トゼタイ形がある。

現在みられるこれらトゼン類の形容詞は、すべて「トゼンナイ」という形を前提としていると考えられる。この「トゼンナイ」は形容動詞「トゼンナ」の最後の音が「ナ」であることから、それを媒介として形容詞語尾「ナイ」がつきやすく、形容詞型の活用を獲得したものと思われる。

また、そうした個別の理由だけではなく、体系的な原因もあったと考えられる。すなわち、秋田県教育委員会編（二〇〇〇）によれば、トゼナイ形が分布する秋田では、形容詞語尾「ナイ」をつけて形容詞とする造語法が活発に行なわれている。例えば、「オソロシネァ（恐ろしい）」、「サブシネァ（さびしい）」、「ムゲネァ（残酷だ）」などの例がそれである。最後の例は、漢語「無下」が語源であることから、共通語ならば形容動詞型に活用することが期待されるものであり、「徒然」のケースと同様と考えられる。このように、地域による状態的な用言の作り方、すなわち、形容動詞型を好むか形容詞型を好むか、また、形容詞型の中では「イ」語尾を好むか「ナイ」語尾を好むか、といったような造語法の志向性がこの問題に関係していそうである。トゼン類の形容詞の成立には、形容動詞の「トゼンナ」が、そうした地域ごとの優勢なシステムに組み込まれた可能性が考えられる。

トゼナイ形：現在見られるほとんどの語形が「トゼンナイ」ではなく「トゼナイ」のように「ン」を持たない形となっている。これは、東北方言のシラビーム的特徴によりN音が弱まり、後続の「ナイ」の語頭音に吸収されてしまったからではないかと考えられる。九州地方のトゼナイ形も同様のプロセスをたどったと思われるが、「ン」の脱落していない形が一部残っている。例えば、「トーゼンナイ」（熊本県阿蘇郡阿蘇町大字役犬原）、「トゼンネ」（福岡県浮羽郡浮羽町大字高見）などがそれである。

トゼナイ形は、図7－1の東北地方では秋田県を中心に、図7－2の九州地方では福岡県・大分県・宮崎県・

鹿児島県にまたがって、九州中部に分布する。トゼン類の中でも、全国的に最も広く分布しているのがトゼナイ形といえる。

トゼンナカ形・トゥディンナサ形・トゼタイ形：トゼンナカ形は図7－2の長崎県・佐賀県・熊本県を中心に九州西部に分布する。この地域は、いわゆるカ語尾形容詞の行われる地域と一致している。トゼナイ形とトゼンナカ形が併用されている地点は、カ語尾形容詞の行なわれる地域とそうでない地域の境目となっている。トゼンナカ形は、トゼンナイ形の語尾が九州西部特有の形容詞語尾に変わった形であろう。

トゥディンナサ形は鹿児島県大島郡に分布する。トゼンナイ形の語尾が、いわゆるサアリ語尾形容詞と呼ばれる琉球方言の -saN の形に交替したものであろう。

トゼタイ形は秋田県と山形県に計三地点みられる。そのうち、二地点でトゼナイ形と併用されていることから、「トゼナイ」から「タイ」型の形容詞に類推してトゼタイ形が生じたと考えられる。

③語形・品詞のまとめ

トゼン類の語形は大きく形容動詞と形容詞に分けられる。中央語「トゼンナ」から方言のトゼン類への語形の変遷を図7－3に掲げた。「トゼンナ」という形式からトゼンダ形、トゼンナイ形が生じた。トゼンダ形からはトゼンコダ形が、トゼンナイ形からはトゼナイ形とトゼンナカ形、トゥディンナサ形が生じたと考えられる。トゼタイ形はトゼナイ形から生じたと推定される。

このうち、トゼンダ形は「トゼンナ」と同様に品詞としては形容動詞であるが、トゼンナイ形は形容詞へと転成し、新たな品詞に成り変わっている点で画期的である。この形容詞への転成が、方言でトゼン類が豊富な形式を生み出す契機となったと考えられる。

なお、形容詞のトゼナイ形は東北と九州の両地域にみられることからすれば、一応、ある時期に中央語にそのような形が存在し、それが東西に伝播した可能性が考えられる。しかし、こうした形容詞化は「笑止《しょうし》」からショーシイが、「無慚《むざん》」からムゾイが方言上成立しているように、中央語とは関わりなく地方で発生することも考えられ、「徒然」についても同様の可能性を考慮しなければならない。この点については、のちほど文献との対比のうえで、改めて検討したい。

もう一点、東北ではトゼンダ形（形容動詞）とトゼナイ形（形容詞）とがきれいに地域を分け合って分布する

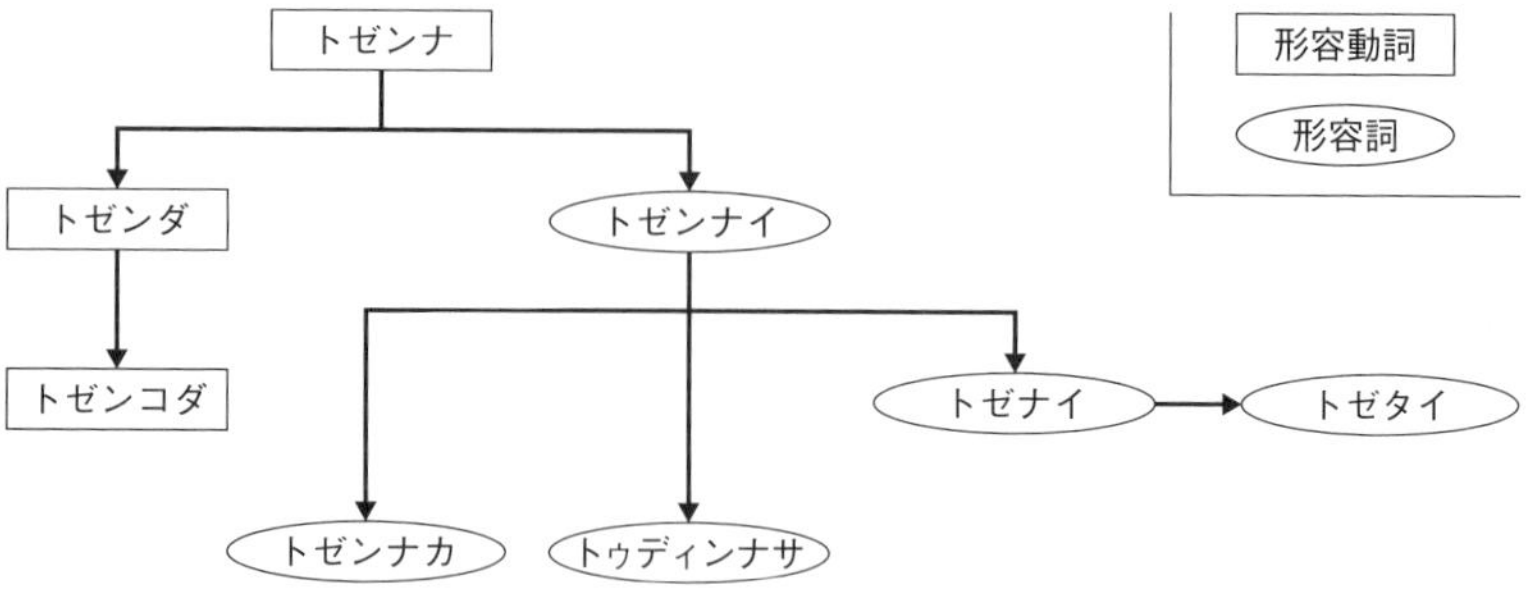

図7－3　トゼン類の語形の変遷

点にも注意したい。図7－1をみると、もともとトゼナイ形が分布していたところへ、トゼンダ形が南から北上してきたようにもみえる。ただ、そのような新古関係と捉えるだけではなく、秋田を中心とした地域と宮城を中心とした地域で形容詞化や形容動詞化への志向が異なる可能性も考えられる。この点についてはあらためて検討してみたい。

（2）トゼン類の意味

トゼン類の意味について、図7－4に東北地方の意味を、図7－5に九州地方の意味を掲げた。ここでは語形は問題にせず、意味のみに着目した。意味の分類は「たいくつだ」「さびしい」「空腹だ」の三つとした。これら三つの意味は、二.（2）に示した「消滅する方言語彙の緊急調査研究」第四調査票内の調査項目の設定に従った。なお、トゼン類の意味を尋ねる調査項目では、選択肢として「たいくつだ」「なんとなくさびしい」「とてもさびしい」「口ざみしい」「空腹だ、腹がへった」の五つを挙げるが、ここでは二つ目と三つ目をまとめて「さびしい」に、四つ目と五つ目をまとめて「空腹だ」に再編した。

まず、多くの分布がみられる「たいくつだ」と「さびしい」の関係について論じる。

図7－4をみると、東北地方では両者の意味が混在していて明確な分布を示さないことがわかる。これは、両者がほぼ同じような時期に東北に伝播してきたことを物語るものかもしれない。ただ、秋田市や仙台市を含む中心部には「さびしい」の意味が目立つことから、東北では、一応「たいくつだ」の意味が古く、「さびしい」の意味が新しいと考えることができそうであるが、はっきりとはしない。また、「たいくつだ」を回答した地点の

図7－4　東北地方のトゼン類の意味

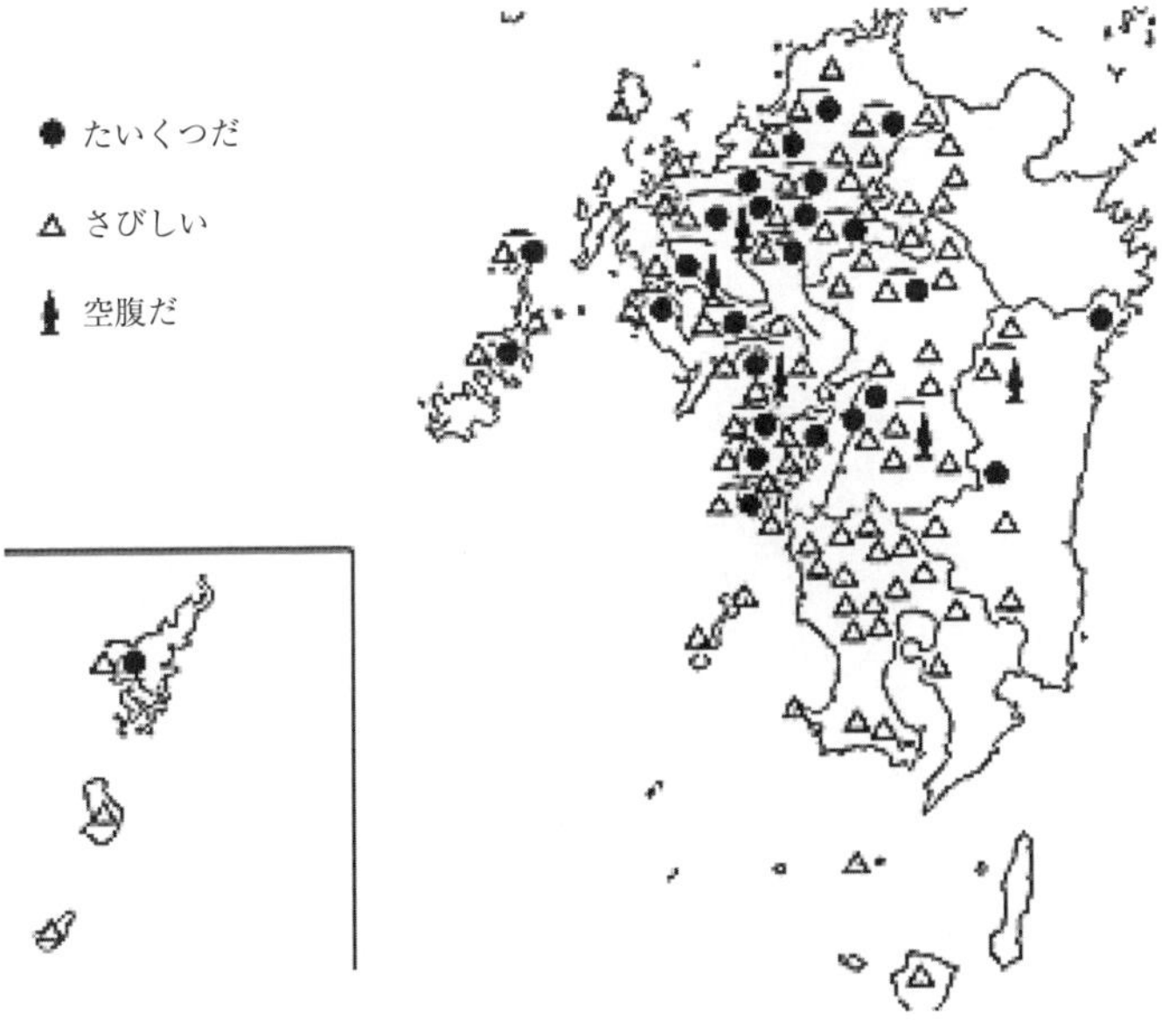

図7－5　九州地方のトゼン類の意味

多くが「さびしい」と併用であることから、もし「たいくつだ」が古く「さびしい」が新しいとしても、単純に交替が起こったのではなく、両者の共存状態が続いていると考えられる。

図7－5を見ると、九州地方では「さびしい」の意味が「たいくつだ」の意味を東から西へと押し込めつつあるように見える。つまり、九州でも「たいくつだ」が古く、「さびしい」が新しいのではないかと思われる。ただし、「たいくつだ」も「さびしい」も九州の西部に固まっていることから、伝播の時間差はそれほど大きくはなさそうである。また、「たいくつだ」の地点で「さびしい」との共存状態が観察される点も東北と同様である。

「空腹だ」の分布は東北も九州も散在的で、その新古を分布からは推定しがたい。ただし、意味論的にみて、精神的な空虚感が肉体的な空虚感にスライドしたものとの推測は成り立つ。したがって、変化の過程として「さびしい」のあとに位置づけられる最も新しい意味であろう。この最新の意味の「空腹だ」が分布上劣勢であるのは、トゼン類の意味の中心があくまでも精神面にあり、その意味的制約が強く作用しているからではないかと思われる。

（3）トゼン類の位相

言語地理学の推定する語史は、庶民語史・口頭語史である。したがって、トゼン類の分布はあくまでも庶民語史・口頭語史の反映であり、文献学的方法の明らかにする語史とは位相を異にすることに留意しなければならない。このあと四．で文献上の歴史を見たあと、五．において方言と文献の位相差について言及したい。

四．文献における「徒然」

（1）「徒然」の語形・品詞

漢語「徒然」は、日本語化したのちに名詞としてのほか、多く「トゼンナリ」という形容動詞的な形式で使用されていたと考えられる。①は記録体（変体漢文）の例、②は軍記物語の例である。

①仍相待還来之間已及深更、頗以徒然也、自然聊有管絃興
（『中右記』嘉承二年四月一八日、『増補史料大成』一一、二一〇九頁）

②余に何とやらん心ぼそうて徒然なるにとぞ仰られけ

る。

（『平家物語』巻二、『日本古典文学大系』三二、一九一頁）

①は「人が戻ってくるのを待つ間に真夜中になり、とても退屈である」というほどの意味である。この「トゼンナリ」が「トゼンナル」となり（終止形・連体形の合一化）、そこからル音が脱落した形「トゼンナ」が生まれたと考えられる。坪井（二〇〇七）は、形容動詞のナ形終止について、応永二七年（一四二〇）本論語抄にナリ活用形容動詞終止法のナ形が存在することから、「形容動詞活用語尾のル音脱落形は一四〇〇年頃にはすでに終止法の場合にも及んでいたと思われる」（一九七頁）と指摘している。したがって、一五世紀頃にはナリ活用形容動詞終止形としての「～ナ」が使用されていたと考えられる。「トゼンナ」という形もこの時期に成立したと思われる。以下、中世中期以降の文献における「トゼンナ」の用例を示す。

③城ノ言ハ蜀城中居民トモ城中ハ徒然ナト云テ厭ナ山へ行テ遊カ

（『四河入海』巻二三の一、二、オ、『抄物資料集成』五、三四七頁）

④今朝夜のうちに、そつとつくろいをして、事の外徒然は、一杯振舞わしませと云

（『狂言六義』「舟渡聟」、『狂言六義全注』六二三頁）

⑤Tojen. l, tojenna. トゼン。または、トゼンナ（徒然。または、徒然な）

（『日葡辞書』、『邦訳日葡辞書』六五八頁）

③は抄物資料である。④は狂言資料における「船頭」の発言であり、「徒然は」の「は」は『狂言六義全注』の注釈によれば、連声で「な」にあてた表記という。⑤は辞書の用例である。これらは口語資料の性格を持つため、「トゼンナ」が当時口頭語として使われていたことを示唆する。この「トゼンナ」が方言のトゼン類のもとになった形ではないか。なお、方言に広く分布している「トゼンダ」といった語形や形容詞化した「トゼンナイ」といった語形は、文献上には管見の限り見当たらなかった。

（2）「徒然」の意味

漢語「徒然」が日本語化した平安時代には、遠藤（二〇〇六）で述べられているように、もっぱら「たいくつ

だ」の意味で用いられていた。

⑥今日、終日、内に候ず。徒然にして事無きなり。
（『春記』長久元年一〇月一五日、『増補史料大成』七、二一九頁）

⑦久無遊会之事、徒然無極而已
（『後二条師通記』寛治五年閏七月二二日、『大日本古記録後二条師通記』中、一四〇頁）

⑥や⑦の例では、することがないために「たいくつ」を感じている。⑦は「しばらく遊宴が行なわれておらず、たいくつである」というほどの意味である。

鎌倉時代には、「徒然」は⑧の例（②の再掲）のように「さびしい」という意味も持ちはじめる。

⑧余に何とやらん心ぼそうて徒然なるにとぞ仰られける。
（『平家物語』巻二、『日本古典文学大系』三二、一九一頁）

室町時代にも、⑨のように「さびしい」の意と解される例が見いだせる。

⑨只一人帰ハサコソ徒然ニサビシカルランソ
（『四河入海』巻二一の二、一二オ、『抄物資料集成』五、一四七頁）

ただし、この例では「徒然」が「サビシイ」という語と一緒に用いられており、その意味が単純に「さびしい」ではないことをうかがわせる。この点は今後検討しなければならない。

室町時代以降には、「徒然」は⑩⑪のように「空腹だ」という意味の例も現れる。

⑩我カ處ノ斎厨ハ索然ト〆不知春ソ何モ食物モナウ〆徒然ト〆アツシリ困窮〆アレハ
（『四河入海』巻二五の三、七ウ、『抄物資料集成』五、六七九頁）

⑪ある夜竹斎、とぜんの事ありて、夜食せんとおもひて、
（『竹斎はなし』巻上第一、『噺本大系』三、二〇五頁）

このように、「徒然」は当初「たいくつだ」という意味で用いられていたが、次に「さびしい」、その次に「空腹だ」という意味も獲得していった。なお、用例は省略するが、表7-1に示すように、これらの意味はそれぞれが排他的ではなく、前の意味に後の意味が重なり共存していく意味拡張の関係と捉えられる。また、ここでは詳細は省略するが、用例の量的傾向から見て表7-1を◎○△の記号で分けたように、どの時代も主流となっていたのは「たいくつだ」の意味であり、中世に入って「さびしい」の意味が生じたあとも、その用例は必ずしも多いとは言えない。

表7-1　文献における「徒然」の意味変遷

	中古	中世前期・中期	中世後期以降
たいくつだ	○	○	◎
さびしい	—	△	○
空腹だ	—	—	△

(3)「徒然」の位相

「徒然」が現れる文献を位相という観点から考えると、当初は①②⑥⑦のように、記録体(変体漢文)や軍記物語といった漢文調の強い文体のなかで、文章語として貴族の間で使用されていた。それが、中世中・後期には③⑨⑩のような抄物資料や④のような狂言資料、⑤のようなキリシタン資料で使用され、口頭語的な性格も獲得してきた。近世では⑪のように噺本でも使用されるようになる。すなわち、文献の位相は上層階層の文章語だったところから、庶民階層の口頭語にまで拡大していったと言える。

ところで、中央語における「徒然」の位相の変化と方言形成の時期との関係はどのようになっているのであろうか。この点について考えるとき、方言に分布するトゼン類がすべて中世中期以降の「トゼンナ」形を基にしたものであると推定される点が注目される。中世中期以降の「トゼンナ」形が、口頭語的な性格が強まった段階のものであることからすれば、中央から地方への漢語の伝播に際しては、中央においてまず漢語の庶民語化が進行し、それを前提にして地方への伝播が起ると考えることができそうである。

五.「徒然」の方言形成史

ここまで、方言のトゼン類と漢語「徒然」について、方言学的方法と文献学的方法の両面から調査して分析した。以下ではその総合を行なって結論を導く。

（1）語形・品詞

三.（1）でみたように、トゼン類には形容動詞トゼンダ形のほかに、形容詞化したトゼナイ形が広くみられた。また、四.（1）でみたように中央語の「トゼンナ」が中世中期以降の口語資料に出現しており、方言のトゼン類はこの「トゼンナ」がもとになって成立したと考えられる。

トゼン類には形容詞トゼナイ形が東北と九州両地方に一定の分布がみられる。そのため、中央語においてすでに形容詞の形が存在した可能性が考えられた。しかし、文献には形容詞の「徒然」が全く出現しない。このことをあわせて考えると、東北と九州に分布する形容詞「トゼナイ」の類は中央語とは関わりなく地方で独自に生み出されたものであると考えられる。

語形を細かくみると、方言には文献には現れない多様な形式が存在している。東北地方では形容詞形と形容動詞形の地域的対立がみられ、九州地方ではカ語尾形容詞に、琉球地方ではサアリ語尾形容詞になるなど、その地域特有の造語システムに組み込まれて、地域に即した形式となって分布している。

以上のように、方言のトゼン類は形容詞への転成を果たし、地域独自の形式を生み出すことで、中央語にはみられない独自の進化を遂げたことがわかる。中央語の伝播を受容しながらもそれを新たな姿に作り変え定着させていく、そうした再生が日本の両端の地域で同時に進行していく様子を観察できたと言えよう。

（2）意味

三.（2）でみたように、方言分布からはトゼン類の意味は「たいくつだ」が古く「さびしい」が新しいと一応推定されるものの、その新古関係は明瞭ではなく、ほぼ似たような時期に伝播したのではないかと考えられた。また、両者の共存状態も分布上に確認された。これは文献で見た中央語の変遷をかなりよく反映するものといえる。分布上、新古関係が明瞭でなく両者が併存するというのは、方言形成の資源となったのが、「たいくつだ」と「さびしい」とが共存を始めた中世中期以降の伝播であることに原因があるのではないかと考えられる。文献上「たいくつだ」はさらに古く中古からみられるものの、「徒然」が庶民語化していく中世には「さびしい」の意味も現れており、文献上の時間差が方言に伝わらないかっこうになったのだと推測される。

「空腹だ」の意味は散在的で分布からは新古を推定す

るのは難しいものの、「さびしい」から「空腹だ」が派生したと考えて、相対的には最も新しい意味だとした。この点は文献上の順序とも一致するが、先に述べた「たいくつだ」「さびしい」との意味的関係から、そもそも強力な伝播力を持たなかったものと思われる。

先に述べた語形・品詞と異なり、意味については地方独自の再生はみえてこなかった。語形・品詞という、いわば言葉の容れ物に当たる部分は地域ごとに取り換えられても、それに盛り込まれる中身であるところの意味は中央語の状態に従ったということかもしれない。ただし、今回は「たいくつだ」「さびしい」「空腹だ」の三つの分類でしか意味を論じなかった。詳しい考察は今後を期することにしたい。

（3）位相

小林（二〇〇四）が指摘するように、方言への伝播力を持つのは中央語の中でも庶民階層の口頭語であった。したがって、もともと上層階層の文章語であった漢語が方言に広まるためには、中央での庶民語化・口頭語化が前提となると考えられる。そうしたプロセスは、澤村（二〇一一）で「舎弟」などの漢語について示されているが、これまで必ずしも多くの具体例が明らかになっているわけではない。本章では、「徒然」を例としてその実相に迫ることができた。

すなわち、まず四.（3）でみたように、中国から日本に取り込まれた「徒然」は、当初、貴族の文章語として使用されていたが、中世中期に至ると口語資料に出現するようになった。つまり、この頃から「徒然」は口頭語的な性格を帯びるようになり、使用者の階層も庶民へと広まり出したのではないかと思われる。そして、その頃成立した口語性の強い「トゼンナ」という形式が方言に伝播したことによって、現在の多様なトゼン類の分布が発達したと推定される。このように、上層階級の文章語が庶民の口頭語へと位相を広げ、さらに中央から地方へと使用を拡大していく過程が、文献と方言を通して明らかになったと言える。

六．今後の課題

ここでは「徒然」という一語を取り上げ漢語からの方言形成についてみてきた。ここで述べたことを一般化するためには、さらに「笑止」「無慚」など他の漢語についても検討して総合的に判断することが必要である。位相の面では、中央語に存在しながら方言に伝わらなかった和語「つれづれなり」との比較も興味深い。

また、今回は方言分布データのみを資料としたため、「たいくつだ」「さびしい」「空腹だ」の三つに分類した意味の詳細には踏み込めなかった。特に、「たいくつだ」と「さびしい」の関係は、地域によっては二者択一的なものではなく、両者が入り混じった独自の感情である可能性も考えられる。意味論的な考察は、各地の記述的調査の結果を踏まえたうえであらためて行ないたい。

文献

秋田県教育委員会編（二〇〇〇）『秋田のことば』無明舎出版

遠藤好英（二〇〇六）『平安時代の記録語の文体史的研究』おうふう

神鳥武彦（二〇〇一）『共時方言学攷—課題と方法』清文堂出版

小林隆（二〇〇四）『方言学的日本語史の方法』ひつじ書房

小林隆（二〇〇八）「方言形成における中央語の再生」小林隆編『シリーズ方言学　一　方言の形成』岩波書店

小林隆・篠崎晃一（二〇〇三）『消滅の危機に瀕する全国方言語彙資料』科学研究費報告書

小林好日（一九四四）『東北の方言』三省堂

小松代融一（一九七六）『岩手方言の音韻と語法』岩手方言研究会

澤村美幸（二〇一一）『日本語方言形成論の視点』岩波書店

橘正一（一九三六）『方言学概論』育英書院

坪井美樹（二〇〇七）『日本語活用体系の変遷増訂版』笠間書院

福島邦道（一九八八）『語史と方言』笠間書院

柳田國男（一九三〇）『蝸牛考』刀江書院

第八章　地方語文献にみる方言語彙

作田将三郎

一．方言語彙と地方語文献との関係

その土地の人によって書かれた文献には、少なからず方言が反映されているものがある。これを地方語文献と呼ぶのだが、地方語文献は、それが作成された地域の方言の歴史、いわゆる地方語史を研究するうえでも重要である。ただし、地方語文献は数量的に乏しいため、小林（二〇〇四）が指摘するように、従来、日本語学の分野では使用されてこなかった資料を地方語史研究のための資料として再評価することが必要となってくる。

その一環として、作田（二〇〇三、二〇〇四、二〇〇五、二〇〇六、二〇〇七、二〇〇九）では、近世中期から後期の商人や町人、村役人など庶民層が作成した地方語文献を「庶民記録」と定義し、陸奥国盛岡藩（現在の岩手県北部、中央部、東部・西部・南部の一部地域）や陸奥国仙台藩（現在の岩手県東部・西部・南部の一部地域、および宮城県全域）、さらには福島諸藩（現在の福島県）で作成された、主に日本史の分野で使用されている「飢饉資料・農書・農事日記・年代記・日記資料」が地方語文献としてある程度有効であることを指摘した。

そこで、本章では、作田（二〇〇三、二〇〇四、二〇〇五、二〇〇六、二〇〇七、二〇〇九）で指摘した庶民記録の資料的性格について紹介し、近世後期以降の方言語彙史の一例として〈里芋（青芋）〉を意味する語を取り上げる。そして、庶民記録が地方語文献として資料的な価値があること、過去の方言を知るための資料として有効利用できることを提案していきたい。

さて、地方語文献について、迫野（一九九八）は、「中央語以外の方言を反映あるいは記録した文献」（四頁）（現在のと定義したうえで、「①地方語を特に対象化して扱ったもの②地方人の手になる文献に、自然、方言が反映したもの」（二九七頁）といった異なる二種類の性格があること、①は江戸時代の全国方言集である『物類称呼』（一七七五）や『浜荻』をはじめ全国各地の方言集など地方語の事実を観察的に記述した資料が、②は東国系抄物、洒落本や滑稽本などの文学作品、さらには農書・古文書・古記録など文学作品以外の資料といった普通の文章体の中に方言が反映された資料が含まれることを指摘している。

迫野（一九九八）が指摘する②のうち、文学作品以外の資料にみられる方言語彙に関する先行研究として、既述した作田における一連の研究の他に、馬瀬（二〇〇三）が信濃国・越後国境地域（現在の長野県秋山郷）に残る天明期の飢饉の惨状を一枚紙に記した覚書一種を取り上げたもの、三上（一九八四）が大和国柳本藩（現在の奈良県天理市）の村役人が近世後期に作成した記録類一種を取り上げたもの、藤本（二〇〇六）が肥後国熊本藩菊池地方（現在の熊本県菊池市）の四つの商家の商人が近世初期から後期にかけて記した資料九種、および肥後国富岡藩（現在の熊本県天草郡）の村役人が近世後期に記した資料一種を取り上げたもの、矢野（一九八九）が肥後国熊本藩（現在の熊本県熊本市）の役人が記した犯罪人調書、歌集、農政書、村役人の日記といった近世中期に作成された六種の資料を取り上げたものなどがある。

これらの先行研究から、近世中期から後期の庶民層が作成した資料の中には、方言語彙を反映している地方語文献が少なからず存在しているということがわかる。

二．庶民記録の資料性について

さて、本章で使用する「飢饉資料・農書・農事日記・年代記・日記資料」の五つの資料の性格については、作田（二〇〇三、二〇〇四、二〇〇六、二〇〇七、二〇〇九）で詳しく検討しているため、ここでは、それらを簡潔にまとめて述べることにしたい。

まず、作成者の階層については、町人や商人、村落の知識層である名主・肝煎といった村役人が多く、作成時期は、基本的に一八世紀半ばから一九世紀半ば、つまり近世中期から後期にかけて作成されている資料が多い。また、内容面では、飢饉に関する記述や天候、農作業、相場などに関する記述が多いなど、資料的特徴において共通性が強いことから、同一の資料体である「庶民記録」として扱うことに問題はないものと考えられる。

次に、言語資料としての性格であるが、庶民記録のほとんどが成立地の子孫に伝わっており、作成者は土着の人物、方言的基盤は彼らが生まれ育った土地の言葉、時期的には近世中期から後期を反映していると解釈することができる。特に、音声や語彙などの方言的特徴を豊富に拾えることから、主に音声や語彙の面でその土地の方言を反映している地方語文献としての資料的価値を有していることが窺える。

最後に、先述した先行研究からもわかるように、これまでの地方語文献は得られた資料の地域が限定され、かつ資料数が少なかった。それに対し、五つの資料から構成された「庶民記録」は、旧盛岡藩のうち現在の岩手県（県北部・中央部・東部・西部・南部地域）にあたる地域から七六種、旧仙台藩のうち現在の岩手県（県中央部・東部・西部・南部の一部地域）にあたる地域から二九種、現在の宮城県にあたる地域から四五種、旧福島各藩（現在の福島県全域）にあたる地域から一三六種得ることができた。このように、一地域で得られる資料の数が多く、県全域や藩領、さらには東北地方太平洋側地域といった広範囲で作成されているため、量的、かつ地理的な把握に優れているという利点もある。

ところで、深谷（一九八四）、藪田（一九八五）、大藤（二〇〇三）によれば、近世における文章表現は、公的・私的問わず、地域や身分を越えて一定度の標準性を備えており、公的な文書は規範的な文章で、私的な文書は話し言葉である方言を交えた文章で記すことができたこと、また読ませる相手と所により、両者を使い分けることができる書き言葉の二重言語使用が行なわれていたことが指摘されている。庶民記録は、資料の性格上、家業である農業の発展、および村や町、さらには家の繁栄・存続を脅かす飢饉や天災に対する教訓書として子孫に残すことを目的に記された私的な文書である。そのため、それを読む子孫がわかりやすく理解できるよう、意識的に、あるいは無意識のうちに、作成者自身が使用していた話し言葉である音声や語彙などの方言的特徴が表記上に反映されたと考えられる。

三．庶民記録にみられた語彙の方言的特徴

ここでは、作田（二〇〇九）で指摘した庶民記録にみ

られた語彙の方言的特徴を紹介する。

ただ、その前に、用例採取の際に使用した翻刻資料の信頼性について触れておきたい。庶民記録の原本や写本は個人所蔵のものがほとんどで、閲覧が困難である。しかし、作田（二〇〇七、二〇〇九）において、閲覧可能であった原本二種、および写本一種とそれぞれの翻刻資料を対照した結果、翻刻資料は全体的に原本を忠実に翻刻していることが認められた。なお、対照できなかった翻刻資料に関しては、翻刻資料の凡例に忠実に原本を翻刻している旨が記されていること、一般に古文書読解に長けた研究者が編纂していることを信頼し、先述した原本・写本と翻刻資料の対照結果と同質であるとひとまず判断しておきたい。

したがって、原本や写本で確認できた用例はそれも含めるが、基本的に各地の市町村史誌類に収録されている翻刻資料から採取した用例を利用し、分析を進めることにする。

さて、作田（二〇〇九）では、菊池（一九九五）や佐藤ほか編（一九九九、二〇〇〇）などの近世方言集類や『日本方言大辞典』上・下巻の記載語彙、および国立国語研究所編（一九六六〜一九七四）『日本言語地図』一〜六の調査項目で取り上げられている方言語彙を参照し、庶民記録に記載されている方言語彙を採取した。その結果、旧盛岡藩領のうち、現在の岩手県にあたる地域で作成された庶民記録七六種中六一種から五四語、旧仙台藩領のうち、現在の岩手県にあたる地域で作成された庶民記録二九種中二五種から三八語、現在の宮城県にあたる地域で作成された庶民記録計四五種から六二語、旧福島諸藩で作成された庶民記録計一三六種中一〇七種から五八語得られ、特に植物、自然、動物・昆虫などの項目から多くの方言語彙が採取できた[1]。

そのうち、『日本言語地図』一〜六の調査項目と対応している方言語彙を示すと表8－1のようになる。表8－1をみると、一三項目対応しており、〈里芋（青芋・紫芋）〉・〈唐辛子〉・〈玉蜀黍〉などの栽培植物に関する語彙、〈雷〉や〈氷〉など自然に関する語彙、〈糠〉や〈籾殻〉といった農業に関する語彙、〈凍る〉や〈灰〉を意味する語など、比較的広い地域から多くの用例を得ることができた。その理由として、おそらく庶民記録の内容面として、天候、農作業、相場などを中心に記述されていること、また実用的な内容であるため、普段から使用していた当時の話し言葉的な特徴である方言語彙が現れ

表 8-1　庶民記録と『日本言語地図』調査項目対照表

『日本言語地図』調査項目		庶民記録採取方言語彙	盛岡藩	仙台藩		福島諸藩	近世方言集
			岩手県	岩手県	宮城県	福島県	
2-59	裁縫	センタク				○	①
2-90	凍る	シミル	○		○	○	①⑥
2-95	(雷) が落ちる	トケル・オトヤケル・オトケアル	○		○		⑥
		カカル		○	○		⑥
3-107	頬	ホータブ・ホータ			○	○	③⑥
3-108	顎	オドガイ	○				①⑥
・109		アグ			○		②⑥
3-148	かくれんぼ	カクレカゴ			○		⑥⑨
4-171	籾殻	ヌカ		○		○	⑥
		モミヌカ				○	
		アラヌカ				○	
		スクボ				○	
4-172	糠	コヌカ・コヌガ・コノガ	○	○	○	○	
		サクズ・サグツ	○	○	○	○	⑥⑧
4-174	馬鈴薯	キューシューイモ				○	
・175		カンプラ・カンホラ				○	
		チョーセンイモ				○	
4-176	甘藷	リューキューイモ		○			
4-177	里芋（青芋）	ハイモ	○				
・178		ハタイモ・ハタケイモ		○	○	○	⑥⑨
		イモノコ	○		○		①⑥⑨
	里芋（紫芋）	カラトリ・カラトリイモ	○	○	○	○	②⑤⑥
4-180	南瓜	トーナス				○	
4-182	玉蜀黍	キョーキビ	○				
		マメキビ	○				
		トーキビ				○	
		トーキミ			○	○	⑥
4-183	唐辛子	ナンバン	○	○	○	○	①⑤⑥
5-219	蝦蟇	フルダ		○			①⑥⑨
・220							
5-228	蝮	クジハミ		○			⑥
5-231	蜻蛉	アケズ	○				①②③⑤⑥⑨
6-255	雷雨・夕立	カダチアメ・カタチアメ	○			○	⑥
		ライサマアメ			○		
6-256	雷	カダチ・カダジ・カンダチ	○		○	○	②③⑤⑥
		ライ	○	○	○	○	⑥
		ライサマ	○	○	○	○	
6-259	虹	ノジ				○	①
6-261	氷	シガ・スガ	○	○	○		①②⑤⑥

表8－1　庶民記録と『日本言語地図』調査項目対照表（つづき）

『日本言語地図』調査項目		庶民記録採取方言語彙	盛岡藩	仙台藩		福島諸藩	近世方言集
			岩手県	岩手県	宮城県	福島県	
6-262	氷柱	タルヒ		○	○		①⑥
6-263	地震	ナイ・ナヒ	○			○	①③⑥⑧⑨
6-270	灰	アク・アグ	○	○	○	○	③⑤⑨

【表の見方】

(1) 左端の数字は『日本言語地図』全6巻中，第何巻の第何図に収録されているかを表している.

(2)「盛岡藩・岩手県」は旧盛岡藩領であった現在の岩手県北部から東部・南部・西部の一部までの地域を,「仙台藩・岩手県」は旧仙台藩領であった岩手県東部・南部・西部の一部地域を指す.

(3) 庶民記録から用例が得られたものには「○」を付した.

(4) 近世方言集は主として佐藤ほか編（1999, 2000）を使用したが, 番号③と④は菊池（1995）を使用した. なお, 表中に番号④と⑦はないが, 便宜的に示しておく.
①－『御国通辞』, ②－『仙台言葉以呂波寄』, ③－『燈心野語』, ④－『俳諧夷艸』, ⑤－『仙台言葉』, ⑥－『浜荻』, ⑦－『浜荻補遺』, ⑧－『仙台方言』, ⑨－『方言達用抄』

やすかったことなどが大きく関係していることが考えられる。また、『日本方言大辞典』や『日本言語地図』を参照することで、近世方言集類に記載されていない方言語彙も採取することができた。

このように、近世中期から後期にかけて作成された庶民記録は、当時の庶民層が使用していた方言語彙がある程度反映されていることから、過去に使用されていた方言語彙を知るための地方語文献資料と言えよう。また、それだけではなく、作成地域や作成時期における使用状況を量的・地理的に把握するうえでも有効に活用することができそうである。

そこで、次節では、東北地方太平洋側地域において作成された庶民記録から得られた用例のうち、〈里芋（青芋）〉を意味する語を取り上げ、近世後期の使用状況を把握し、『日本言語地図』を使った方言地理学的観点による推定との比較・検討を行なうことで、近世中期から後期以降の方言語彙史の一端を明らかにしていきたい。[2]

四．方言語彙史の一例
―〈里芋（青芋）〉を意味する語を例に―

近世中期から後期の東北地方太平洋側地域において作成された庶民記録から、〈里芋（青芋）〉を意味する語として、ハイモ、イモノコ、ハタケイモ類（ハタイモ・ハタケイモ）の三語を確認することができた。そこで、表8－2として、「資料作成地域、庶民記録の種類、書名・表題、作成者の氏名・身分、用例の記載年代、語形・用例数」などの情報を記した一覧を示す。なお、〈里芋（紫芋）、および芋の茎〉を意味する語であるカラトリも確認できたが、ここでは取り扱わないことにする。

まず、ハイモであるが、昭和中期に調査された国立国語研究所編（一九七〇）『日本言語地図』4－177・178図をみてみると、青森県の太平洋側地域から岩手県東部・中央部にかけての地域、および山形県東部に分布している。庶民記録からは用例①の一例だけ得られ、盛岡藩領のうち現在の岩手県北部にあたる地域で使用されている。したがって、現在の岩手県北部では、近世後期から昭和中期までハイモが使用されていると解釈することができる。

①はいもトめいが一升、茄子二十、牛蒡廿五本、にんぢん三十五本。
（岩手県軽米町、『万日記』、元屋五郎助・豪農、天保九年（一八三八））

次に、『日本言語地図』において、岩手県北部から宮城県中央部にかけての地域と宮城県南部の一部地域に分布しているイモノコは、用例②～④のように、近世盛岡方言集『御国通辞』（一七九〇）、近世仙台方言集『浜荻』（一八一三頃）や『方言達用抄』（一八二七）に記載されており、『日本言語地図』の分布域がほぼ重なっていることが窺える。[3]

②さといも　いもの子
（『御国通辞』、服部武喬編、寛政二年（一七九〇））

③いものこ　里いもの子なり　はたいも共　青芋本草さといも
（『浜荻』、匡子編?、文化一〇年（一八一三）頃）

④芋ハ　芋の子

表8－2　東北地方太平洋側地域における〈里芋〉を意味する語の用例が得られた資料一覧

		地域	種類	書名・表題	作成者		記載年代	語形		
					氏名	身分		ハイモ	ハタイモ・ハタケイモ	イモノコ
岩手県	旧盛岡藩	軽米町	日記	万日記	元屋五郎助	豪農	天保9 (1838)	1		
		紫波町	年代	菅沼藤左衛門扣書	菅沼藤左衛門	町人	天保4 (1833)			1
		花巻市 (旧大迫町)	日記	年中行事日記	法印祐宣	法師	寛政9 (1794)			1
		北上市 (旧北上市)	飢饉	漫録抄	斉藤類助	不明	天保7 (1836)			1
		釜石市	日記	三浦命助脱走日記	三浦命助	元肝煎	安政3 (1856)			1
	旧仙台藩	奥州市 (旧江刺市)	飢饉	荒歳録	原－遠藤志峯 写－佐々木重兵	大肝煎 不明	宝暦5 (1755) ～宝暦10 (1760)		1	
		同 (旧胆沢町)	飢饉	書状	卯右衛門 親右衛門	肝煎 肝煎	宝暦5 (1755)		1	
宮城県	旧仙台藩	南三陸町 (旧志津川町)	飢饉	天明飢饉物語 (南三陸町図書館蔵)	不明	村役人？	天明期 (1781～89)		1	
		登米市 (旧迫町)	年代	元和元年より歳之附仕帳当年違作	阿部家蔵	肝煎	文政4 (1821)		1	
		塩竈市	年代	塩釜町方覚帳	原－佐藤徳右衛門 写－遠藤允信	町役人 宮司	宝暦10 (1760)		1	
		仙台市 (旧仙台市)	飢饉	天保荒世記	不明	町人？	天保4 (1833)			1
		同 (同)	飢饉	大旱雑記 (宮城県図書館蔵)	原－堀江家蔵 写－宮城県図書館	農民	享和2 (1802) ～嘉永6 (1852)		1	
		同 (同)	農事	働き方留覚帳	久兵衛	農民	嘉永7 (1854)		1	
		蔵王町	農事	諸作仕付帳	会田屋寅吉	村役人	文化9 (1812)		2	
福島県	旧福島諸藩	相馬市	農事	諸品直下調	末永半兵衛	村役人？	天保13 (1842)		1	
		伊達市 (旧梁川町)	農事	年々耕作仕付種物積方覚帳（抄）	堀江家蔵	村役人	寛政10 (1798)		1	
		同 (旧保原町)	日記	佐藤九兵衛日記	佐藤九兵衛	豪農	文化6 (1809)		1	

表 8－2　東北地方太平洋側地域における〈里芋〉を意味する語の用例が得られた資料一覧（つづき）

		地域	種類	書名・表題	作成者		記載年代	語形		
					氏名	身分		ハイモ	ハタイモ・ハタケイモ	イモノコ
福島県	旧福島諸藩	二本松市（旧二本松市）	飢饉	巳大平村大不作覚附仕帳当年違作	伊藤長右衛門	村役人	天保 4 (1833)		1	
		同（旧岩代町）	飢饉	天保七年凶作記録	浦山家蔵	村役人？	天保 7 (1836)		1	
		三春町	飢饉	天保七丙申年永雨大凶作飢饉諸事覚書記	平沢喜五郎	村役人？	天保 7 (1836)		3	
		大玉村	農事	農事手引草	添田文作	名主	天保 6 (1835)		1	
		郡山市	飢饉	諸品直段付水害記録（抄）	鈴木治三郎 鈴木任三郎	町役人？ 同	天明 4 (1784) ～天保 7 (1836)		2	
		同	農事	伝七農観記	柏木秀蘭	村役人	天保 4 (1833) ～天保 9 (1838)		3	
		同	農事	稼穡大槩	増子昵吉	村役人？	天保 2 (1831)		1	
		田村市（旧大越町）	農事	辰年農用覚	白石家蔵	庄屋	文政 3 (1820)		3	
		川内村	農事	農作物書留	同	同	嘉永 3 (1850)		1	
		矢吹町	飢饉	万喰物覚書大凶作控	平山三郎右衛門	組頭	天保 7 (1836)		1	
		鏡石町	年代	万書留	常右衛門	組頭	天保 7 (1836)		1	

【表の見方】

(1) 地域は平成 29 年 8 月 31 日現在の地名であるが，それ以前の旧市町名を（　）に示しておいた．

(2) 資料の種類として記した「飢饉」は飢饉資料，「農事」は農事日記，「年代」は年代記，「日記」は日記資料のことを指す．

(3) 作成者の氏名であるが，判明している場合には氏名を付し，氏名は判明していないが，所蔵者が判明している場合には「○○（家）蔵」と示した．なお，氏名や所蔵者名が判明していない場合には「不明」と記した．

(4) 作成者の身分に付した「？」は，推定である．

(5) 記載年代は語形が記載されている年代である．なお，同一資料において複数の語形が確認できた場合には，便宜的に最初に現れた語形と最後に現れた語形の記載年代を付した．

(6) 語形欄の数字は用例数を示している．

（『方言達用抄』、贅庵編、文政一〇年（一八二七））

さて、庶民記録からは得られたイモノコの用例は以下のとおりである。

⑤九月九日の節句には牛蒡葉、糯野老飯、芋の子飯、大根麦飯等は宜しき喰物に御座候。

（岩手県紫波町、『菅沼藤左衛門扣書』、菅沼藤左衛門・町人、天保四年（一八三三））

⑥一、百姓共より差出品、（中略）一、いもの子一斗五舛、一、牛蒡十五把。

（岩手県花巻市（旧大迫町）、『年中行事日記』、法印祐宜・法師、寛政八年（一七九三））

⑦秋、寒冷至て駿く依而風流行、暑遅く至る、芋の子ハ凶、にんじんハ上、胡麻ハ凶、栗ハ至而凶。

（岩手県北上市（旧北上市）、『漫録抄』、斉藤類助・庶民?、天保七年（一八三六））

⑧廿一日のばん卯三郎よりいものこ戴申候。

（岩手県釜石市、『三浦命助脱走日記』、三浦命助・元肝煎、安政三年（一八五六））

⑨十三日終日雨降　河原町朝市ニていもの子壹升四拾文位、

（宮城県仙台市（旧仙台市）、『天保荒世記』、不明・町人?、天保四年（一八三三））

盛岡藩領では現在の岩手県のうち、用例⑤が県中央部、用例⑥が県中西部、用例⑦が県南西部、用例⑧が県南東部、仙台藩領では用例⑨が現在の宮城県中央部にあたる地域で使用されている。これらの地域は、『日本言語地図』のイモノコ分布域とほぼ重なっており、近世後期から昭和中期までイモノコが使用されていることがわかる。

最後に、『日本言語地図』において宮城県中央部から福島県中央部にかけての地域で分布しているハタケイモ類であるが、近世仙台方言集である『浜荻』（一八一三頃）や『方言達用抄』（一八二七）に記載されている。したがって、仙台藩領のうち現在の宮城県中央部から南部地域では、近世後期において先に見たイモノコと併用されていたということになる。

⑩はたいも　畑芋俗字　青芋本草　田子村よりいづるは上品故田子いも共いふ　さといも

（『浜荻』、匡子編?、文化一〇年（一八一三）頃）

⑪土いもといふハ仙臺の畑いもあらハざる也

（『方言達用抄』、賛庵編、文政一〇年（一八二七））

庶民記録からは次の用例が得られた。なお、用例は一部のみを示し、同一地域、もしくは近隣地域から得られた場合にはそのうちの一例だけを取り上げた。

仙台藩領のうち、用例⑫は現在の岩手県中南部に、用例⑬は現在の宮城県北西部に、用例⑭は現在の宮城県北部に、用例⑮は現在の宮城県中央部に、用例⑯は現在の宮城県南部にあたる地域で確認することができ、近世後期の仙台藩領で広く使用されていたことが窺える。

⑫又ハ豆腐、はたいも、きらず等取合せて吉。
（岩手奥州市（旧江刺市）、『荒歳録』、原本－遠藤志峯・大肝煎／写本－佐々木重兵衛・不明、宝暦六年（一七五六））

⑬畑いもから取、なんばん、なすび、こんにやぐの類大不足也。
（宮城県南三陸町（旧志津川町）、『天明飢饉物語』、不明・村役人?、天明期（一七八一～八九））

⑭大豆半吉小豆半吉そばたばこ半吉畑芋半吉こんにゃくなし。
（宮城県登米市（旧迫町）、『元和元年より歳之凶留帳』、阿部家蔵・肝煎、文政四年（一八二一））

⑮同十三日壱セ　一、畑いも売城下江参る、
（宮城県仙台市（旧仙台市）、『働き方留覚帳』、久兵衛・農民、嘉永七年（一八五三））

⑯はたいも　春ひかん之内植申候。
（宮城県蔵王町、『諸作仕付帳』、我妻因信・村役人、文化九年（一八一二））

また、福島諸藩で作成された庶民記録をみてみると、用例⑰は現在の福島県浜通り北部に、用例⑱は現在の福島県中通り北部に、用例⑲は現在の福島県中通り中央部に、用例⑳は現在の福島県中通り南部にあたる地域での使用が確認できる。

⑰一、畑芋一升代三十文限ニ売出し。
（福島県相馬市、『諸品直下調』、末永半兵衛・村役人?、天保一三年（一八四二））

⑱畑いも十六日方ニて十七文位御座候所日々下り十八日九日ニは廿五文位御座候
（福島県伊達市（旧保原町）、『佐藤九兵衛日記』、

佐藤九兵衛・豪農、文化六年（一八〇九）

⑲一、畑芋道中子不残五十一耕也。

（福島県田村市（旧大越町）、『辰年農用覚』、白石家蔵・庄屋、文政三年（一八二〇））

⑳一、畑いも一升六十文。

（福島県鏡石町、『万書留』、常右衛門・組頭、天保七年（一八三六））

さて、ハタケイモ類について、近世中期から後期の庶民記録から用例が得られた地域と『日本言語地図』による昭和中期の分布域を比較してみると、仙台藩領では現在の岩手県中南部から宮城県北部にかけての地域、福島諸藩では現在の福島県中通り南部においては、庶民記録では使用されていたが、『日本言語地図』では分布はみられない。したがって、これらの地域では、近世中期から後期にかけて『日本言語地図』の分布域よりも広い地域で使用されていたものの、昭和中期に至る間に分布域が縮小してしまったことになる。

これらと先述したイモノコとを考え合わせることで、次のように解釈できそうである。

仙台藩領である現在の岩手県南部から宮城県北部にかけての地域では、近世後期においてイモノコとハタケイモ類を併用していた。しかし、盛岡藩領で使用されていたイモノコがその勢力を南下させ、ハタケイモ類分布域を駆逐した結果、イモノコ専用地域となり、それが昭和中期の『日本言語地図』に反映された。したがって、これらの地域では近世後期以降、昭和中期に至る間に「ハタケイモ類→イモノコ」へと推移した。一方、近世後期にハタケイモ類を使用している仙台藩領である現在の宮城県南部地域では、『日本言語地図』を確認すると、イモノコ・ハタケイモ類併用地域になっているが、イモノコの分布は一部地域に限定され、主にハタケイモ類が分布している。このことから、近世後期以降、昭和中期に至る間に「イモノコ→ハタケイモ類」へと推移したと考えられる。

なお、仙台藩領のうち、現在の宮城県中央部にあたる地域では、近世後期以降、昭和中期に至るまで、イモノコ・ハタケイモ類併用地域であり、使用語形に変化はみられない。

このように、仙台藩領のうち現在の岩手県南部から宮城県では、近世後期以降、昭和中期に至る間に、イモノコとハタケイモ類の分布域に変化がみられる地域や変化がみられない地域があるため、地域ごとに異なる語史が推定されることになる。
また、福島諸藩のうち現在の福島県中通り南部地域では、近世後期にハタケイモ類を使用していたが、『日本言語地図』では共通語形サトイモが分布している。このことから、近世後期のハタケイモ類分布域は昭和中期より広かったが、昭和中期に至る間に「ハタケイモ類→サトイモ」と推移したことで、方言語形が衰退していったと解釈することができる。

五．まとめ

以上、これまで地方語史研究の資料としてほとんど利用されることのなかった庶民記録が、近世中期から後期の方言を反映する地方語文献として有効に活用できることについて検討してきた。その結果、庶民記録には自然、植物、動物・昆虫、農業といった分野の方言語彙が多くみられることを指摘した。また、庶民記録から得られた用例のうち、〈里芋（青芋）〉を意味する語について、『日本言語地図』との比較による近世後期以降の方言語彙史について検討した。その結果、近世後期以降、昭和中期に至るまで変わりなく使用されている語形や、昭和中期では使用されなくなったものの、近世後期には使用されていたと推定される古い語形が確認され、同時に、近世後期以降の推定語史に地域差がみられることが明らかになった。

以上のように、庶民記録を利用することで、近世中期から後期といった過去に使用されていた方言語彙を知ることができる。また、資料作成時における使用状況や、それらと現代方言との比較によって、近世中期から後期以降の方言語彙史に関する考察も可能になる。したがって、庶民記録は地方語文献として有効であり、資料的価値を有するものであると結論づけられる。

こうした庶民記録は各地に存在している。それらの地方語文献を丹念に発掘し、そこから明らかになることをもとに詳細な地方語史を描いていくことは、これからの課題と言えよう。

注

（1）「のじ」（虹の意）、「てのごい」（手拭いの意）、「あがいう」（赤エイの意）のように音韻転化したと考えられる語形のうち、近世方言集に記載されているものも採取した。

(2)個別的な事象として、作田（二〇〇三、二〇〇四、二〇〇九）では〈糠〉を意味する語を、作田（二〇〇五、二〇〇六、二〇〇九）では〈雷〉を意味する語を取り上げて論じている。

(3)近世方言集の使用地域であるが、庶民記録記載方言語彙との対応を考え、『御国通辞』は盛岡藩領全域、『浜荻』『方言達用抄』は仙台藩領全域と便宜上解して処理しておく。なお、近世方言集は佐藤ほか編（一九九九、二〇〇〇）を使用した。

資料一覧

本章で使用した庶民記録の「成立地・書名表題・翻刻資料所収文献名」を記しておく。

【岩手県】：軽米町・『万日記』・『八戸の歴史双書』／紫波町・『菅沼藤左衛門扣書』・『遠野市史　三』／花巻市（旧大迫町）・『年中行事日記』・『大迫町史民俗資料編』／北上市（旧北上市）・『漫録抄』・『北上市史　九　近世　七』／釜石市・『三浦命助脱走日記』・『南部藩百姓一揆の指導者三浦命助伝』／奥州市（旧江刺市）・『荒歳録』・『郷土の飢饉もの』／奥州市（旧胆沢町）・『書状』・『胆沢町史民俗編　一』

【宮城県】登米市（旧迫町）・『元和元年より歳之凶留帳』・『明治三八年宮城県凶荒誌』／塩釜市・『塩釜町方覚帳』・『塩釜市史　五　資料編　二』／仙台市（旧仙台市）・『天保荒世記』・『郷土の飢饉もの』／仙台市（旧仙台市）・『働き方留覚帳』・『仙台市史資料編　四　近世　三　村落』／蔵王町・『諸作仕付帳』・『蔵王町史資料編　二』

【福島県】：相馬市・『諸品直下調』・『福島県史　九』／伊達市（旧梁川町）・『年々耕作仕付種物積方覚帳』・『梁川町史　七　近世　二　資料編　四』／伊達市（旧保原町）・『佐藤九兵衛日記』・『保原町史資料編　五』／二本松市（旧二本松市）・『巳大平村大不作覚附仕帳当年違作』・『二本松市史　六　近世　三』／二本松市（旧岩代町）・『天保七年凶作記録』・『岩代町史　二　資料編　一』／三春町・『天保七丙申年永雨大凶作飢饉諸事覚書記』・『福島県史　一〇・上』／大玉村・『農事手引草』・『大玉村史史料編』／郡山市・『諸品直段付水害記録（抄）』・『福島県史　一〇・上』／郡山市・『伝七農観記』・『日本農書全集　三七』／郡山市・『稼穡大槩』・『福島県史　一〇・上』／田村市（旧大越町）・『辰年農用覚』・『大越町史　二　資料編　一』／川内村・『農作物書留』・『川内村史』／矢吹町・『万喰物覚書大凶作控』・『矢祭町史　二　資料編　一』／鏡石町・『万書留』・『鏡石町史　二』

なお、宮城県南三陸町（旧志津川町）『天明飢饉物語』は南三陸町立図書館所蔵の原本を、宮城県仙台市（旧仙台市）『大旱雑記』は宮城県立図書館所蔵の写本を使用した。

文献

大藤修（二〇〇三）「近世の社会・組織体と記録―近世文書の特質と歴史的背景」国文学研究資料館史料館編『アーカイブズの科学』上　柏書房

菊池武人（一九九五）『近世仙臺方言書　翻刻編』明治書院

国立国語研究所編（一九六六〜一九七四）『日本言語地図』全六巻　大蔵省印刷局

小林隆（二〇〇四）『方言学的日本語史の研究』ひつじ書房

作田将三郎（二〇〇三）「宮城県における〈糠〉の地方語史」『言語科学論集』七

作田将三郎（二〇〇四）『飢饉資料から見た〈糠〉の東北地方語史』

『東北文化研究室紀要』四五
作田将三郎（二〇〇五）「宮城県における〈雷〉の地方語史」『国語学研究』四四
作田将三郎（二〇〇六）「東北地方における〈雷〉の地方語史」『文化』六九－三・四
作田将三郎（二〇〇七）「地方語文献資料としての庶民記録―飢饉資料・農事日記・年代記について」『日本語の研究』三－二
作田将三郎（二〇〇九）『庶民記録による東北地方語史研究』平成二〇年度東北大学大学院博士学位請求論文
迫野虔徳（一九九八）『文献方言史研究』清文堂
佐藤武義・木村晟・山田瑩徹・古瀬順一・片山晴賢編（一九九九）『近世方言辞書』一　港の人
佐藤武義・木村晟・山田瑩徹・古瀬順一・片山晴賢編（二〇〇〇）『近世方言辞書』二　港の人
徳川宗賢監修・尚学図書編（一九八九）『日本方言大辞典』上・下　小学館
深谷克己（一九八四）「日本近世の相剋と重層」『思想』七二六
藤本憲信（二〇〇六）「肥後近世文献に見る方言―『嶋屋日記』と『上田宜珍日記』」筑紫国語学談話会編『筑紫語学論叢Ⅱ―日本語史と方言』風間書房
馬瀬良雄（二〇〇三）『信州のことば　二一世紀への文化遺産』信濃毎日新聞社
三上悠紀夫（一九八四）「『山本百姓一切有近道』の形容詞語彙について」『国語国文学』二四
藪田貫（一九八五）「話しことばと古文書」『歴史評論』四二四
矢野準（一九八九）「第三章　文献方言史的研究　三　近世期肥後文献にみられる俚言」奥村三雄編『九州方言の史的研究』桜楓社

第九章　方言語彙の分布の変動

大西拓一郎

一．方言分布の変動とは

　方言はことばの地理空間的変異である。方言を説明するにあたって例えば、「かぼちゃ」をナンキンと大阪府では言う、と表現するように、ことばに関すること（「かぼちゃ」―ナンキン）に加えて、地理空間（大阪府）についてのことが、方言の情報では欠かせない。このような地理空間情報を集約・整備することで、方言の分布が明らかになり、方言地図や言語地図と呼ばれる地図の形で表現することが可能になる。

　ことばの変化は、必ず分布の変動をもたらす。例えば、図9－1の（a）のような地図で表される分布において、xを使っていた地域の一部でxがzに変化したとする。その結果、分布は（b）のように変動することになる（大西 二〇一七）。このように時間軸上の言語変化が、空間上の分布変動を引き起こすわけであるが、時間が流れれば、変化やそれに伴う変動が必ず発生するとは限らず、言語変化がなければ分布変動も起こらない。

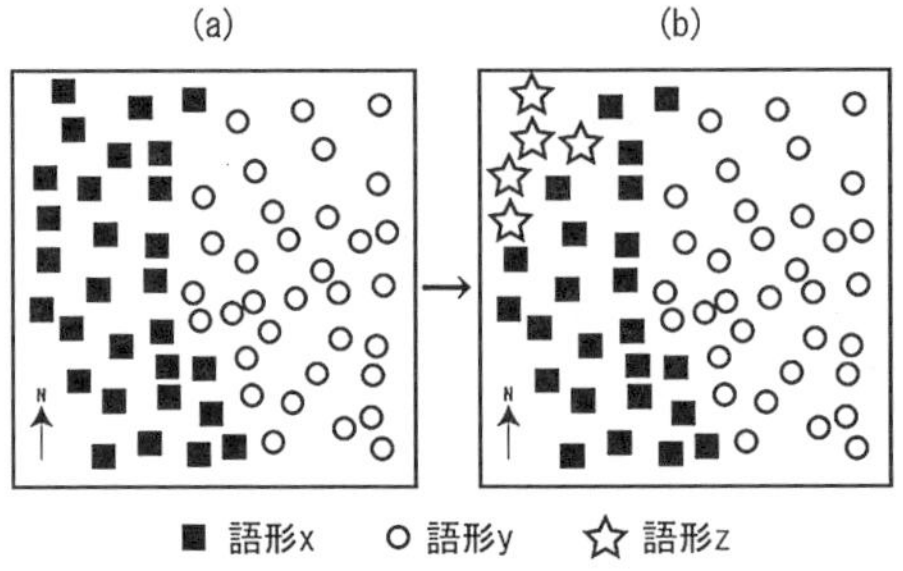

図9－1　言語変化と分布変動

二．方法と資料

（1）基本的な考え方と方法

方言分布の変動を捉えるには、同じ空間領域を対象に時間を隔てて定点観測的な調査を行ない、相互を比較することが直接的な方法となる。「実時間経年比較」と呼ばれる方法であり、本章はこれに基づく。社会言語学的方言研究では、山形県鶴岡市や愛知県岡崎市を対象に国立国語研究所が約二〇年間隔で実施した調査に基づく統計的分析が知られる。

複数の世代を対象に分布を求め、世代間の異なりを変化と見なす方法もある。世代差を時間差に置き換えることから「見かけ時間比較」と呼ばれる。世代別に編集した方言地図集（藤原　一九七四）や世代別の地図から言語変化と分布の変動を求める研究（亀田　二〇一〇a・b、斎藤　二〇〇〇a・b、二〇〇四、二〇〇五）のほか、世代と線状に設定した地域をそれぞれ二軸としてグラフ化するグロットグラムとそれを用いた研究も同等の考え方に基づく。

（2）資料について

本章で用いるデータについて、対象地域ごとに説明する。経年比較において、時間的に先行する調査を「先調査」、新しく行なわれた調査を「後調査」、両者の間隔を「経年間隔」と呼ぶことにする。資料が複数ある場合は、※印の資料を採用している。

○長野県上伊那地方・諏訪地方（四．および六．）

・先調査：一九七〇年代（一九六八〜一九七四年）調査、馬瀬（一九八〇）に基づく。

・後調査：二〇一〇年代（二〇一〇〜二〇一五年）調査、大西（二〇一六a）に基づく。可能な限り、先調査の地点を追跡したが、集落の消滅や条件を満たす話者の不在などの事情によりカバーできなかった地点もある。

経年間隔：約四〇年間

○富山県庄川流域（三．および七．）

・先調査1（七．）：一九六〇年代（一九六七〜一九六九年）調査の上中流部、真田（一九七六）に基づく。

・先調査2（三．）：一九七〇年代（一九七〇〜一九七九年）調査の中下流部、川本（一九九〇）に基づく。

・後調査：二〇一〇年代（二〇〇八〜二〇一二年）調

査、中井（二〇一三）に基づく。可能な限り先調査1の地点を追跡し、同等の地点密度（集落を単位とし、先調査2より多少高いと推定される）で下流部まで対象領域を拡大した。長野県上伊那地方・諏訪地方と同様な事情によりカバーできなかった地点もある。

・経年間隔：約四〇～五〇年間

○新潟県糸魚川地方（五・）：柴田・石川（一九七七）、※柴田（一九七八）に基づく。

・先調査：一九五〇年代（一九五七～一九六一年）、柴田武氏らによる糸魚川調査（柴田　一九六九：六二～七四頁）

・後調査：一九七〇年代（一九七五～一九七六年）、石川恵美子氏による調査

・経年間隔：約二〇年間

○富山県東部沿岸下新川地方（八・）：永瀬（※一九七七a、一九七七b、一九八六）に基づく。

・先調査：一九六七～一九七〇年、永瀬治郎氏による調査

・後調査：一九七四～一九七五年、西田久美子氏による調査

・経年間隔：約五年間

三．新しいことばの発生
——富山県庄川流域の「分家」——

図9‐2は、富山県庄川流域における「分家」を表すデーとデイエ類（ともに「出＋家」に基づく）の経年比較である。なお、庄川は南から北に向かって流れている。

一九七〇年代は、デーが上流部にまとまっており、（図には表示していないが）中下流部のアラエ・アラエベとは分布域が分かれていた。二〇一〇年代には、下流部に「出＋家」という語構成が明示的なデイエ類が三地点新しく現れているが連続性がなく、多元的（長尾　一九五六）に発生したと考えられる（ただし、後調査の方が調査地点密度が高いとみられる点には留意が必要）。また、上流部でもデーからデイエ類への変化が見られる（ただし、先調査の地図見出しではデイエ類がデーに統合されている可能性が残されているので注意したい）。下流部のアラエ・アラエベは「新＋家」を元にするが、「荒」を連想させるアラよりもデ（出）の方が「分家」にふさわしいと判断され、下流部でデイエ類が発生するとともに、

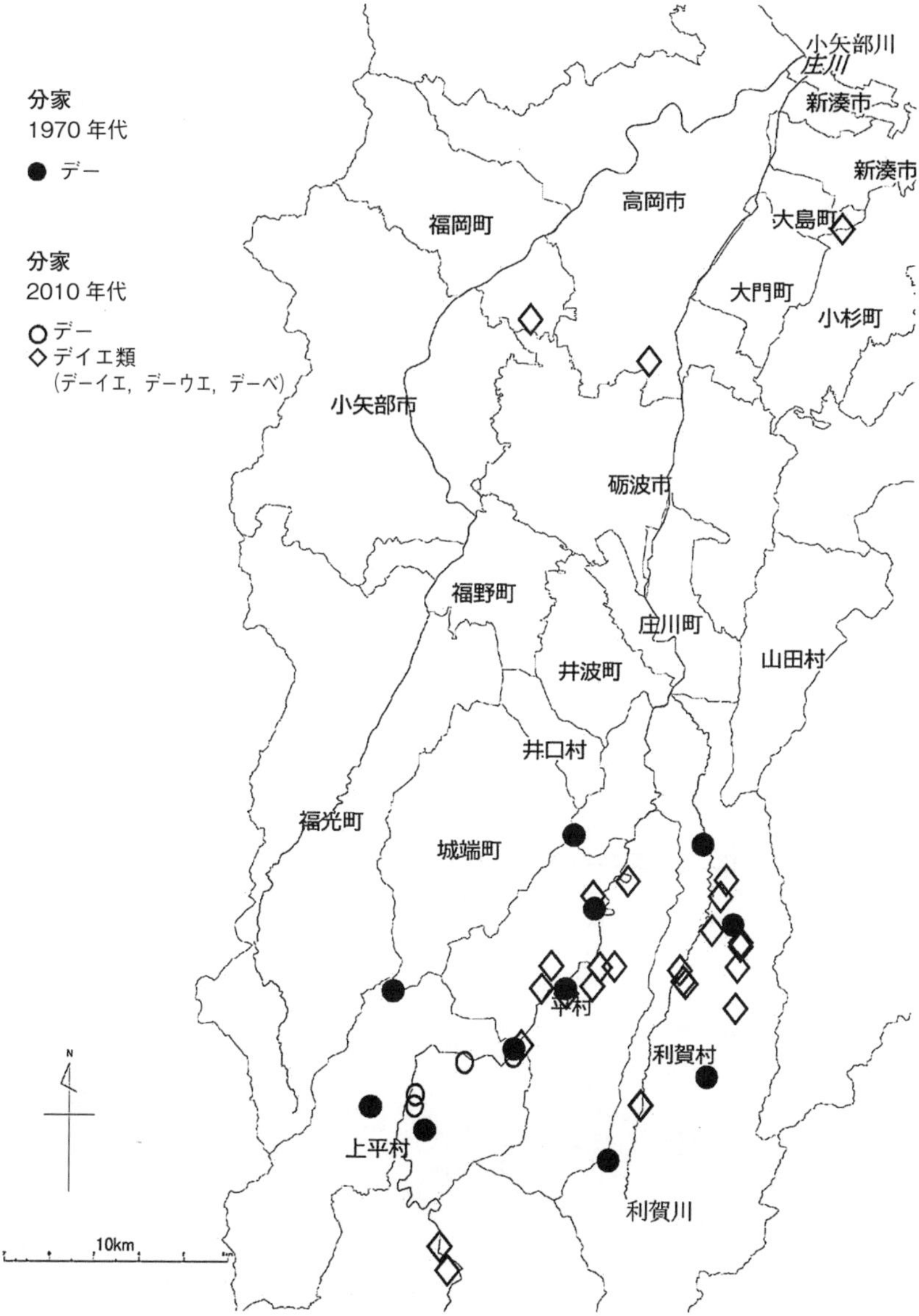

図９－２　庄川流域における「分家」のデー・デイエ類

上流部でも語構成が明瞭な形に戻る変化が起こった。次に述べる長野県上伊那地方のクワグミのように、将来はこの地域全体がデイエ類の分布領域になることも予想される。

四．新しいことばの発生と領域形成
—長野県上伊那地方の「桑の実」—

図9－3は、長野県上伊那地方における「桑の実」を表すクワグミの経年比較である。

『長野県方言辞典』（馬瀬 二〇一〇、二〇一三）を参照すると、この地方において、グミは柔らかで鮮やかな色をした小型の果実を表すと考えられる。したがって、クワグミという語構成は「桑＋実」に直接対応している。

先調査（一九六八〜一九七四年）では、（図には表示していないが）クワズミが広く分布していた。クワズミのズは、連体格の格助詞「つ」にさかのぼるものかもしれないが、現在のこの地域では（地名に残る痕跡らしいものを除き）助詞としての用法を消失し、クワズミは語構成がわかりづらい形式になっていた。そこに現れたのが「桑＋実」にあたるクワグミであり、クワズミ→クワグミの変化には、音の類似性による類音牽引も働いたとみられる。先調査の時点ですでに連続性を持たない長谷村、伊那市中部、飯島町において、この変化は多元的（長尾 一九五六）に発生していた。後調査（二〇一〇〜二〇一五年）では、クワグミは伊那市以南の上伊那地方全体に広がり、この地域（上伊那地方中南部）の共通言語に昇格した。前節でデイエ類は、四〇年前のクワグミに該当するかもしれないと述べたのは、このような事実を踏まえる。

五．領域区分の進行
—新潟県糸魚川地方の「自在鉤」—

新潟県糸魚川地方における「自在鉤」を表す方言形の二〇年間の変動をみてみよう。

図9－4に示したカギサマは、早川上流部、越地区の中でも田屋地区との境界域に一九五〇年代から分布していたが、一九七〇年代に越地区内に領域が広がった。姫川支流の根知川沿いにも一九五〇年代からみられたが、一九七〇年代には根小屋地区全体に広がった。

図9－5に示したカギサンは、早川の中下流部にみら

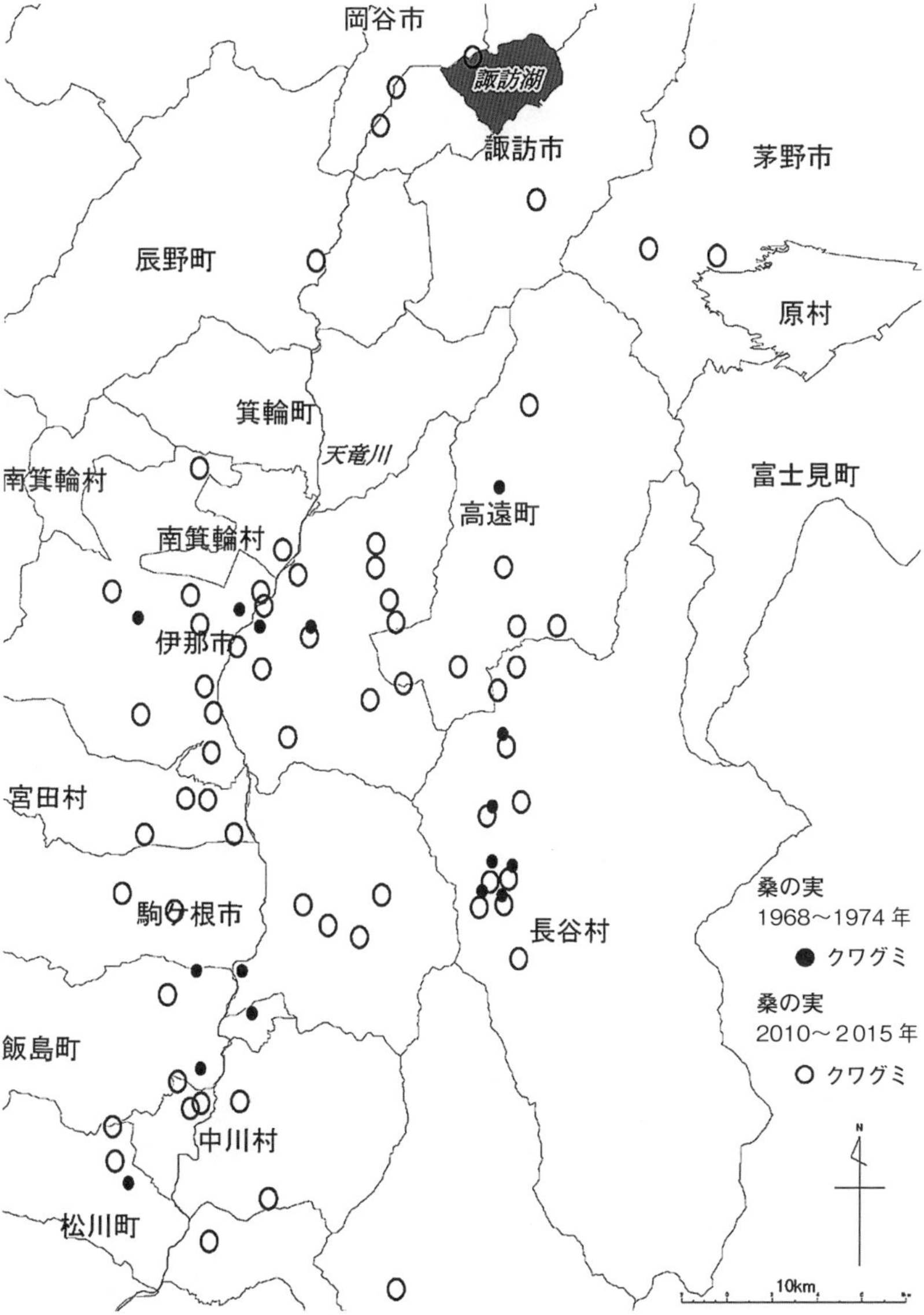

図 9－3　上伊那地方における「桑の実」のクワグミ

図9－4　糸魚川地方における「自在鉤」のカギサマ

図9－5　糸魚川地方における「自在鉤」のカギサン

れるが、一九五〇年代に比べると、一九七〇年代には越地区北部から田屋地区にかけて、連続的な領域が形成された。

図9-6に示したオカギサンは、海川沿いの平牛地区内に広い領域ができた。

河川は流れに沿って谷を構成し、人々の交流に寄与する。「自在鉤」でも、早川沿い上流部のカギサマ、下流部のカギサン、根知川沿い（根知谷）のカギサマ、海川に沿った平牛地区のオカギサンのように各分布域を形成し、その結果、領域区分が明確になった。

六．伝わることば、変わることば
―長野県諏訪地方の「ひっつきむし」―

長野県諏訪地方における「ひっつきむし」を表す方言形の四〇年間の変化を考える。

図9-7には、「ひっつきむし」を表すバカの分布変動がみえる。一九七〇年代、バカは諏訪市では使われていたが、東側の茅野市にはなかった。二〇一〇年代には、諏訪市に接する茅野市西部にバカが入り込んでいる。戦後、高校の制度が変わり、茅野市街地から諏訪市に多く

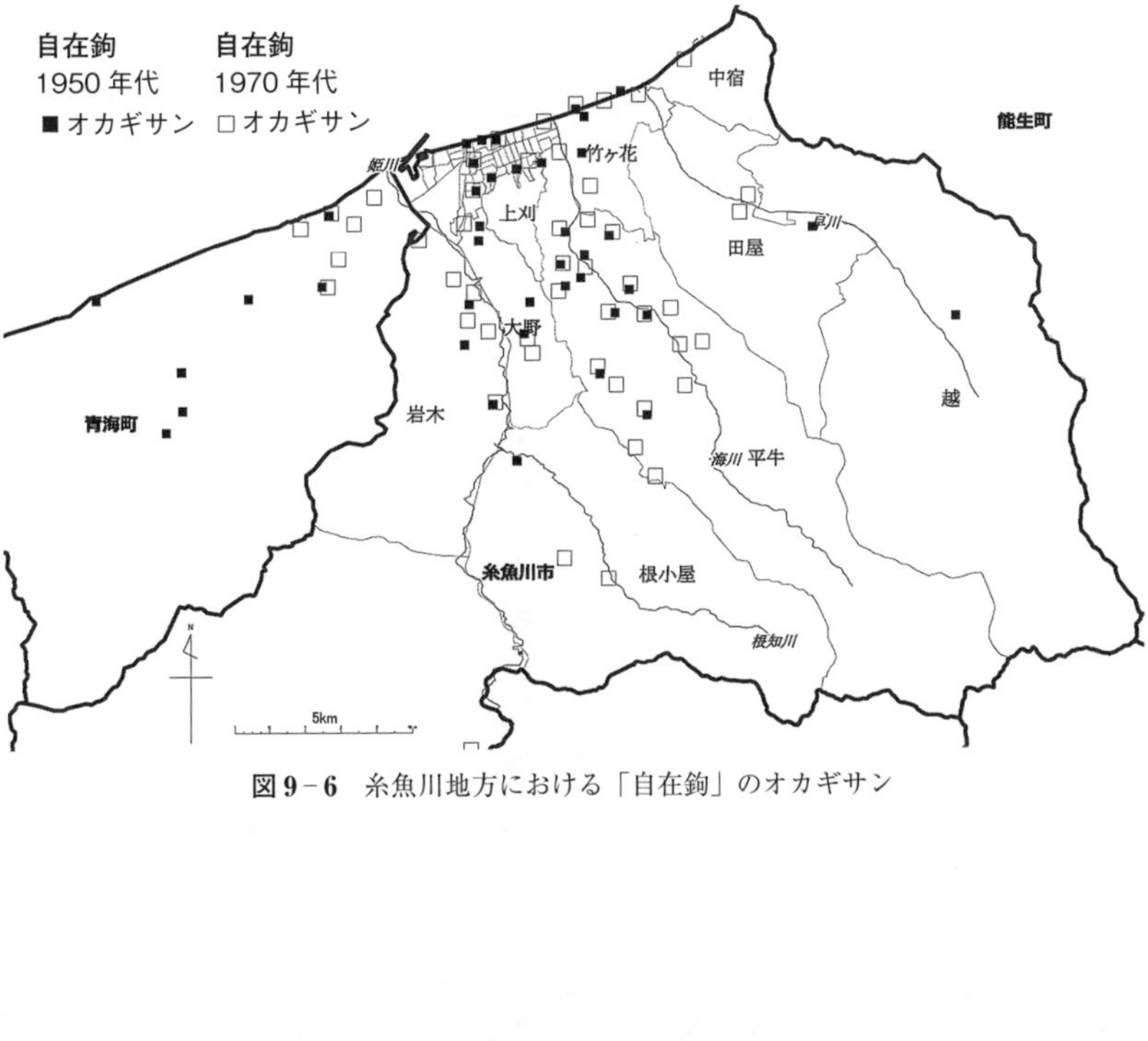

図9－6　糸魚川地方における「自在鉤」のオカギサン

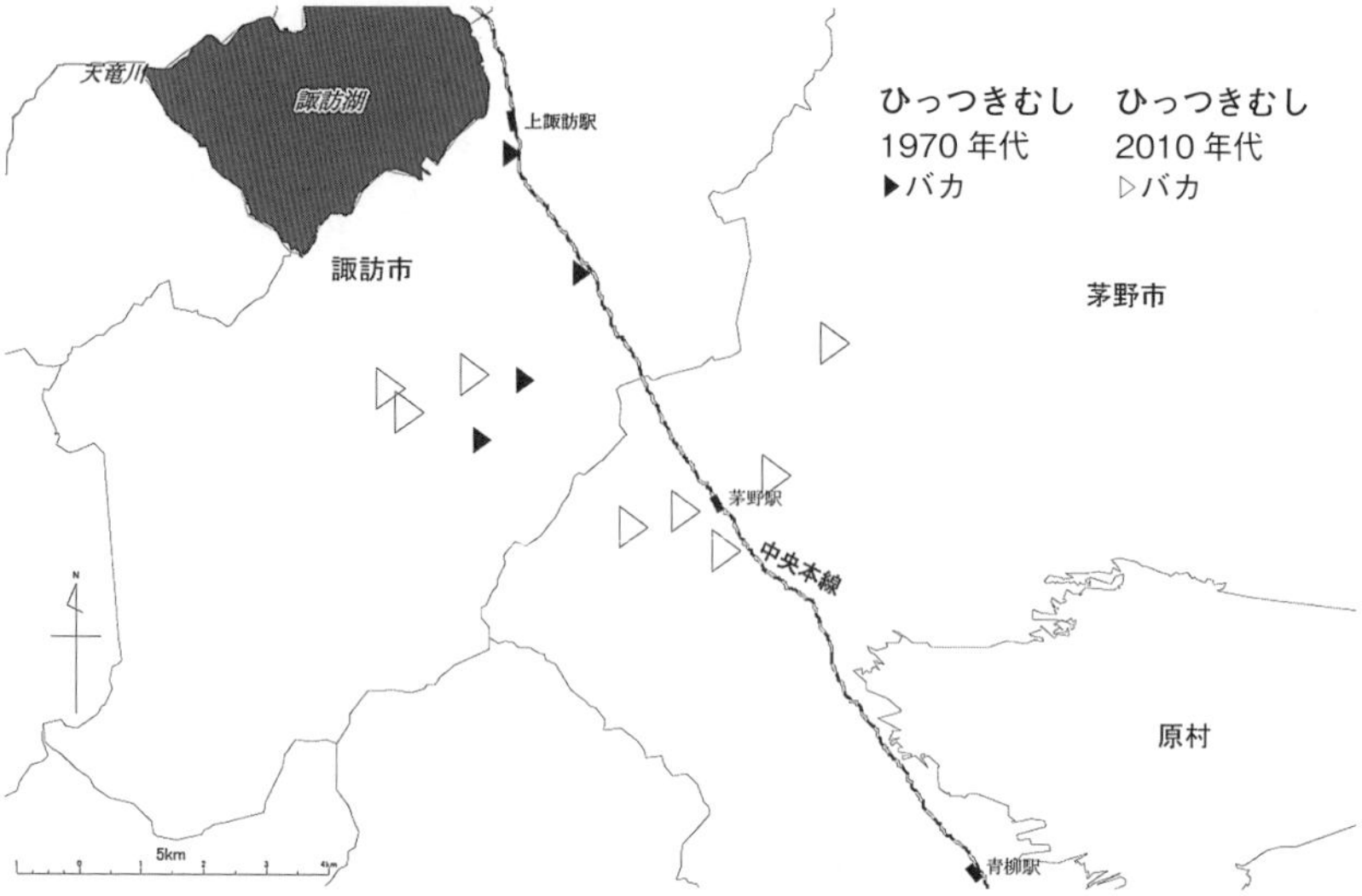

図9−7　諏訪地方における「ひっつきむし」のバカ

通学するようになった。そこでの交流がバカを茅野市にもたらしたのだろう。

一九七〇年代の茅野市では、「ひっつきむし」をベベバサミと言っていた。ベベは「衣類」を表し、それにしつこく付着することによる語形であった。ベベバサミから新しい語形が生み出され、分布変動を引き起こした。図9−8はその様子を示している。

ベベは、老女を表すババに類似する。現在、分布は確認されないが、一時的にバババサミのような形が類音牽引で生み出され、さらにババとの対として民間語源が働き、二〇一〇年代のジジ（老男）バサミに変化した。一方で、ベベは女性器と同音異義であった。一九七〇年代の原村にみられる語形はそれを如実に示す。（オ）チンコ（ロ）バサミは、ベベを対となる男性器に置き換えるおおらかな民間語源で四〇年間に発生した形である。

新語形のジジバサミと（オ）チンコ（ロ）バサミは、いずれも東側にある八ヶ岳の裾野に広がる標高一〇〇〇メートル前後の山浦と呼ばれる高原状の地域にまとまっている。子どもたちに身近な「ひっつきむし」という野草の種子が生み出した素朴なことばが、地域社会の中で共有化されていくようすが地図によく現れている。

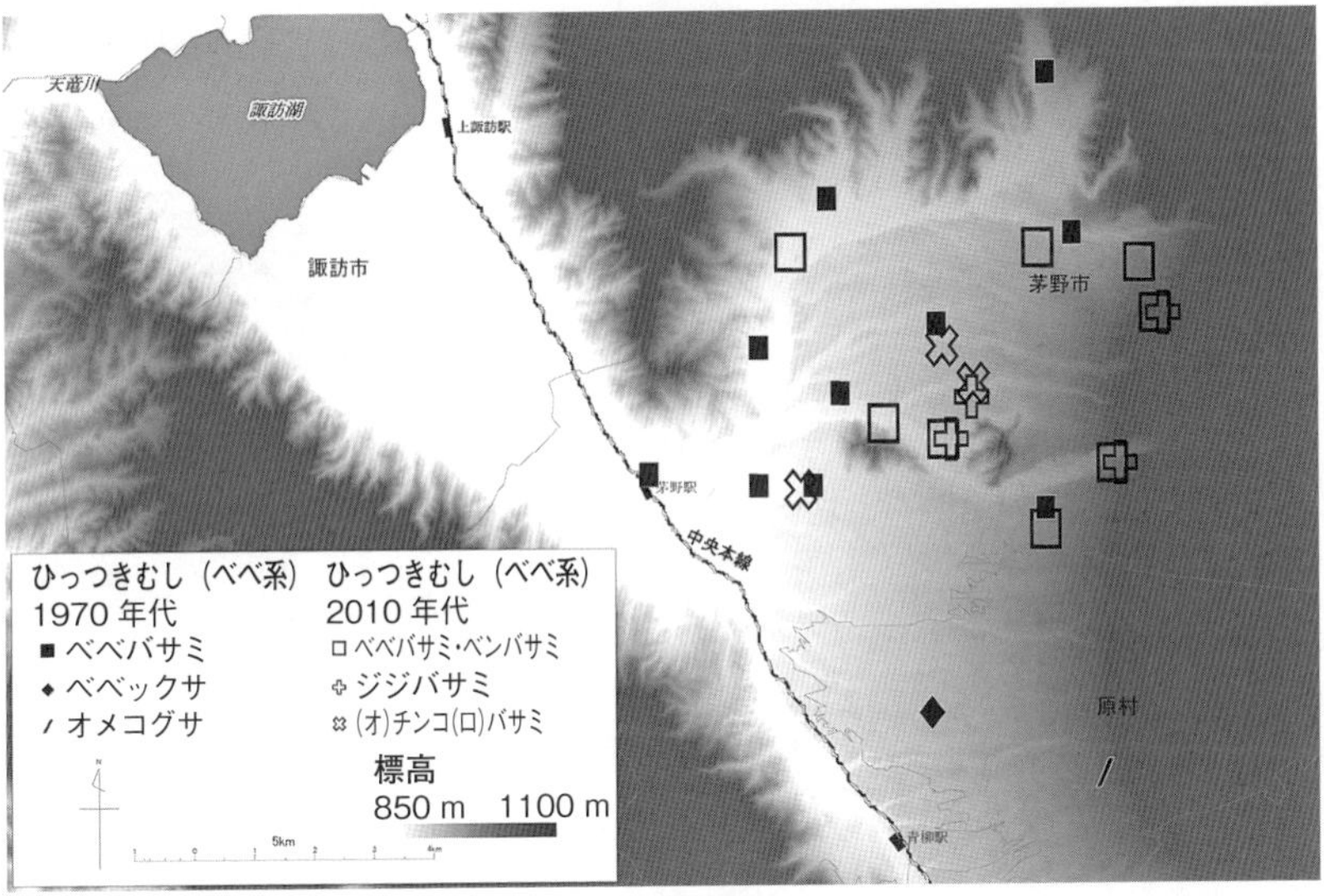

図 9－8　諏訪地方における「ひっつきむし」のべべ系

七．伝わることば、変わらないことば
—富山県庄川流域の「むかご」—

図9－9は、庄川流域における「むかご」（山芋の葉腋にできる食用になる実のようなもの）を表す方言形の経年比較である。

下流部における五〇年前の分布は資料がないが、後調査では、庄川と利賀川が合流するあたりに下流部で使われているガゴジャが飛び地的に現れている。五箇山と呼ばれる上流部と砺波市など平野（下流部）の人々の交流がこのような分布を生み出したものであろう。

一方で、ガゴジャ以外の分布は（後調査での地点減少を除くと）、五〇年間でほとんど変化していない。市場にあまり出回ることのない「むかご」のような作物の名称は、必要がない限り、このように細かい分布を長く保持することを示している（Onishi 2016）。

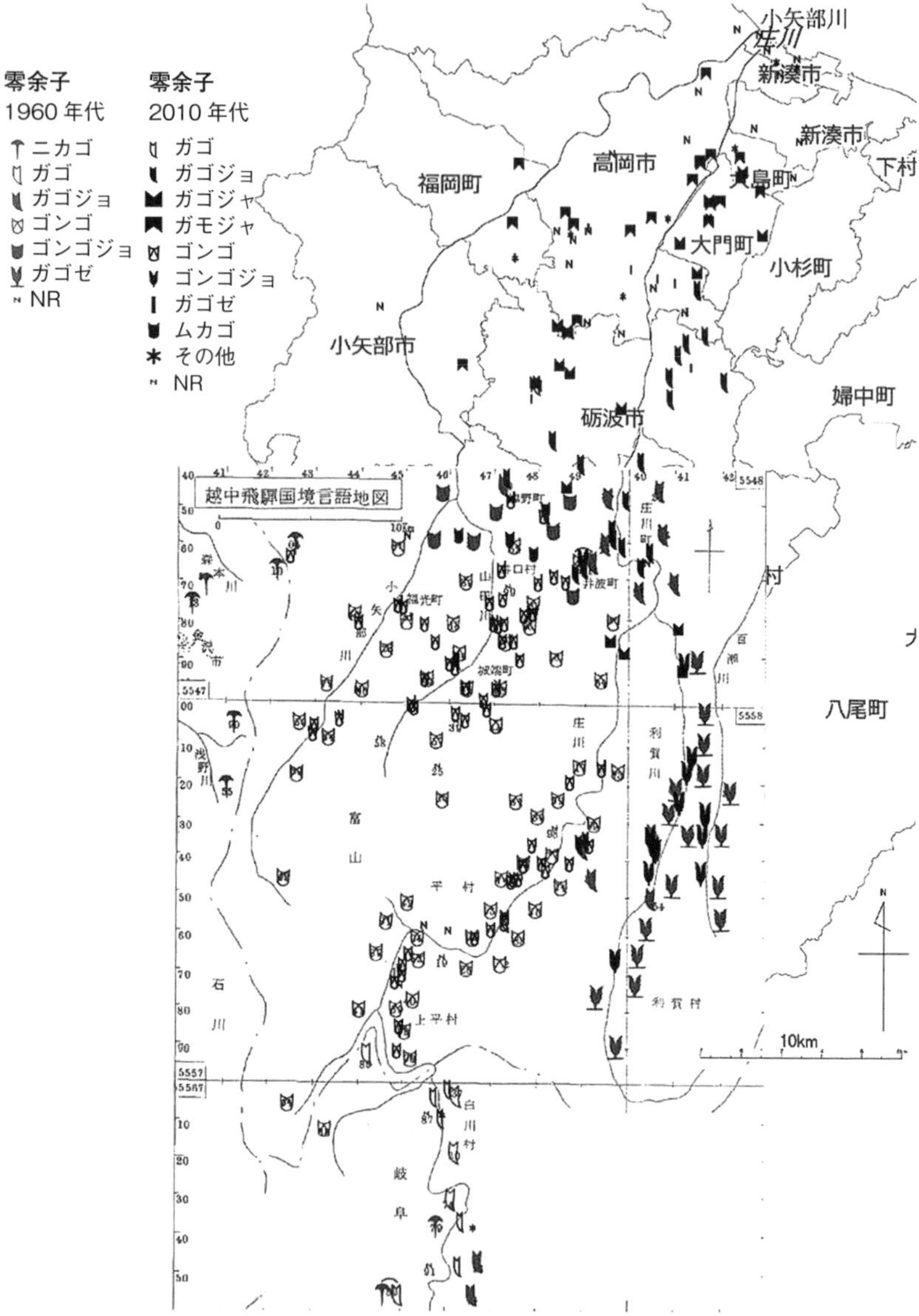

図 9－9　庄川流域における「むかご（零余子）」

八．語彙変化の速度と広さ
――富山県下新川地方の「ピーマン」「唐辛子」――

一般にどれくらいの時間でことばの変化が進行するのか。正確なところは不明であるが、ここでは、四～五年という極めて短期間に分布が変動したケースを取り上げる。

図9－10は、富山県下新川地方における「ピーマン」を表すナンバンの分布の変動を示している。注目すべきは、わずか五年の間に入善町内にナンバンが一気に広がった点である。地図には人口密度も示しているが、町の中心部から放射した様子は確認されない。

この変化は、「唐辛子」との関係で捉える必要がある（Onishi 2017）。図9－11には「ピーマン」と「唐辛子」をどのように言うか、先調査時の分布を示した。多くの場所で区別がないが、入善町では広く両者を区別なくコンショーと言うのに対し、その他の場所は区別なくナンバンであり、入善町東部に「ピーマン」をコンショー、「唐辛子」をナンバンと区別する地域がみられる。「唐辛子」と「ピーマン」では、「ピーマン」の方が新しい野菜で

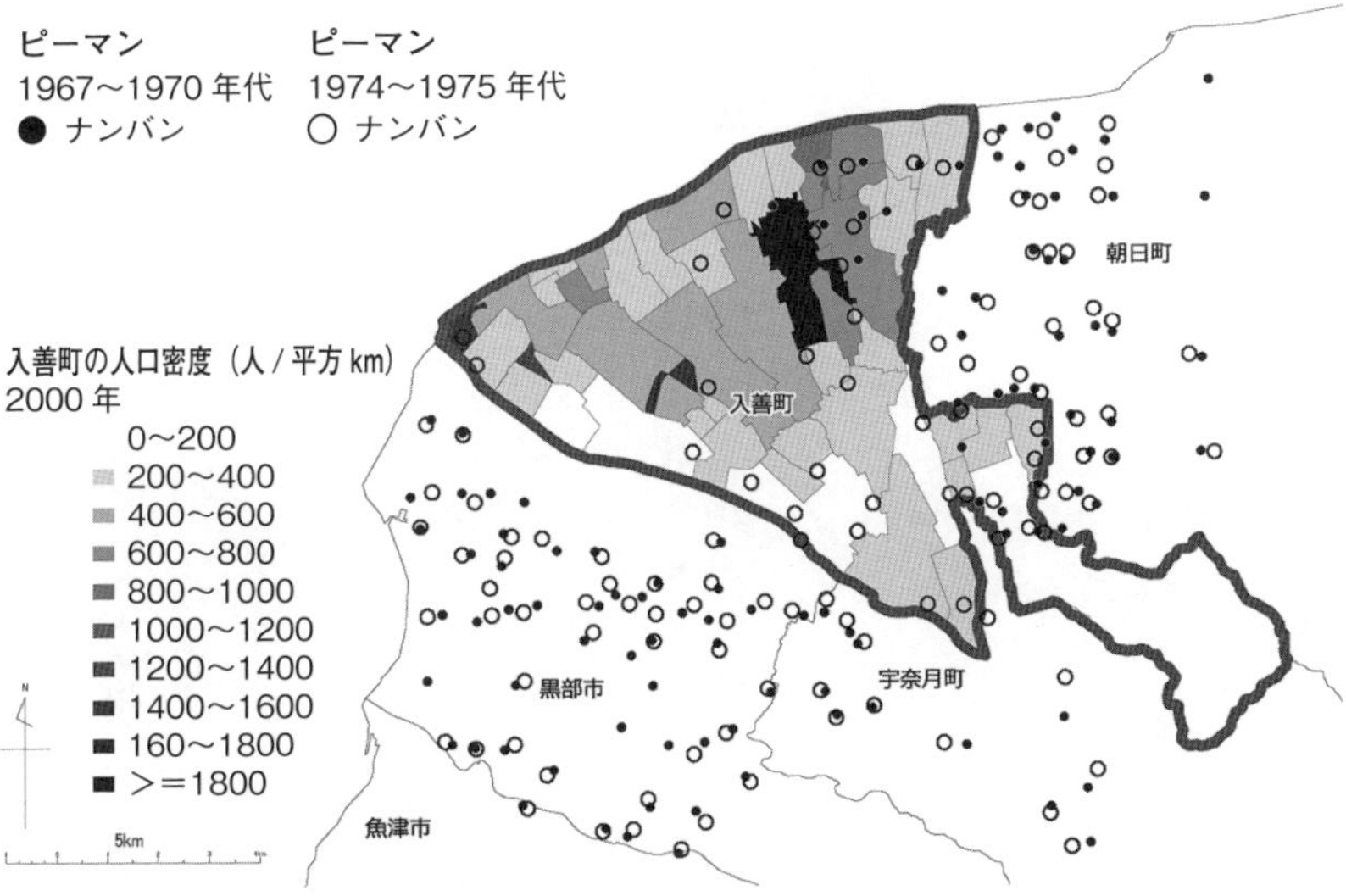

図9－10　下新川地方における「ピーマン」のナンバン

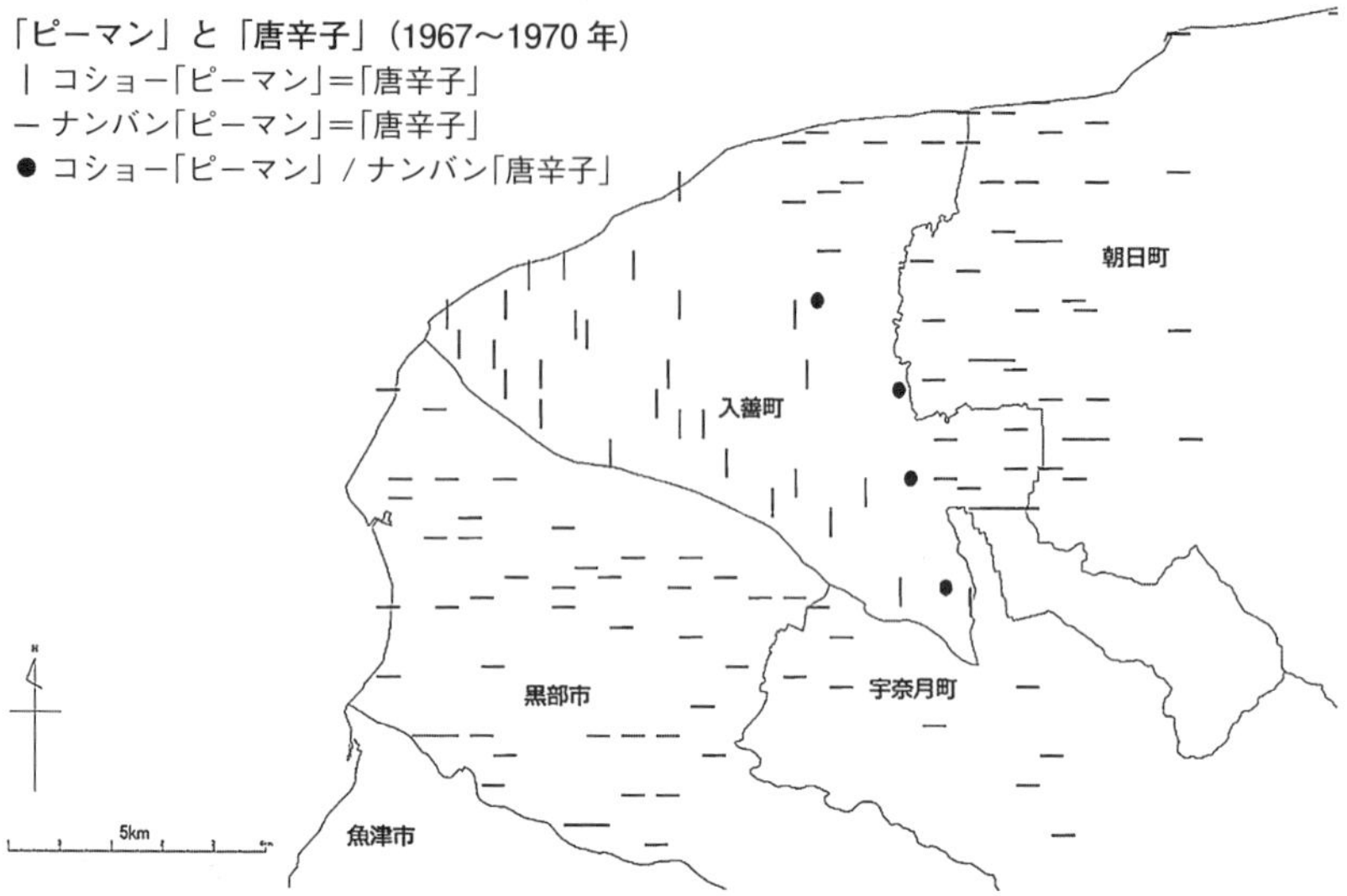

図9‐11　下新川地方における「ピーマン」と「唐辛子」（先調査）

ある。入善町東部では、隣接する朝日町同様、両者をナンバンと言っていたが、新しい「ピーマン」に対し町内他地域で広く使われるコショーを採用し、区別した。

ところが五年後には、図9‐12のようになる。入善町に「ピーマン」をナンバン、「唐辛子」をコショーと言い、両者を区別する地域が新しく広がるのである。同時に「ピーマン」コショー／「唐辛子」ナンバンの区別は消えた。入善町では広く、「ピーマン」に隣接する黒部市の語形ナンバンを導入し、それにより両者を区別することになった。

なお、この急速な変化の背景には、（ピーマンの新規導入のような）農作物の変化があった可能性が考えられるが、現時点ではその確実な証拠は見いだせていない。

九．方言語彙の分布と時間

方言語彙の分布が時間の流れとどのように関係するかをみてきた。ここでは、分布に変動が確認されるケースをおもに取り上げたが、実際には語彙に限らず、七．（図9‐9）に挙げた庄川上流部における「むかご」（ガゴジャを除く）のように、変動しないケースが多い。それ

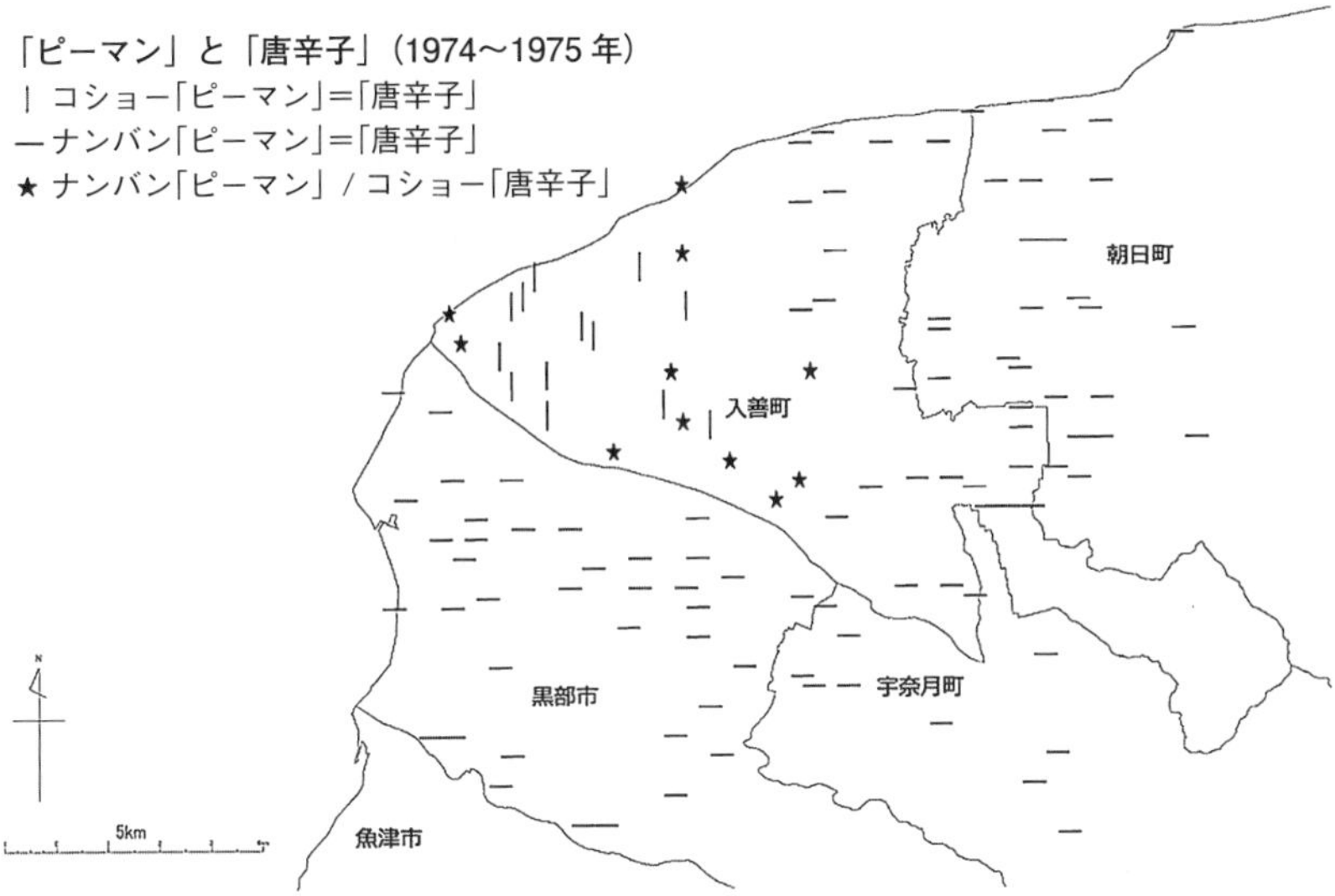

図 9－12　下新川地方における「ピーマン」と「唐辛子」(後調査)

は、人間どうしの意思疎通の道具という方言が有する言語としての本質に照らせば、ことばの変化とそれに伴う分布の変動は、あまり望ましくない事態であることから理解される。

それにもかかわらず、三.（図9－2）の庄川流域におけるデイエ類（分家）、四.（図9－3）の上伊那地方のクワグミ（桑の実）のような語構成を明確化する多元的発生、六.（図9－8）の諏訪地方のべべ系（ひっつきむし）のような類音牽引や民間語源による新形式の発生、また、六.（図9－7）の諏訪地方のバカ（ひっつきむし）や七.（図9－9）のガゴジャ（むかご）のような人的交流を背景とした他地域からの語形の採用、さらに意味分化のために隣接地から新語形を導入する（八.の図9－10～12）といったことが行なわれる。

このような言語変化が、分布変動をもたらす。その結果、形成される分布領域の空間的範囲は、上伊那地方（図9－3のクワグミ）、入善町（図9－10・図9－12の「ピーマン」のナンバン）、河川に沿った単位地区（図9－4～6）におおむね該当し、それらが共同体の範囲に対応する点は、右に挙げた言語の本質とも符合する。

そのような語彙の分布変動は、八.に示したように、速ければわずか五年で完了するが、これは文法や音韻といった言語の他分野と比べてかなり速く、かつ、空間領域は相対的に狭い。したがって、方言地図上で捉えられる語彙の分布の多くは変動終了後の静止段階にあり、変動途上にあるものは、それほどはみつからない。そのような速さと狭さのため と考えられるが、経年比較を主目的とする『新日本言語地図』（ＮＬＪ）と先調査にあたる『日本言語地図』（国立国語研究所一九六六〜一九七四、ＬＡＪ）とを比べると、これら全国地図のような小縮尺図においては、語彙の変動がなかなか見いだせない。

それでも、和歌山県における「ものもらい」（ＬＡＪ112図、ＮＬＪ29図）のデバッコからメバチコへの変化、鹿児島県における「鱗」（ＬＡＪ217図、ＮＬＪ24図）のツの発生などの動きがあるのは確かで、小縮尺ではわずかにしかみえない変化であっても、それを手がかりに各地域を丹念に調査し、大縮尺の下で考察することで、ことばと地域社会や時代（時間）をめぐる研究へと展開していくことが期待される。

文献

大西拓一郎（二〇一六ａ）『長野県伊那諏訪地方言語地図』私家版

大西拓一郎編（二〇一六ｂ）『新日本言語地図―分布図で見渡す方言の世界』朝倉書店

大西拓一郎（二〇一七）「言語変化と方言分布―方言分布形成の理論と経年比較に基づく検証」大西拓一郎編『空間と時間の中の方言―ことばの変化は方言地図にどう現れるか』朝倉書店

亀田裕見（二〇一〇ａ）「埼玉県東部地方の方言分布と世代差（一）―語彙の分布」『文学部紀要』（文教大学文学部）二三―一

亀田裕見（二〇一〇ｂ）「埼玉県東部地方の方言分布と世代差（二）―文法事象の分布」『文学部紀要』（文教大学文学部）二四―一

川本栄一郎（一九九〇）「北陸地方における『分家』の方言分布とその変遷」『深井一郎教授退官記念論文集』深井一郎教授退官記念事業会

国立国語研究所（一九六六〜一九七四）『日本言語地図』全六巻　大蔵省印刷局

斎藤勝実（二〇〇〇ａ）「方言語彙の二世代比較―愛知県碧南市の方言分布について」『文研会紀要』（愛知学院大学大学院）一一

斎藤勝実（二〇〇〇ｂ）「老年層と中年層の比較による言語地理学的研究―碧南市付近を例として」『名古屋・方言研究会会報』一七

斎藤勝実（二〇〇四）「碧南市周辺における青大将の方言分布」『名古屋・方言研究会会報』二一

斎藤勝実（二〇〇五）「碧南市周辺における『えのころぐさ』と『なずな』の方言分布」『名古屋・方言研究会会報』二二

真田信治（一九七六）「越中飛騨国境言語地図」真田ふみ『越中五箇山方言語彙　五』私家版

柴田武（一九六九）『言語地理学の方法』筑摩書房

柴田武（一九七八）「糸魚川方言の二〇年間」柴田武『社会言語学の課題』三省堂

柴田武・石川恵美子（一九七七）「糸魚川方言の二〇年間」『日本方言研究会第二四回発表原稿集』

中井精一（二〇一三）『庄川流域言語地図』富山大学人文学部日本語学研究室

長尾勇（一九五六）「俚言に関する多元的発生の仮説」『国語学』二七

永瀬治郎（一九七七ａ）「標準語形と方言形」『日本方言研究会第二四回発表原稿集』

永瀬治郎（一九七七ｂ）「下新川の二つの分布図」『国語学研究』一七

永瀬治郎（一九八六）「方言の世代による変遷」飯豊毅一ほか編『講座方言学　一　方言概説』国書刊行会

藤原与一（一九七四）『瀬戸内海言語図巻』上・下　東京大学出版会

馬瀬良雄（一九八〇）『上伊那の方言』上伊那誌刊行会

馬瀬良雄（二〇一〇）『長野県方言辞典』信濃毎日新聞社

馬瀬良雄（二〇一三）『長野県方言辞典［特別版］』信濃毎日新聞社

Onishi, T. (2016) Timespan comparison of dialectal distributions, *The future of dialects : Selected papers from Methods in dialectology XV*, Berlin : Language Science Press.

Onishi, T. (2017) The Relationship between Area and Human Lives in Dialect Formation, *dialekt|dialect 2.0 : Long papers from 7th Congress of the International Society for Dialectology and Geolinguistics (SIDG)*, Wien : Praesens Verlag.

第一〇章　現代における方言語彙の動態

半沢　康

一．方言語彙の変化

　かつて日本の国土に多様に花開いた方言は、近代以降の共通語化の波に洗われ、その独自性を徐々に薄めた。とりわけ語彙は音韻やアクセント、文法に比して体系性が弱く、また言語形成期以降の後年採用も容易であることから、方言の要素中で最も共通語化が進みやすいとされる。若年層に向けて共通語形が普及し、俚言形が消滅しつつある様子は様々な調査において夙に報告されてきた。例えば近年では、鑓水（二〇一七）が二度の全国方言分布調査データおよび中学生を対象としたデータを用い、全国の共通語化の状況を論じている。

　一方こうした共通語化に逆行する変化として、新しい方言形が発生・普及するという現象も早くから指摘されている（井上　一九八五）。

　本章では、主として福島県内および東北地方で実施した世代別多人数調査やグロットグラム調査のデータにもとづき、このような現在の方言語彙の世代的変化について分析を行なう。

二．俚言形の衰退

　まず俚言形の衰退の様相を実際の調査データから概観しよう。図10－1には福島県内で実施した調査結果の一部を示す。地図上に各地点の調査結果を配置した[1]。いずれの地域でも当該地域出身、在住の各世代話者を対象に面接調査を行ない、方言の変化を捉えようとしたものである。調査で回答された俚言形にはいくつかの変異形が存在するが、グラフではそれらを統合し、代表的な語形

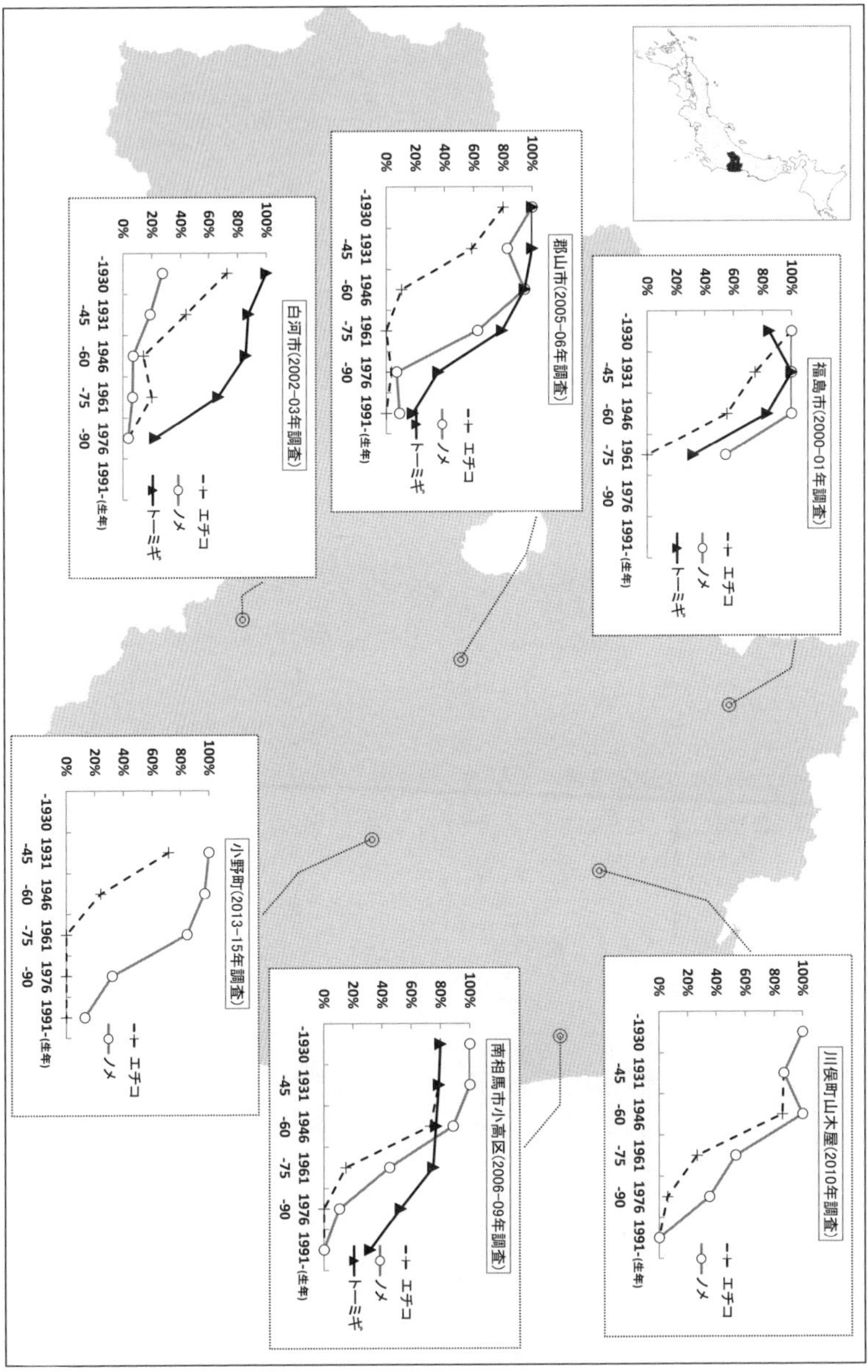

図10－1　俚言形の衰退（福島県）

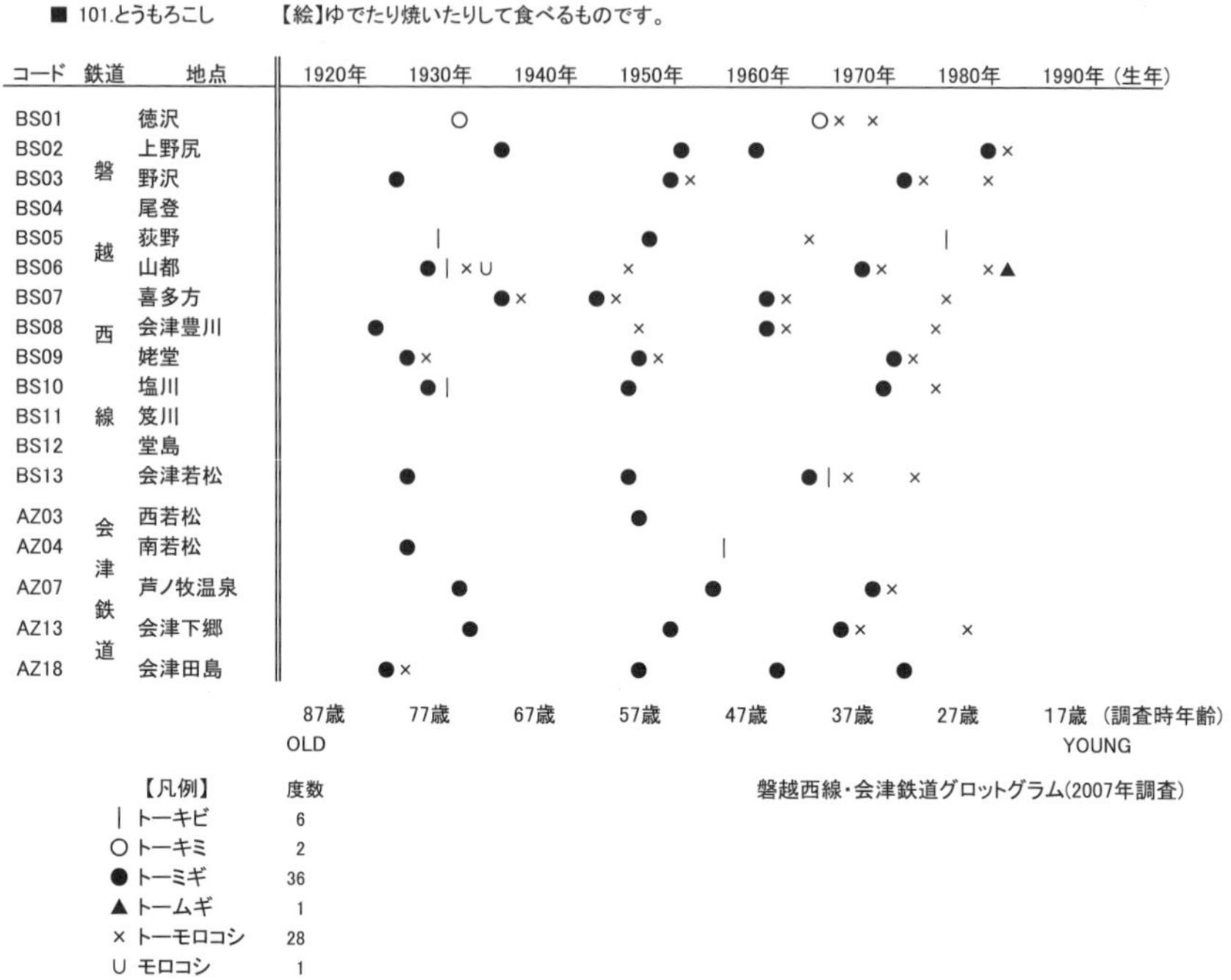
■ 101.とうもろこし　【絵】ゆでたり焼いたりして食べるものです。
コード 鉄道 地点
1920年 1930年 1940年 1950年 1960年 1970年 1980年 1990年（生年）
BS01 徳沢
BS02 上野尻
BS03 野沢
BS04 尾登
BS05 荻野
BS06 山都
BS07 喜多方
BS08 会津豊川
BS09 姥堂
BS10 塩川
BS11 笈川
BS12 堂島
BS13 会津若松
磐越西線
AZ03 西若松
AZ04 南若松
AZ07 芦ノ牧温泉
AZ13 会津下郷
AZ18 会津田島
会津鉄道
87歳 77歳 67歳 57歳 47歳 37歳 27歳 17歳（調査時年齢）
OLD
YOUNG
【凡例】 度数
｜ トーキビ 6
○ トーキミ 2
● トーミギ 36
▲ トームギ 1
× トーモロコシ 28
∪ モロコシ 1
磐越西線・会津鉄道グロットグラム(2007年調査)

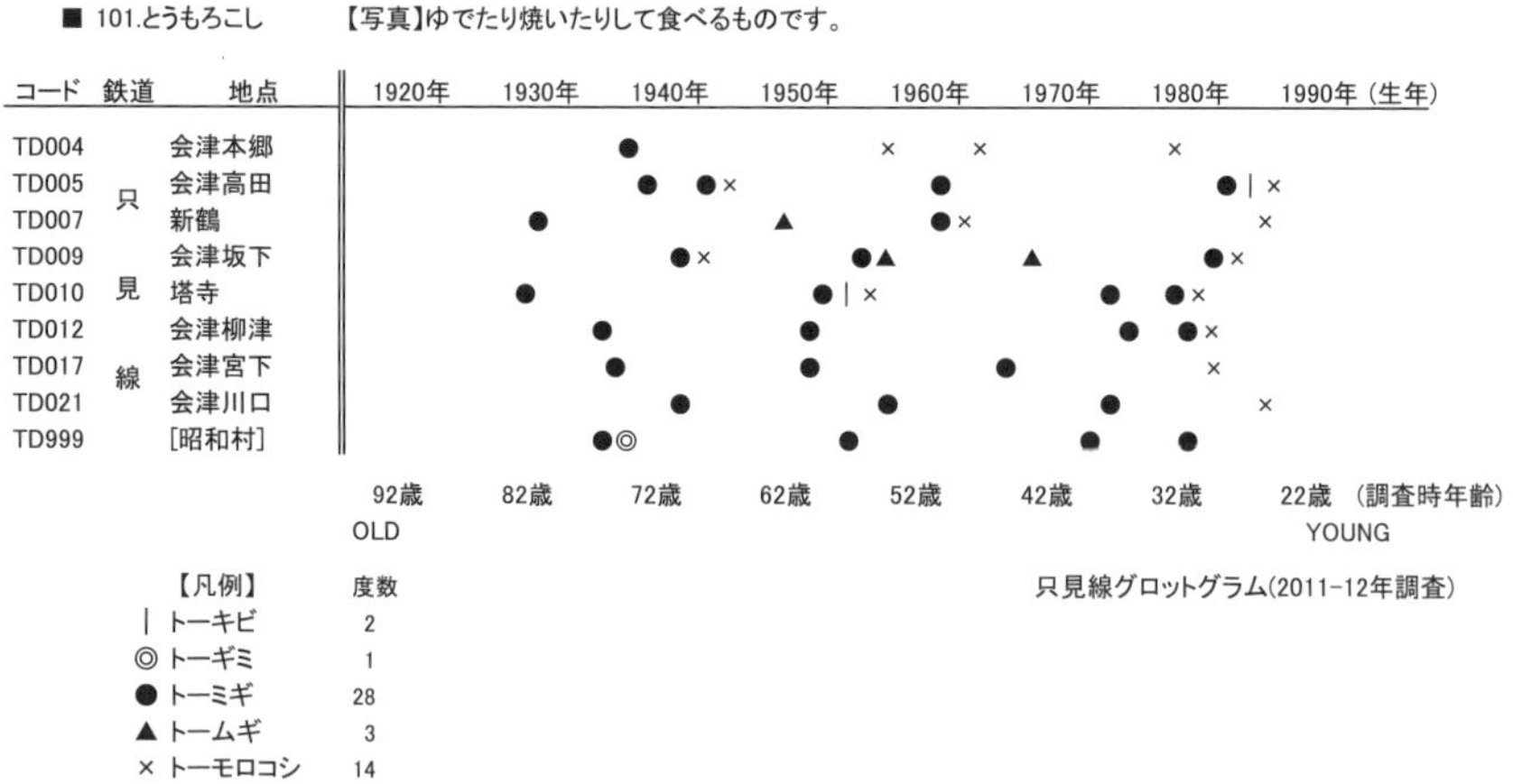
■ 101.とうもろこし　【写真】ゆでたり焼いたりして食べるものです。
コード 鉄道 地点
1920年 1930年 1940年 1950年 1960年 1970年 1980年 1990年（生年）
TD004 会津本郷
TD005 会津高田
TD007 新鶴
TD009 会津坂下
TD010 塔寺
TD012 会津柳津
TD017 会津宮下
TD021 会津川口
TD999 [昭和村]
只見線
92歳 82歳 72歳 62歳 52歳 42歳 32歳 22歳（調査時年齢）
OLD
YOUNG
【凡例】 度数
｜ トーキビ 2
◎ トーギミ 1
● トーミギ 28
▲ トームギ 3
× トーモロコシ 14
只見線グロットグラム(2011-12年調査)

図10－2　磐越西線・会津鉄道・只見線グロットグラム

を示している。

変化に若干遅速の差はあるものの、若い世代に向けて俚言形が一様に使用されなくなっていることがわかる。エチコ（嬰児篭）は農作業の際に嬰児を入れておく篭のことで、農村ではかつてお櫃《ひつ》の保温のためにも用いられたもの。道具が使われなくなるにしたがい、俚言形自体も衰退した。一方トーミギ（とうもろこし）など対象物が現存していても名称のみが共通語に置き換わる例も多い。ノメ（ものもらい）は疾患が根絶されたわけではないが、厚生労働省患者調査のデータよりここ三〇年間で大幅に罹患率が下がっていることが推測され、一部の若年層は病気自体を知らない。俚言形の表す事物・事象が衰退過程にあるものと位置づけられる。

こうした方言変化の状況は、線上の地域で世代別調査を行ない、地点×年齢のクロス表を作成するグロットグラム調査によっても捉えられる。図10－1にデータのない、福島県西部（会津地方）の「とうもろこし」の調査結果を掲載する（図10－2）。会津地方を走る磐越西線、会津鉄道、只見線沿線（一部沿線以外の地域も含む）でそれぞれ調査を行なった。やはり若年層を中心に共通語形のトーモロコシが増加し、俚言形にとってかわりつつある。(2)

個々の語の状況にとどまらず全体の傾向をみるために、各沿線で共通に調査している語彙項目すべて（「あざ、おなもみ、かなへび、明々後日、明々後日、氷柱、とうもろこし、泥はね、やる、めんこ、ものもらい、よそう」の一二項目）を対象に、多重対応分析（コレスポンデンス分析・数量化三類）を行なった。インフォーマントの俚言形保持（または共通語形獲得）の指標とみなしうるサンプルスコア（得点）を求め、インフォーマントが居住する（調査対象地点が含まれる）市町村ごとにこのサンプルスコアの平均値を算出して地図上にプロットした（図10－3(a)）。会津地方と同様のグロットグラム調査は、県中部の中通り地域、太平洋沿岸の浜通り地域でも実施しているので、同じように分析を行ない、結果を図10－3(a)に併せて示した。中通り・浜通り調査の分析は、会津調査の分析と対象項目が若干異なるため、地図上では記号を変えている（中通り・浜通り調査の分析対象項目は「あざ、おなもみ、おもしろい、かなへび、明々後日、明々後日、氷柱、泥はね、めんこ、ものもらい」の一〇項目）。図中の記号は灰色がプラス値（俚言残存傾向）、黒がマイナス値（共通語化傾向）を表す。記号の大きさはスコアの絶対値を示すものであ

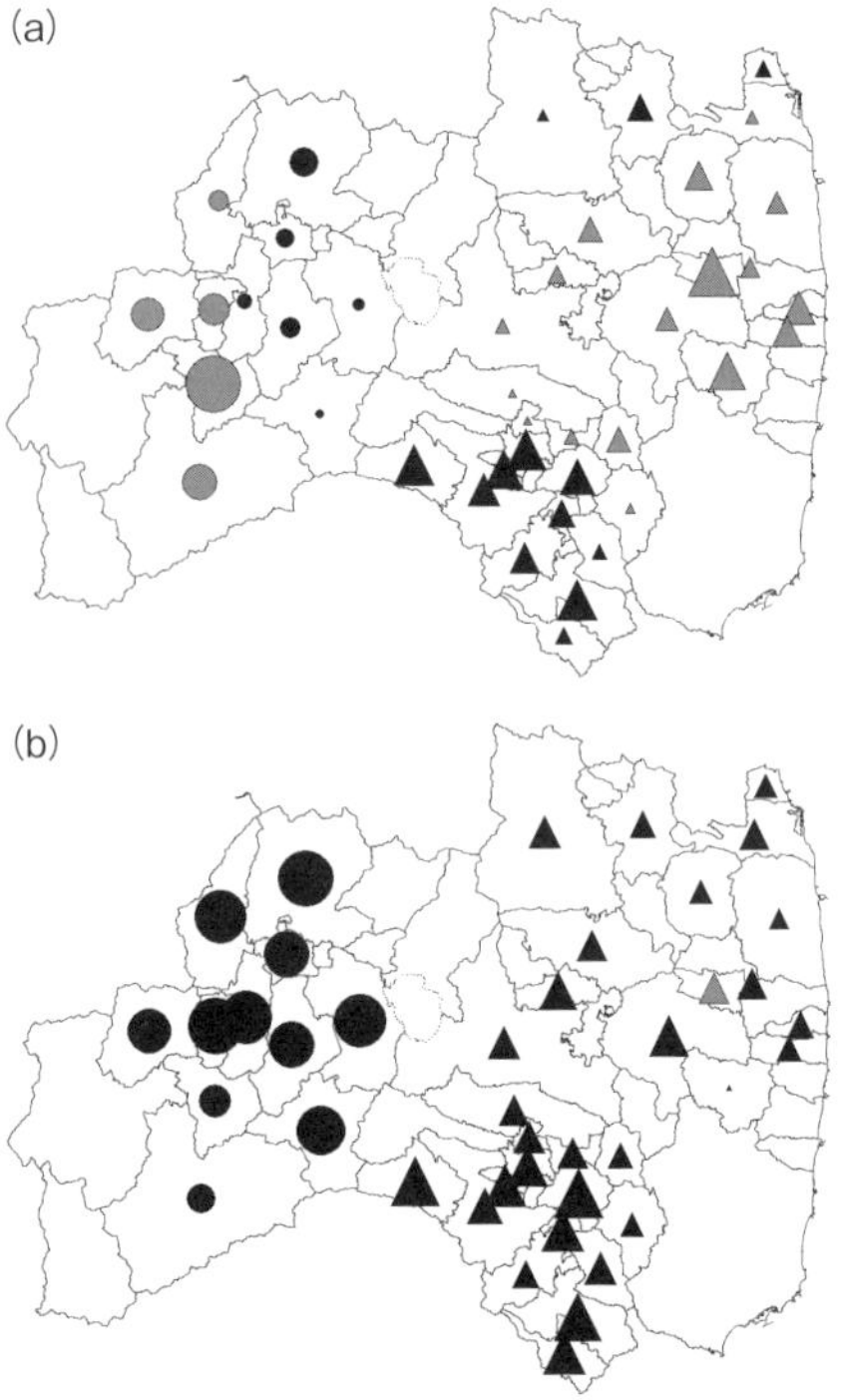

図10－3　共通語化の状況（福島県）
(a) 全世代, (b) 1970年以降生まれ.

る。

図より市町村によって俚言形衰退の進度に遅速の差があることが明白であろう。会津地方では、地域の中心都市から離れた南会津、奥会津地方でサンプルスコアが正の値を示し、俚言形の残存度が大きい。一方、中通り・浜通り地域では関東地方に接する県南部（と県庁所在地である福島市周辺）で共通語形の普及が速い。近代以降の急速な共通語化の影響に加え、県南部は共通語のベースとなった関東方言形を古くから地続きに受け入れてきたこととも関連するのだろう。これに対し、浜通り各地や阿武隈高地各地ではいまだ俚言形が根強く残存することが示される。

もっともこれらは現在の高年層の情報も含んだものであり、現在の若い世代に限ればこうした地域差は朧化する。一九七〇年代以降に生まれたインフォーマントのみのサンプルスコア平均値は、阿武隈高地の一か所を除き全地点でマイナス値をとる（図10－3(b)）。共通語化が進行し、地域差がかき消されていることがわかる。

こうした世代別多人数調査やグロットグラム調査は、インフォーマントの年齢を実時間の変化を反映するものとみなしている（「見かけ時間」調査）。実際の時間軸に沿って調査を繰り返し（「実時間」調査）、変化を確認したものではないので、調査で得られた結果が真の言語変化によるものかについて検証が必要となる。半沢（二〇一〇）は多人数調査について、半沢（二〇一七）はグロットグラム調査について、それぞれ時を隔てた二回の調査の経年比較を行ない、各調査が福島県内の方言変化状況をおおよそ適切に把握していることを示している。

三．広域での変化

こうした俚言形衰退の様子をより広い範囲の調査結果で確認する。井上ほか編（二〇〇三）および井上編（二〇〇八）には、東北地方を通る主要鉄道沿線（東北・津軽線、奥羽・羽越線）沿いに実施したグロットグラム調査の結果が掲載されている。例えば図10－1に福島県の調査結果を示した項目「とうもろこし」についてみると、いずれの地域においても調査時の最若年層世代に共通語形のトーモロコシが普及し、各地の俚言形が消滅する様子がみてとれる。

前節同様、全体的な傾向を把握するため、各グロットグラム調査に共通する語彙項目のデータを、多重対応分析を用いて分析した（「面白い、可愛い、くすぐる、くすぐったい、明々後日、タイム、とうもろこし、とても」の八項目）。

全インフォーマント三五一名を四世代に分け、各世代の共通語化を示すサンプルスコアをグラフ化すると図10－4のようになる。数値が大きいほど、共通語形をよく使っている（俚言形衰退が進行している）ことを表す。高度経済成長期以降に生まれた世代で急速に共通語化が進んだことがわかり、全体の変化はS字カーブによく適合する。

次に地域差をみる。図10－5にスコアの県別平均値を示した。太平洋側、東北本線沿いの福島、宮城、岩手で共通語化が先行し、日本海側の秋田、山形や最北部の青

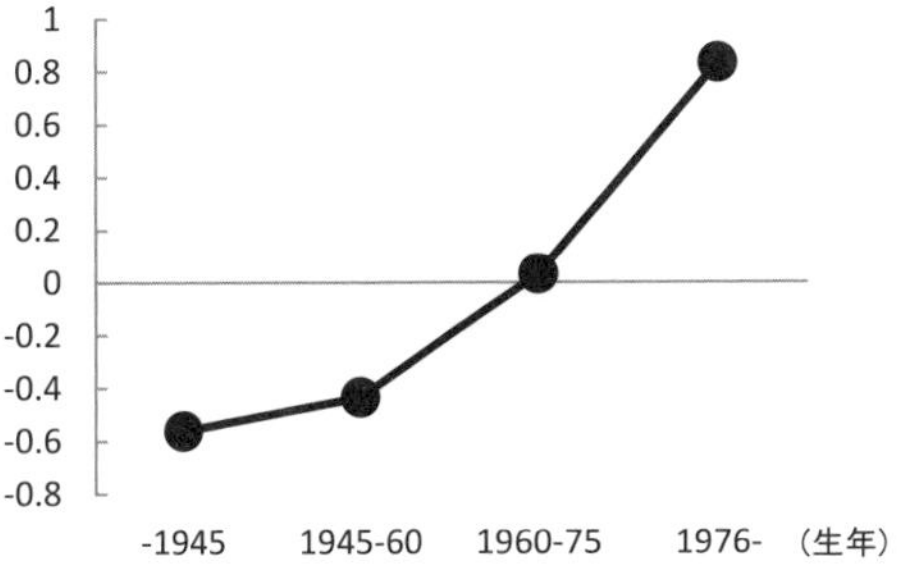

図10－4　共通語化の世代差（東北地方）

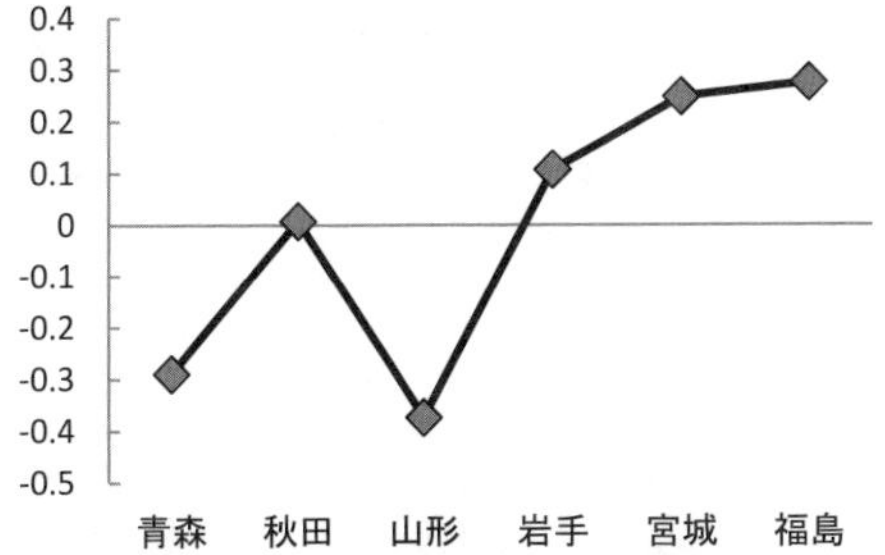

図10－5　共通語化の地域差（東北地方）

森で遅れている（俚言形が残存している）傾向が確認できよう。調査地点（駅）ごとのインフォーマント[3]のスコア平均値を算出し、東京から当該駅までの鉄道距離[4]との散布図（図10－6）を作成すると、おおむね右下がりの分布を描く（相関係数はr＝－0.393）。井上（二〇〇四a・b・c）では、かつての京都と東京からの中央語の伝播が中心地からの距離に比例することが示されたが、この傾向が現代の東北地方でも同様に確認できる。

一方で中央からの距離とは独立に、当該地域の都市化の程度によっても俚言形衰退は影響を受けることが想定される。田原（一九八八）は、東京―福島間のグロットグラム調査（SFグロットグラム）データを分析し、（とりわけ栃木県において）共通語形がまず地域の中心地に伝播することを明らかにしている。

試みに各駅の一日の平均乗車人数[5]を当該地域の都市化の程度を反映しているとみなし、スコアとの相関をみた。結果はr＝0.225となり、鉄道距離ほど明確ではないものの一定の関連性が認められる。

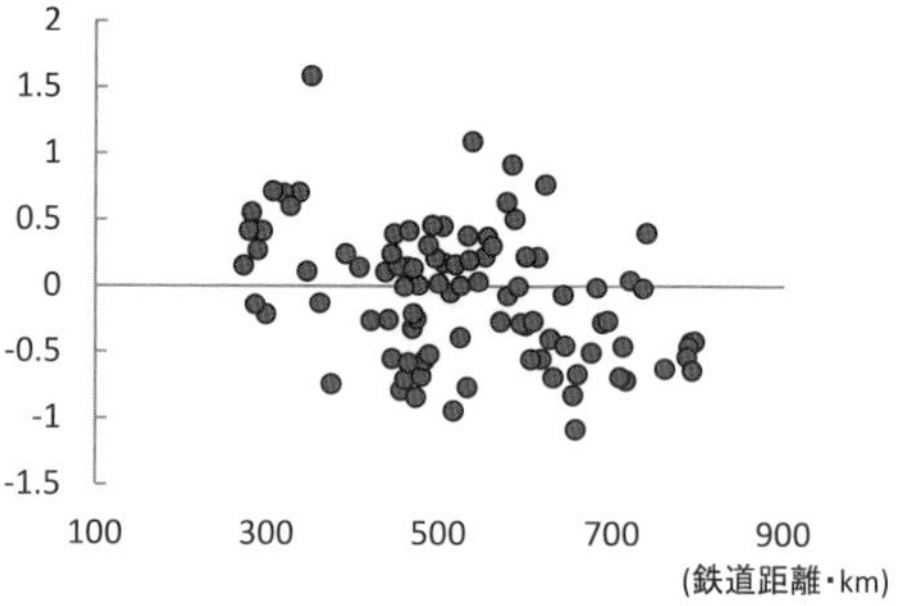

図10－6　共通語化と鉄道距離の相関

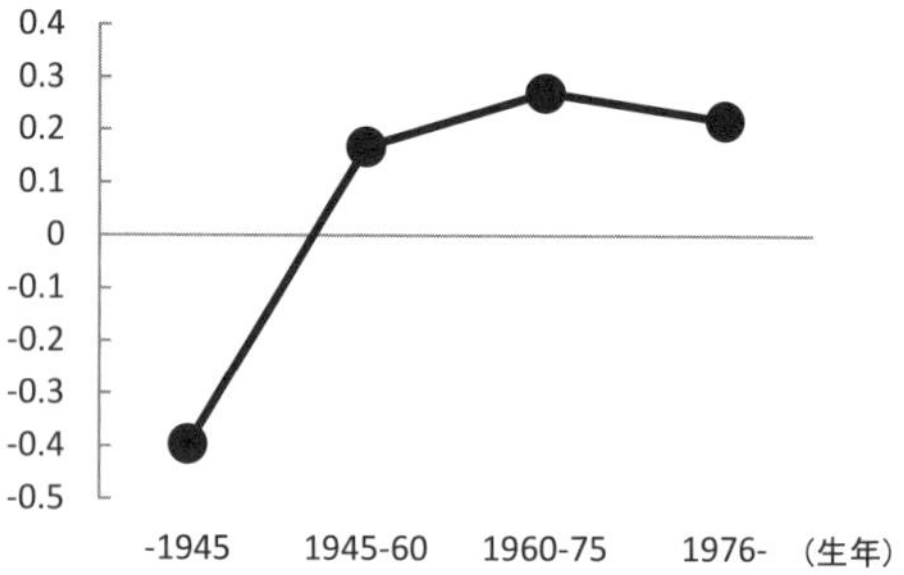

図10－7　共通語化の世代差（テレビ出演場面・東北地方）

以上の結果から、現代の東北地方においては、一部地域の中心地が先行しつつも、南部・太平洋側から、北部・日本海側に向かって、時とともに俚言形の衰退が進行したことが示唆される。

ところで、分析した語彙項目のうち「とうもろこし、くすぐる、くすぐったい」については場面差調査も行なわれており「家族とくつろいで話す」場面に加え、「テレビに出演して話す」場面での使用語形も調査している。

この三項目の結果を同様に分析し、世代別にスコアの平均値を求めた（図10－7）。「家族場面」とは異なり、戦後生まれ世代で俚言形衰退がほぼ完成していることがうかがえる。共通語化が場面差を伴って進行することがあらためて確認される。

四．新形の伝播

前節では、共通語形の判断を（俗語・方言などの注釈なしに）辞書に掲載される形か否かによった。例えば項目「くすぐったい」の回答として得られた語形クスグッテーは、首都圏・東京でも使用されうると考えられるが、先の分析では共通語形とみなしていない。前節の結果は、より規範的な「標準語形」の普及状況を捉えたものということになる。

これらのグロットグラム調査では、主として若い世代を中心に普及していると考えられる「新語」に関する調査も併せて実施している。次にそれらの調査結果を提示する。上位場面から広がる規範的な共通語形とは異なり、低文体の場面で用いられる新語の普及・伝播の総合的な地域差を把握しよう。

新語に関する調査はインフォーマントへ語形を提示し、その使用・理解の有無を確認する方式（YN式調査）で実施した。分析対象の一〇項目（イイジャン［いいだろう］、ウザッタイ［不快だ・うっとうしい］、カイチャウ［書いてしまう］、カッタルイ［疲れた・気がのらない］、チガカッタ［違っていた］、ナニゲニ［なにげなく］、花に水をアゲル［やる］、ヤッパシ［やはり］、牛ミタク［牛のように］、イエテル［確かに・その通りだ］）について「言う・聞く・聞かない」の三選択肢をそのままカテゴリーとし、分析を行なった。より広い地域の状況を把握するため、東北以外の調査地域も分析に含めた。

調査を行なった道府県ごとの新語使用度を示すサンプルスコア平均値は図10－8の通りである。前節の共通語形と同様、福島、宮城、岩手といった東北太平洋側の地域で普及が先行し、日本海側の秋田、青森や北陸地方へ遅れて広がったことがうかがえる。「カッタルイ」や「チガカッタ」など、もともと北関東・南東北付近の方言形に由来する項目が含まれていることも影響するのだろう。北陸や関西地方では比較的普及が遅れているが、そのような中、首都圏と最も距離のある京都のスコアが、北陸各地や東北北部に比べて「使用」に傾いているのは都市間の伝播の速さを想起させる。

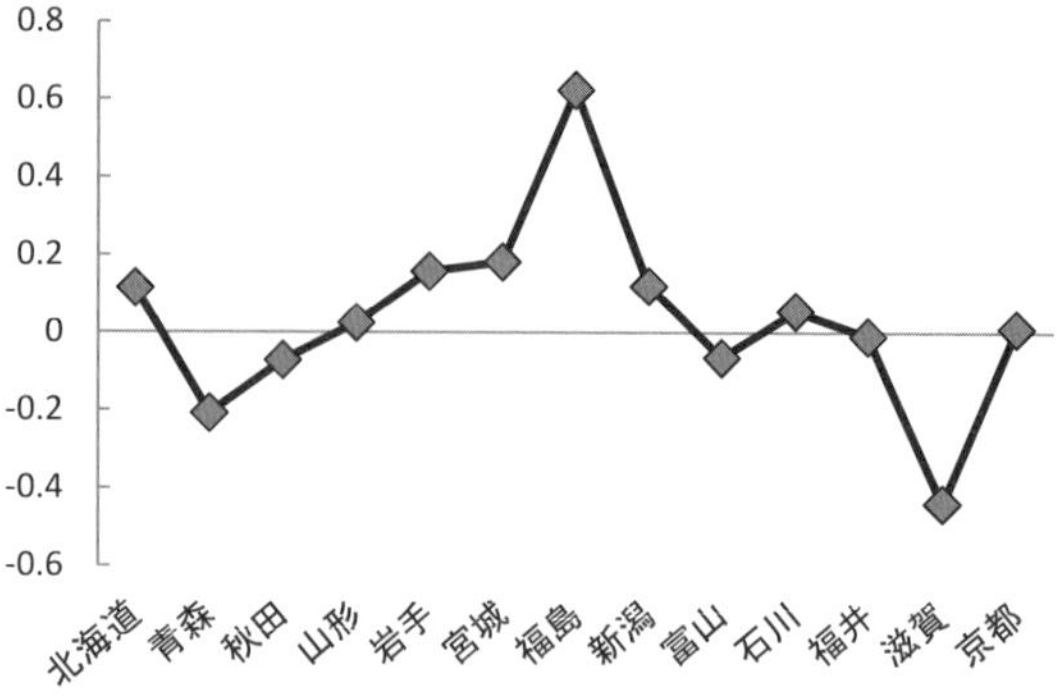

図10－8　新語使用の地域差

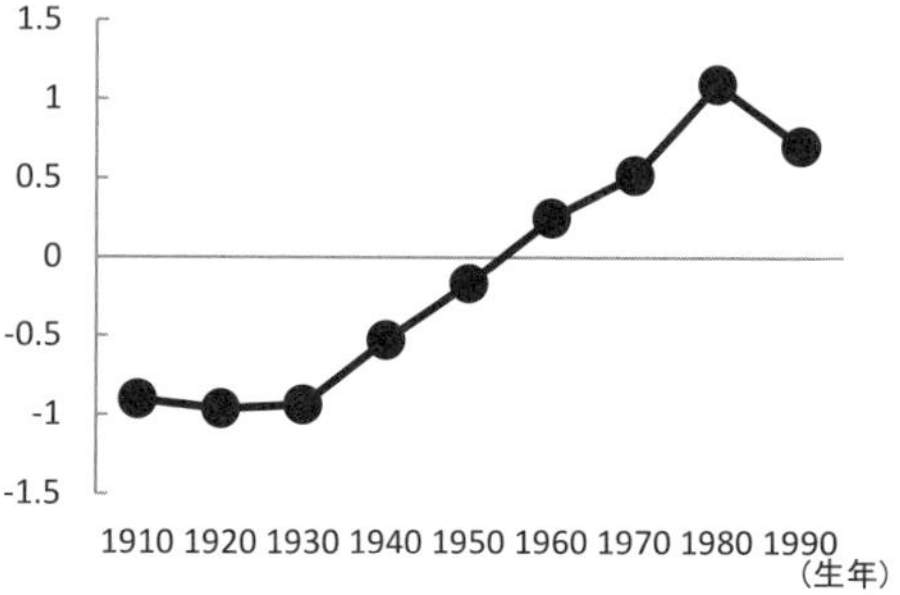

図10－9　新語使用の世代差

生年別には当然ながら世代が下がるにつれて値が高くなる（図10－9）。図10－4と同様、これもおおよそS字カーブを描いており、全体として一般的な普及理論に即してこれらの新語が広がっていることが示唆される。最若年層である一九九〇年代世代でスコアが下がるのは、例えばこの世代では「ウザッタイ」が「ウザイ」に変化しているなど、取り上げた語形がやや古いものだったことが影響したものだろう。またこの世代の多くは調査当時中学生であり、交流範囲の広がる社会人若年層に比較して新語の受容が遅れている可能性も指摘できる。

五．俚言形の伝播

このような全国規模での共通語化や新形の普及とは異なり、限定された地域内で、ある俚言形が勢力を持ち「地を這う伝播」によって使用領域を広げていった痕跡は、かつて言語地図やグロットグラムによって様々に捉えることができた。共通語化が進行した現在、こうした伝播の動態を見いだすことはかなり困難になりつつあるが、しかしながらそうした現象が皆無というわけではなく、俚言形が周辺の若い世代へ向けて広がっていく状況が確認されることがある。

図10－10は関東・東北境界域における俚言形ダイジの伝播の状況を示したものである。「大丈夫」を意味する

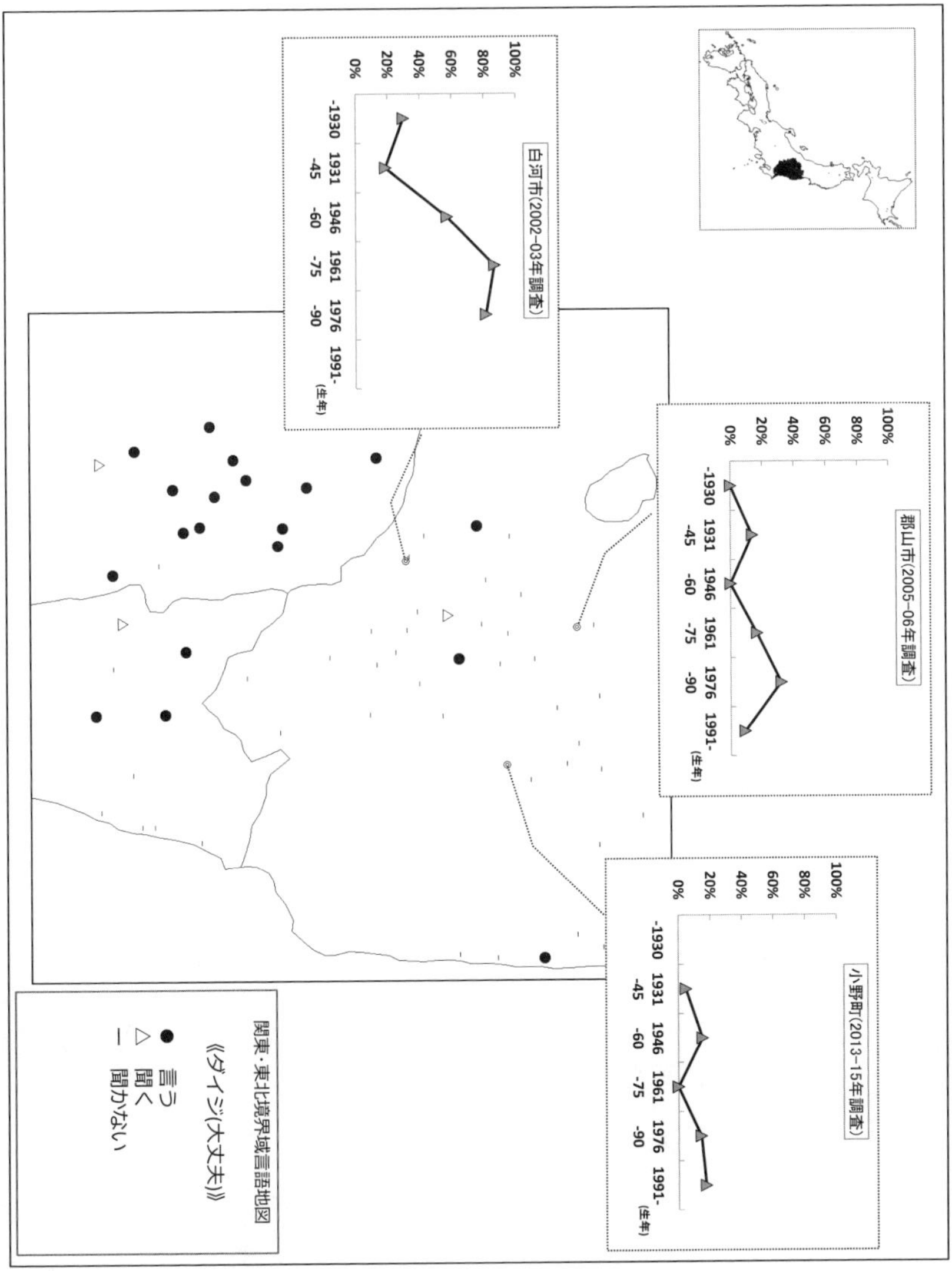

図10−10　俚言形ダイジの分布と普及（加藤ほか編 2004の図を改変しデータを追加）

ダイジは、栃木県の方言形として有名である。言語地図として示した栃木・茨城・福島三県の高年層における分布状況（加藤ほか編 二〇〇四）から、栃木県においてダイジが伝統的方言形として用いられていたことが認められ、栃木県に隣接する茨城県域に一部伝播がみられるものの、福島県にはほとんど広がっていない。しかしながら、図10－10に示した多人数調査の結果から、白河市の若い世代に向けてダイジが急速に普及しつつあることがわかる。これが地伝いの伝播であることは、より北部の郡山市や小野町にほとんどダイジが普及していないことからも明らかであろう。常磐線沿線グロットグラム（加藤ほか編 二〇〇四）ではダイジが茨城県の若年層に広まっていることが確認でき、他にも隣接する群馬県や埼玉県、さらに一部東京都内にまで伝播が及んでいるとの報告がある（佐藤 一九九七、三井・鑓水編 二〇一七）。ダイジという俚言形の伝播が進行中なのである。

常磐線沿線グロットグラムをみると、一般的な伝播傾向に逆行し、東北側から北関東へ進出

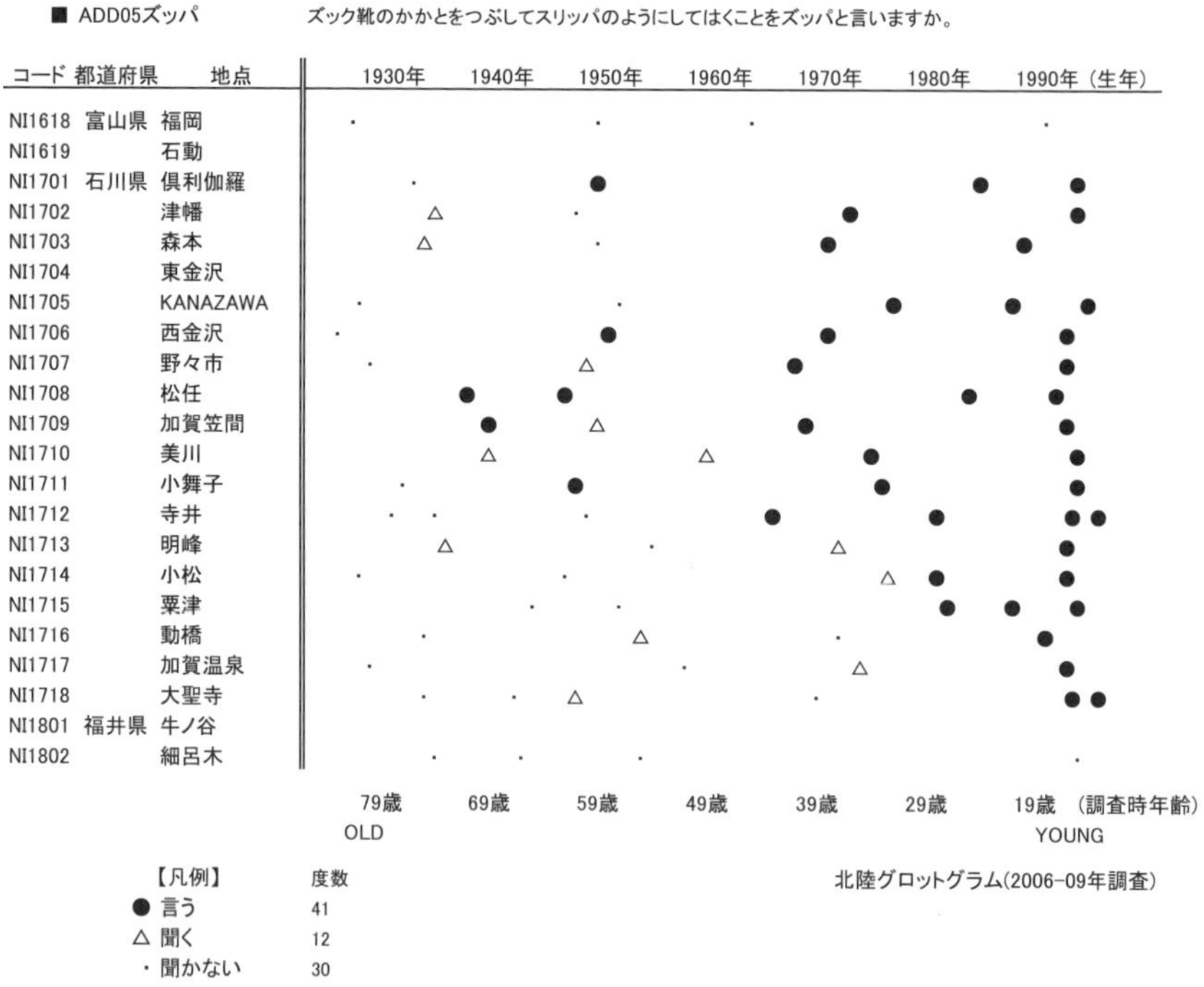

図10－11　俚言形ズッパの普及（石川県）（井上ほか編 2011の図を改変）

した例もみつかる。調査当時、福島県内の俚言形カナチョロ（かなへび）は茨城県北部へも広がりつつあった。この生物の生態にもとづく民衆語源意識によって生じた語形であり、名称と実態が相関するその合理性が茨城県への普及を促したものと考えられる。

図10－11に示す石川県のズッパも同様の例と言えよう（井上ほか編 二〇一一）。「ズックをスリッパのように履く」ということから生じた新形で、県の中心地域から、若い世代では県境付近の地域まで広がっている。やはり語形のわかりやすさが支えとなり、各地へ拡大したものであろう。

六．新しい俚言形の発生

共通語化に逆行して、新たに俚言形、新方言が各地で生じていることも早くから指摘され（井上 一九八五）、各地からの報告がある（井上・鑓水編 二〇〇二）。山形県置賜地方では、鬼ごっこなどで鬼が捕まえること（タッチ）を、デン、ドン、ドーなどのように言う新しい言い方が生まれた

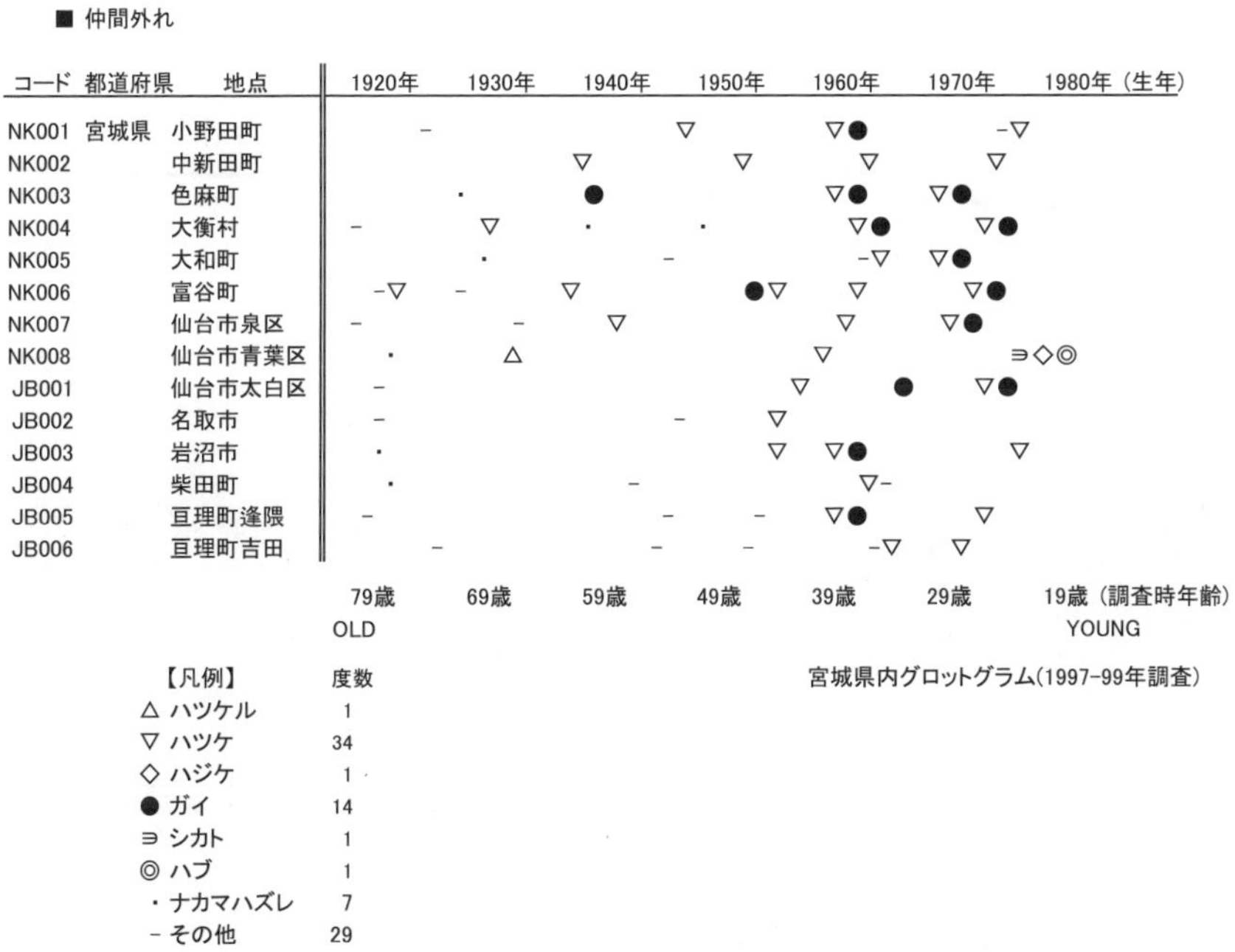

図10－12　俚言形ハツケ・ガイの普及（宮城県）（武田・半沢 1998の図を改変しデータを追加）

（仲山 二〇一七）。滋賀県湖西グロットグラム（井上ほか編 二〇一二）では、タンミ（タイム）という新しい遊び言葉が中学生に散見される。「組分け」の方法（グーパ、ウラオモテなど）やえらび唄のように、子供の遊びに関する新しい地域差が多く指摘されるのは、かつて子供の遊び道具や小動物の俚言形が豊富にみられたことと軌を一にする。

南東北では「仲間はずれ」について、各地で新しい俚言形が生じている。宮城県内では、中心都市である仙台市周辺を起点として仲間はずれを意味するハッケが各地へ拡散し、さらにそのあとを追って、一九六〇年代以降に生まれた世代でガイという新しい俚言形が広まった（図10－12）。

図10－13は福島県内の事例。県の中南部で、一九六〇年代以降生まれ世代にノバという新形が生まれている。ただしこの語形はその後のより若い世代には引き継がれず、衰退してしまったようだ。郡山市の多人数調査でも、同様の傾向が確認される（図10－14）。併せて示したゲッチー（みっともない・よくない）など、こうして新しく生じた方言形がその後衰退してしまう例も多くみられる。浜通りの南相馬市近郊でもタダクリ（いい加減に）

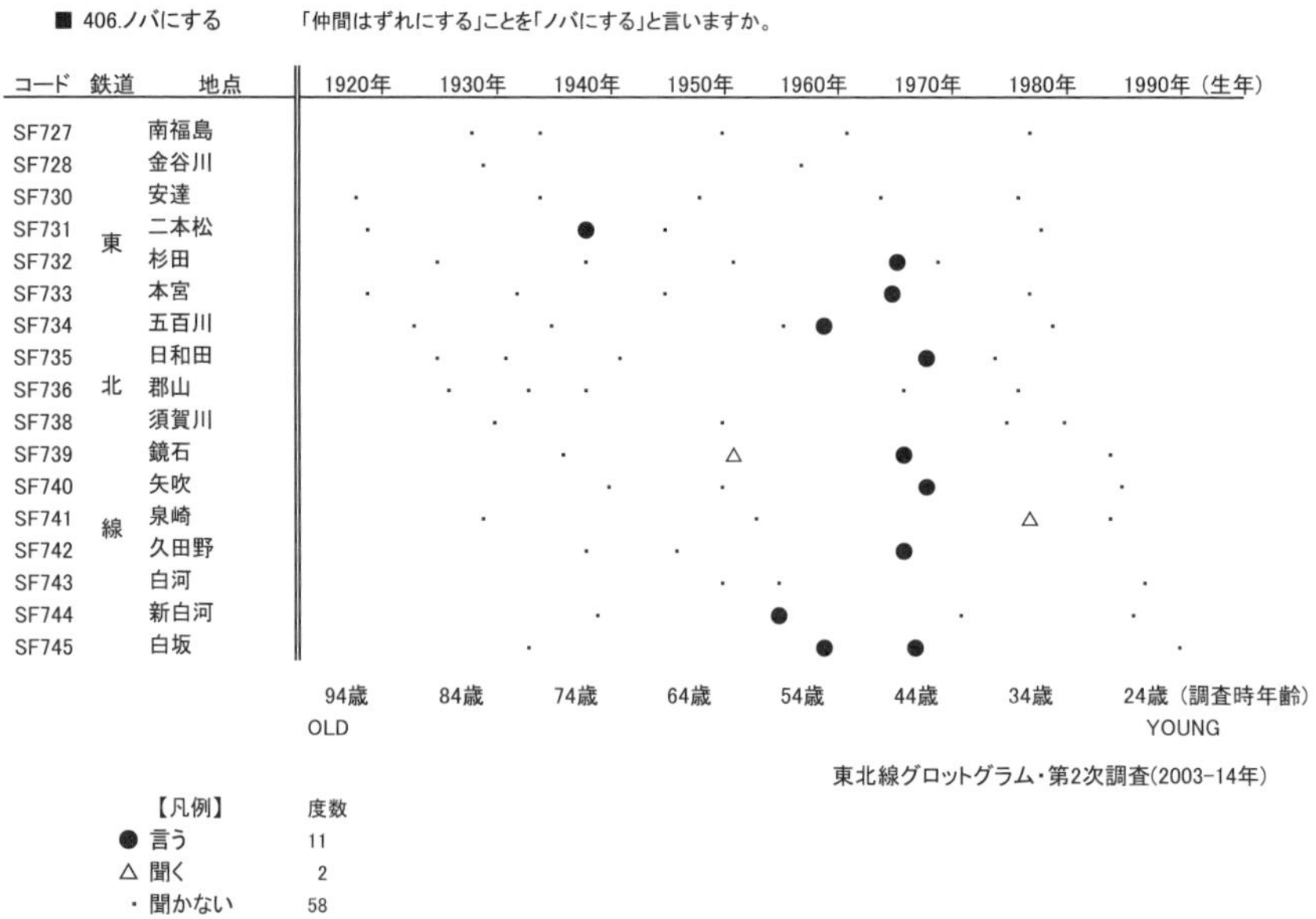

図10－13　俚言形ノバの普及（福島県）

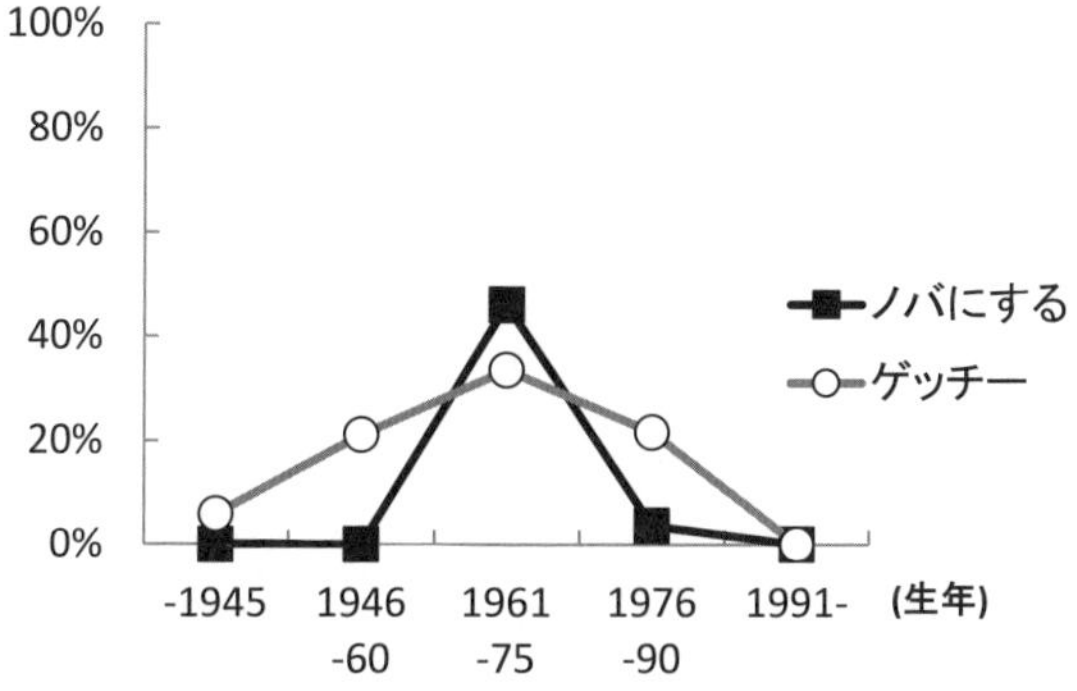

図 10－14　郡山市多人数調査（2005～2006 年実施・N＝116）

という俚言形が同様の傾向を示す。先に述べたように、東北地方の太平洋側南部では、急速な共通語化が進み、その変化は語彙に限らず文法事象からアクセントにまで及んでいる。このような中、新しい語形を生み出すための方言基盤、方言の活力がすでに現在の若い世代で失われつつあるとも考えられる。一方、山形県置賜地方では

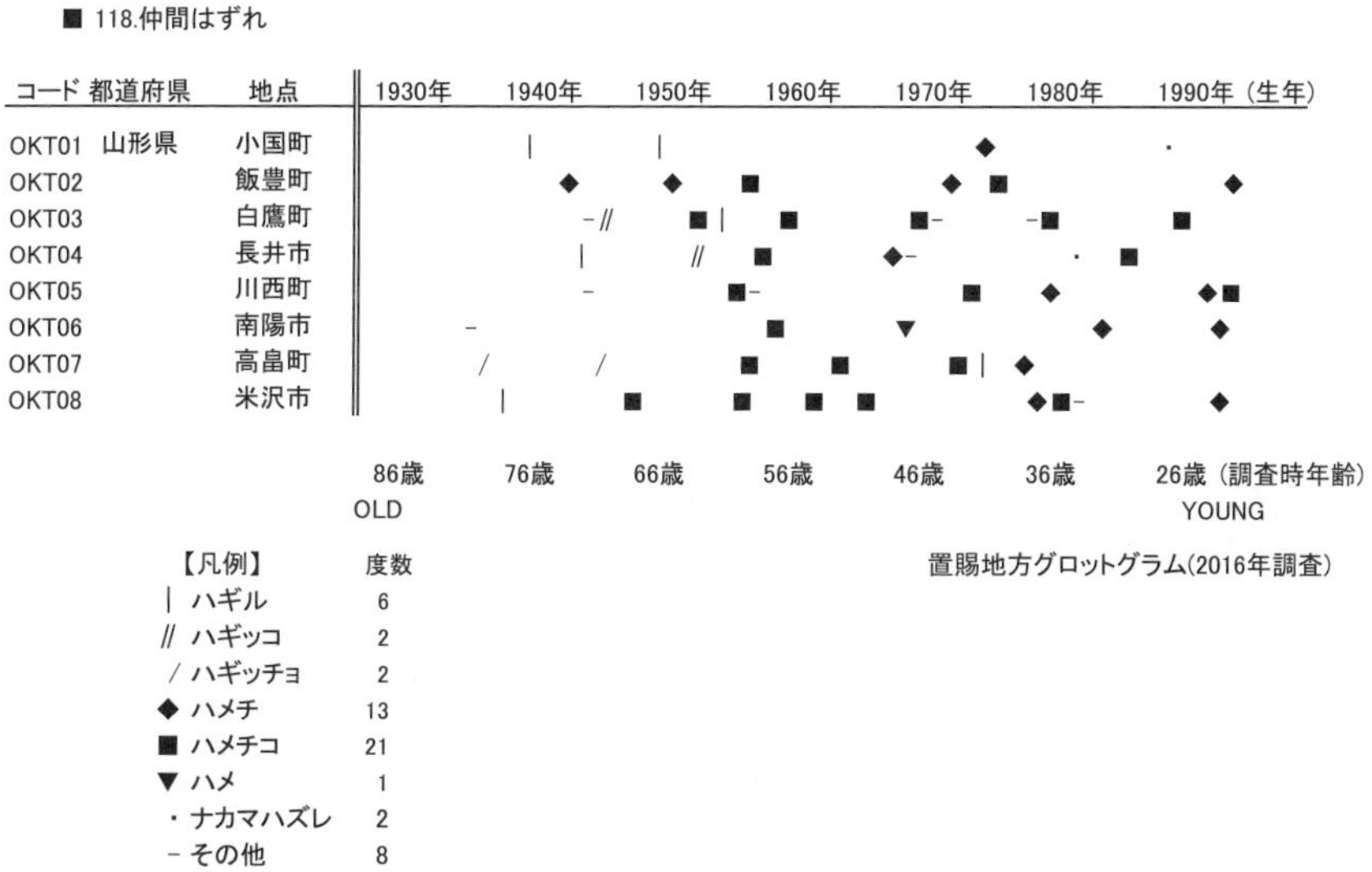

図 10－15　俚言形ハメチの普及（山形県置賜地方）（仲山 2017 の図を改変）

新しく生じたハメチが現在の若年層まで命脈を保っており、太平洋側の状況と好対照をなす（図10－15）。三にも示したように東北地方の日本海側では共通語化は緩やかで、現在の若年層にも比較的方言特徴が残存している。関西方言圏などと同様にまだ新方言を生み出す力を保っているものだろう。こうした地域の状況が今後も維持されるのか、あるいは東北の太平洋側のようにいずれは共通語化が進行するのか、推移を注視する必要がある。

七．まとめ

以上、主として東北地方の調査データにもとづき、現在の方言語彙の動態を概観した。こうした変化は、遅速の差はあれども、現在全国各地に共通して認められる傾向かと思われる。

共通語や東京・首都圏の新形の普及に加え、現在は各地で過疎化が進行しており、地域コミュニティ内の方言継承がさらに困難となりつつある。同種の問題はすでに東日本大震災被災地各地に生じている。各地の多様な俚言形の記録は焦眉の課題である。

注

（1）本章に示す地図はいずれもMANDARA ver.9.45（谷 二〇一一）によって作成した。その際、国土交通省国土政策局「国土数値情報」データを使用している。

（2）本章のグロットグラムは、紙幅の都合上、縦軸に地点、横軸に生年（年齢）を示す。図の左側が高年層、右側が若年層にあたる。

（3）各駅とも原則として調査当時六〇～七〇歳代、四〇～五〇歳代、二〇～三〇歳代、中高生の四名を調査している。ただし適当な人がみつからず四世代全員を調査できなかった地点もある。インフォーマントが一名のみの地点は分析対象から外している。

（4）複数の経路が存在する場合は最短距離を用いた。

（5）乗車数はJR東日本ウェブページ掲載データによる。いずれも調査時点（東北線・津軽線は二〇〇二年、奥羽・羽越線は二〇〇五年）のデータを用いた。乗車数が掲載されていない地点および乗車数が突出していて外れ値をとる仙台は分析対象から外した。

文　献

井上史雄（一九八五）『新しい日本語—《新方言》の分布と変化—』明治書院

井上史雄（一九九四）『方言学の新地平』明治書院

井上史雄（二〇〇四ａ）「標準語使用率と鉄道距離にみるコミュニケーションの地理的要因」『社会言語科学』七—一

井上史雄（二〇〇四ｂ）「標準語形初出年と鉄道距離重心—鉄道距離・使用率・初出年の3D散布図と東西クラスター—」『日本

語科学』一六
井上史雄（二〇〇四ｃ）「標準語形普及の三段階—鉄道距離と四クラスター別標準語形使用率—」『言語研究』一二六
井上史雄編（二〇〇八）『日本海沿岸地域方言の地理的・年齢的分布（日本海グロットグラム）』科研費報告書
井上史雄・玉井宏児・鑓水兼貴編（二〇〇三）『東北・北海道方言の地理的・年齢的分布（ＴＨグロットグラム）』科研費報告書
井上史雄・鑓水兼貴編（二〇〇二）『辞典〈新しい日本語〉』東洋書林
井上史雄・加藤和夫・中井精一・半沢康・山下暁美編（二〇一一）『北陸方言の地理的・年齢的分布（北陸グロットグラム）』科研費報告書
加藤正信・大橋純一・武田拓・半沢康編（二〇〇四）『東北・関東境界域言語地図—常磐線・磐越東線グロットグラム』科研費報告書
佐藤高司（一九九七）『関東及び新潟地域における新表現の社会言語学的研究』科研費報告書
武田拓・半沢康（一九九八）「仙台市・中新田町間の言語動態」加藤正信・遠藤仁編『宮城県中新田町方言の研究』科研費報告書
谷謙二（二〇一一）『フリーＧＩＳソフトＭＡＮＤＡＲＡパーフェクトマスター』古今書院
田原広史（一九八八）「北関東における共通語化の状況—地域・年齢・言語意識—」『日本学報』七
仲山みずほ（二〇一七）「山形県置賜方言の研究—グロットグラムから見る方言形使用実態」福島大学卒業論文
半沢康（二〇一〇）「南相馬市小高区方言の変容—方言実時間調査データの比較—」『言文』五七
半沢康（二〇一七）「グロットグラム調査データの実時間比較」大西拓一郎編『空間と時間の中の方言—ことばの変化は方言地図にどう現れるか—』朝倉書店
三井はるみ・鑓水兼貴編（二〇一七）『首都圏大学生言語調査資料図集二〇一一—二〇一五』国立国語研究所
鑓水兼貴（二〇一七）「現代日本語の共通語化過程—『日本言語地図』『全国中学校言語使用調査』との比較」大西拓一郎編『空間と時間の中の方言—ことばの変化は方言地図にどう現れるか』朝倉書店

第４部

社会と交わる言葉

第一二章　若者世代の方言語彙

佐藤髙司

本章の目的は、若者世代を中心とする方言や方言語彙を観察し、現代社会における方言の機能・役割を考察することである。

本章の展開は次のとおりである。まず、現代方言の機能・役割に関する先行研究を確認する。次に、主に二〇〇〇年以降の若者世代を中心とするメールやソーシャルネットワークサービス（以下「ＳＮＳ」）での方言・方言語彙の使用、マスメディアへの方言の露出、経済・商品活動などでの方言の利用などを観察する。最後に、現代社会の方言に対する認識として社会的態度と社会的評価という二つの視点に立ち、それぞれの視点から若者世代のコミュニケーションを考察し、それらの方言の機能・役割について考える。

一．先行研究

若者世代の方言の機能・役割に関して、先行研究では、方言のアクセサリー化・おもちゃ化（コスプレ）、方言の書きことば化・文語化といったような現象が指摘されている。

（1）方言のアクセサリー化・おもちゃ化（コスプレ）

小林（二〇〇四）は、現代方言は「システム（言語体系そのもの）」から「スタイル（私的場面で使用される一種の文体）」へ変貌していると述べる。そのスタイルも、「共通語スタイル」と切り換え可能な「方言スタイル」といった確固とした文体が存在するのではなく、共通語の中に適当に投入され、対人関係上、心理的効果を発揮する「要素」であるとし、若者の間では方言をいわば共通語の中に散りばめられた「アクセサリー」的なものとみなしているとして、このような現象を方言の「アクセサリー化」と名づけている。

田中（二〇一〇）は、現代は方言の「アクセサリー化」から「おもちゃ化」の時代を迎えていると述べ、方言の「おもちゃ化」を『『方言』を目新しいもの、おもしろいもの、価値あるものとして、それが生育地方言であるか否かを問わず、表現のバリエーションを広げたり、楽しんだりすることを主目的に採用・鑑賞する」という『『方言』の受容態度と言語生活における運用態度のこと」（同、四八四頁）と定義する。

また、田中（二〇一〇）は、現代の若者が生育地とは縁もゆかりもない方言をその場の雰囲気や会話の内容に合わせて着脱させる言語行為を「方言コスプレ」と名づけている。方言コスプレに用いられる方言は、生活語としての方言とは異なり、ある特定のイメージを纏って使用される方言（ヴァーチャル方言）であるという。方言コスプレで使用される方言にはなんとなく知っているある地域方言「らしさ」を醸し出す「ニセ方言」と、その地域方言「らしさ」を強調する「ジモ方言」の二種類があると述べる。「ニセ方言」にしろ「ジモ方言」にしろ、若者が方言コスプレという言語行為で方言を用いる場合、方言が持つイメージを機能させ自分の意図をカモフラージュして表現しようとする。例えば、素朴キャラである東北弁・北関東弁を使うことで、依頼という意図をカモフラージュするのである。

（2）方言の書きことば化・文語化

以前は方言といえば話しことばであり、文字に書かれることはまれであった。しかし、現代の若者世代でのコミュニケーションは、メールやＳＮＳでのやり取りも多く、方言も文字化されて使用される。「方言の書きことば化」と言えよう。このことについて、井上ほか（二〇一三）は、「方言が話しことばから書きことばに機能を広げた証拠」（同、五頁）と指摘する。

若者が方言を書きことばとして使用することの背景には、若者世代と密接で深い関係にあると言われている「ケイタイ」の存在がある。土井（二〇〇八）は、現代の若者にとってケイタイは「自分の内面が外部世界とじかに触れ合う触覚器官のようなものだ」（同、一四七頁）と述べている。若者にとってケイタイは、用件を伝達するためのメディアではなく、「ふれあい」を目的として機能するメディアということになる。つまり、若者にとってケイタイはたわいもないおしゃべりの道具であり、現代の若者におけるメールやSNS上のやり取りは、文字化されたおしゃべりなのである。したがって、オノマトペ、幼児語表現、絵文字、記号、特殊文字などと同様に、方言も盛んに使用されるのである。

また、小林（二〇一二）は、現代の若者が意図的、意識的に方言を文字化して使用することを捉えて、「方言の文語化」と指摘する。現代の若者たちが教室で伝統方言を学び自らは話すことのない方言で俳句や詩を綴り、方言を用いてメールを打つことは、若者世代にとっては文語的な使い方である。つまり、若者世代においては方言を「言語活動を彩る演出用の言葉」とし、「レトリック化」して使用していると述べる。これを指して、小林（二〇一二）は「現代方言が獲得した、特異だが重要な機能である」（同、二一一頁）と考察している。

二．現代の若者における方言使用

（1）メールでの方言使用

二階堂（二〇〇九）には、筑豊方言どうしの会話メールが紹介されている。次の表11－1に示す会話メールの人物は、AとBが女子大学生、CはBの母親である。アンダーラインは筆者による。

ここでは、「行かん」「分からん」などの西日本方言、「そーなん」のような九州新方言、北九州や筑豊で使用されることで知られる「ち」、原因・理由の「き」、さらに「何で」にあたる「なし」など様々な方言が生き生きと使用されている。メールという書きことばの世界で、若者世代における方言が生活語として機能している一面をみることができる。

一方で、生育地には全く関係ない地域の方言を若者がメールに使用する例がある。表11－2は、携帯メールに特有の表現をする（方言を使う）場合、どのような表現をするか、という問いに対する回答の具体例を、田中（二〇一〇）から抜粋して筆者がまとめたものである。表11－2からは、使用される方言が使用者の生育地とは全く関係がなく、その方言が本来使用される地域の代表的な文末表現や接続表現、あるいは短い慣用表現が中心であることがわかる。方言の文末表現、接続表現、短い慣用表現が使用される理由として、田中（二〇一〇）は、「活用がめんどうな手続きを経ることなく、「共通語」の談話や文章に「挿入」したり、「累加」したりすることが

表 11－1　二階堂（2009）における筑豊方言どうしの会話メール

A：5組の集まり行かんと？
B：多分行くっち思うけど…8月入らな分からん
A：そーなん■　Bさん達が行かんなら私行く意味ないし～　　＊■は絵文字

B：迎えきて
C：なし（なぜ）？
B：熱いき！（暑いから）！
C：了解！　　＊（　）内の共通語訳は二階堂（2009）による

表 11－2　田中（2010）の調査結果の抜粋

メールに特有の表現をする（方言を使う）場合の具体的例	本来使用される地域	使用者	
		性	生育地
～やから	関西	女	東京都
なんでやねん	関西	女	埼玉県蓮田市
あるけぇ　など関西方言一般	関西	男	埼玉県深谷市
なにしとんねん	関西	男	秋田県高巣町
～だべ ～だべさ	北関東	女	佐賀県福富町，長野県塩尻市，大分県玖珠町，東京都世田谷区
～けん	九州	女	神奈川県鎌倉市
～たい　博多弁を使うことが多い	九州	女	三重県松坂市
四国地方のメールを受信し，広島方言「じゃけん」で返信	中国	女	三重県桑名市

＊調査年：2004年，調査対象：大学生

可能な「要素」で、その時々のキブンや表現意図によって脱着自在なものであるから」（同、四七六頁）と考察している。

（2）SNSでの方言使用

SNSでの方言使用では、方言ラインスタンプと方言訳詞歌に注目する。

若者だけでなく世代を超えてケイタイによるコミュニケーションツールとして使用されるアプリケーションの代表に、メッセージのやり取りする「ライン」がある。若者世代においてはラインを主なコミュニケーション手段としている者も多く、情報交換にとどまらず感情や感覚を伝え合うツールとして成立していると言える。ラインには、メッセージのやり取りの際に使う「ラインスタンプ」と呼ばれるものがある。イラストと文字で気持ちやメッセージを表すものである。このラインスタンプにも方言を取り入れた「方言ラインスタンプ」があり、全国各地の方言をセットにしたもの（全国版）と各都道府県版でその地域の方言をセットにしたもの（ご当地版）とがある。それぞれ多種多様なものが多数販売されており、図11－1は全国版の、図11－2はご当地版（長野方言）の一部である。全国版は前述の田中（二〇一〇）のメールのように使われ、ご当地版は前述の二階堂（二〇〇九）の会話メールのように使われていると考えられる。ラインでは、音声や映像を伴ったメッセージ交換も可能ではあるが、文字やスタンプのみでの短いメッセージ交換が主流であるので、特にご当地版の方言スタンプは、その方言に関する共通地盤を有する者どうしにおいては細かな感情や感覚を伝えるのに有効である。

　方言訳詞歌は、多くの場合、一般人が有名な歌の歌詞を方言に置き換えて歌い、それを動画共有サイトにアップロードして広く世の中に公表するというものである。英語の歌詞を日本語に訳して歌うように、日本語版の歌詞を方言に訳して歌うのである。特に、二〇一三年公開の映画『アナと雪の女王』の主題歌「レット・イット・ゴー」を各地の方言に訳して歌うという行為が、若者を中心に盛んに行なわれた。その歌詞は、例えば、群馬弁バージョンでは、「ありのままの姿　みしちゃるんべー」（ありのままの姿　みせるのよ）となっている。その行

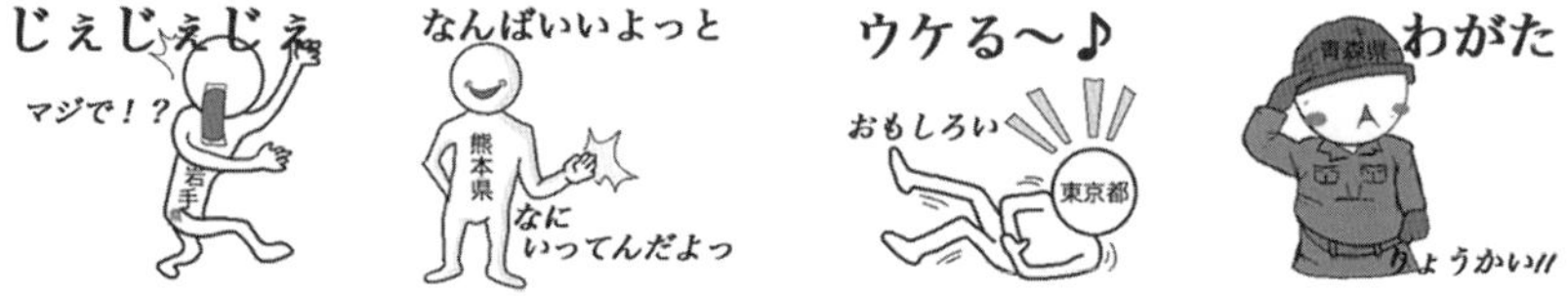

図11－1　全国版方言ラインスタンプの一例

図11－2　ご当地版方言ラインスタンプ（長野方言）の一例

為には、自分たちの方言を自ら楽しもうとする姿、また、自分たちの方言を他地域の人達にも楽しんでもらいたいという思いを読み取ることができる。

（3）マスメディアでの方言使用

マスメディアでの方言については、方言テレビコマーシャル（以下、方言CM）と方言テレビ番組の例を挙げる。

方言CMでは、二〇一一年頃に放送された「TOYOTAパッソ」のCMが話題を呼んだ。若くてかわいらしいと評判の女優が熊本方言で数え歌を歌っていたり、人気の女性お笑い芸人が津軽方言を話す姿をあたかもフランス語を話しているかのように見せたり、というような乗用車のCMである。方言を若い女性たちがかわいらしいと感じていることを踏まえて、若い女性をターゲットに制作されたと考えられるCMである。

二〇一六～二〇一七年には、「家庭教師のトライ」のCMが斬新で面白いと話題になった。アニメ「アルプスの少女ハイジ」の主人公ハイジや登場人物たち、あるいはナレーターが、津軽弁、沖縄方言、博多弁、京都弁で話すCMで、方言を採用することで地元に密着した家庭教師であることを強調したものと考えられる。さらに同年には、森永製菓のチョコレート「カレ・ド・ショコラ（カカオ70）」のCMや資生堂の洗顔料「専科パーフェクトホイップ」のCMが方言を採用している。チョコレートのCMでは、「こ、ぜんぜん苦ないがいぜ！」（これ、全然苦くないよ！）、「あご落ちっちゃ～！」（絶妙～においしい！）と富山弁で話している。眉目秀麗な男性俳優が富山弁を話す意外さやコミカルさが話題となり、若い女性からはその様子がかわいらしいと評判になった。洗顔料のCMでは、都会に引っ越し一人暮らしを始めたらしき若い女性が故郷の母親に沖縄方言イントネーションで話しかけている。女性は沖縄県出身の女優であり、化粧を落としたときの自然なさまが方言で強調され、自立を目指す現代女性の姿のかっこよさの表現にも一役買っている。

方言テレビ番組では、二〇一三年度上半期にNHKで制作・放送された連続テレビ小説『あまちゃん』が、岩手県方言「じぇじぇじぇ」の一大ブームを巻き起こした。番組中で主人公が驚きの言葉として使ったことがきっかけである。若者世代でも盛んに「じぇじぇじぇ」が使われ話題となった。その後もNHK連続テレビ小説では、地方を舞台とすることが多く、その地方の方言を採用している。二〇一七年度上半期の『ひよっこ』はその舞台が茨城県北西部であり、茨城北部方言が番組の中で飛び交っている。NHK連続テレビ小説は世間への影響力が大きく、「じぇじぇじぇ」のように一度火がつくとその年の流行語になり、方言が注目されるきっかけとなる。その根底には方言を受け入れる社会認識があると考えられる。

方言を主役に据える方言テレビ番組もある。二〇一〇年一〇月からテレビ埼玉が幹事局として放送した『方言彼女。』というバラエティー番組である。地方出身の若い女性タレントたちが、地元の方言を使ってカメラに向かって話しかけるので、テレビ画面を見ている視聴者には彼女から話しかけられているようなイメージを受ける。方言で話すことは若者、特に女性にとってはかわいいことであるということを番組全体で主張している。この番組は好評を博し、二〇一一年四月から第二弾『方言彼女。2』が、二〇一二年一〇月から第三弾『方言彼女。0』が製作・放送された。また、続編として男性版『方言彼氏。』が制作されている。

方言のコーナーを持つ方言テレビ番組もある。日本テレビ系列で二〇〇七年から放送されている『カミングアウトバラエティ!! 秘密のケンミンSHOW』、日本テレビ系列で二〇一二年から放送されている『月曜から夜ふかし』、フジテレビ系列で二〇一六年から放送されていた『フルタチさん』などである。方言を話す地元の人々の映像を映しその方言を聞くことで、視聴者とともに方言を楽しもうとするバラエティーの要素が強い。

(4) 経済・商品活動などでの方言利用

方言は町おこしの絶好の道具として活用され、地域の象徴（シンボル）としての役目を背負わされているといっても過言ではない。経済・商品活動などでの方言が利用される例として、ここでは方言エールと方言土産を取り上げる。

二〇一一年に起きた東日本大震災の被災者や復旧支援者が、方言を用いて復興のメッセージを掲げるという現象が起きた。その方言メッセージを「方言エール」と呼んでいる。この活動には若者も数多く参加しており、現代の若者の方言利用の例として捉えることができる。「がんばっぺぇーす宮古」「がんばっぺ高田」など、被災者自身による再建の掛け声として地域の方言をそのまま文字にして掲げるものや、「けっぱれ！ 岩手」など、自衛隊の災害派遣隊のヘルメットに貼って被災地や被災者た

図11－3　方言エール

図11－4　方言土産

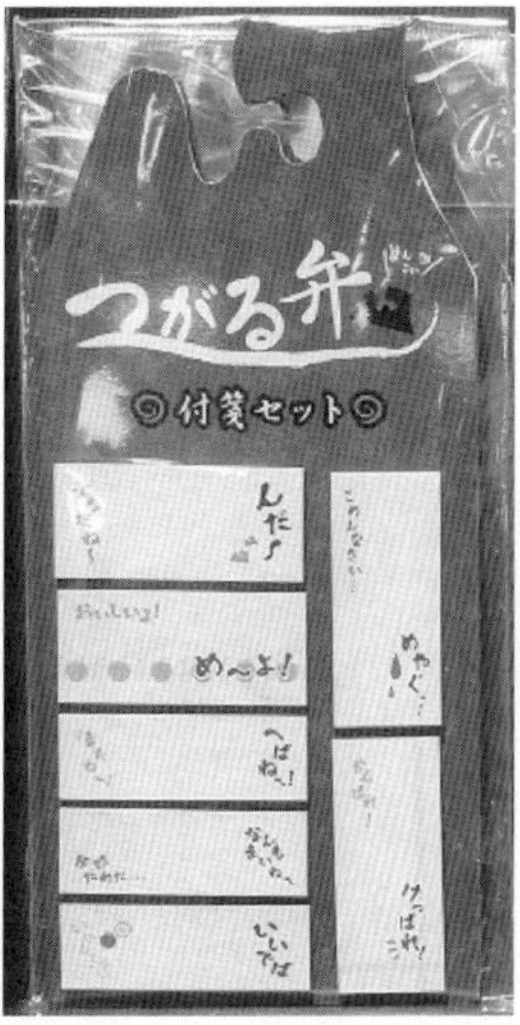

図11－5　方言付箋

ちを励ますものがある（図11－3）。

かつて方言土産といえば、方言番付が印刷された方言手ぬぐい、方言暖簾、方言湯呑茶碗といったところが定番だった。しかし、最近では、Tシャツ、下着、綿棒、キーホルダー、トランプ、メモ帳、クリアファイル、扇子、クッキーなど、様々に工夫を凝らし、若者（特に中学・高校生）をターゲットにした方言土産が売られている（図11－4）。そこに使用される方言は、その地域の方言を象徴するような短く慣用的な方言である。筆者が二〇一五年に青森県でみた方言付箋に使用されていた青森方言は、「んだ〜」（そうだね〜）、「めーよ！」（おいしいよ！）、「へばね〜」（またな〜）、「なんもまいね〜」（全然だめだ〜）、「めやぐ」（ごめんなさい）などである

（図11－５）。自方言にしても他方言にしても、現代の若者が方言を面白いと感じることが、現代の経済・商品活動などで方言が利用される要因と考えられる。

三．現代社会の方言に対する認識の視点

前述の若者世代の方言および方言語彙の使用の事象について、現代社会の方言に対する認識という視点で捉えてみる。方言に対する認識は、社会的態度と社会的評価という二つの視点を持つと考えられる。日本社会の方言に対する認識については、井上（二〇〇〇）、小林（一九九六）などがあり、これらの先行研究を受けて、陣内（二〇〇七）が、社会（経済・社会状況や思想・倫理）と心理（ポライトネスの考え方）と言語の三者を関連づけて、方言認識をめぐる状況の時代的変遷を整理している。

（1）社会的態度の視点

井上（二〇〇〇）は、方言の価値についての類型として、「撲滅対象としての方言」「記述対象としての方言」「楽しむ対象としての方言」の三つを挙げる。「記述対象としての方言」はいつの時代にも中心的位置にあるものの、明治中期から太平洋戦争までは「撲滅対象としての方言」が、太平洋戦争後から平成期までの日本は「楽しむ対象としての方言」が共存すると述べる。これは、日本人の方言に対する社会的態度の変遷と考えることができ、すなわちそれらは方言に対する日本人の社会的態度の三類型と考えることもできる。

現代の方言に対する社会的態度を「楽しむ対象としての方言」として、前述の方言使用事象をその視点に立って見直してみる。ＳＮＳでの方言使用の方言訳詞歌は、地元の方言を楽しみ発信しようとするものであった。マスメディアでの方言使用の方言ＣＭや方言テレビ番組は、全国各地の方言を面白いもの、楽しいもの、かわいらしいものと捉えていた。経済・商品活動などでの方言利用での方言土産は、商品に方言を付加することで商品そのものを面白いもの、楽しいもの、かわいらしいものに変換しようとするものであった。これらの事象には方言を楽しむ現代の社会的態度をみることができる。かつては生活語として当たり前に存在することばであった方言が、撲滅運動や共通語化という消滅の危機を経て、面白さ、楽しさ、かわいらしさを表出することばへと変化を遂げているのである。

(2) 社会的評価の視点

現代社会の方言に対する認識は、社会的評価という視点も持つ。小林（一九九六）は、方言認識のあり方の変遷について、「近代以降現在までのわずか一三〇年間の変化は劇的」と指摘し、「一時は社会的な評価が極端に下がり、撲滅運動の対象とされた時代もあったが、現在は逆に保護しようとする活動が盛ん」（同、一六頁）と述べている。

現代の方言に対する社会的評価という視点で、前述の方言使用事象を見直してみると、SNSでの方言使用の方言訳詞歌には、若者の地元の方言に対する愛着をみることができる。発信は自慢であり愛着である。また、経済・商品活動などでの方言利用での方言エールには、方言に地域の連帯感を高める役割を担わせていることをみることができよう。さらには、洗顔料の方言CMでは、飾らない人間の本心の表明を方言でさせることで、自分自身とともに大切に扱いたい対象としての方言の存在を感じることができる。

方言は、「町おこし村おこしのための方言グッズとして、イベント名、地名など、地域の個性を表す象徴」（陣内 二〇〇七、五三頁）と考えられているように、一九八〇年代以降は、地方の時代を迎え、地方を見直す機運と相まって、方言を見直し、方言を積極的に評価し活用しようという社会的な評価が高まったとみることができる。方言は、「地域に愛着を持たせることば」「地域的な連帯感を高めることば」「日本および各地域が保存・継承していかなければならないことば」であるという社会的評価が現代社会に定着したのである。

四．若者世代のコミュニケーション上の方言の機能・役割

方言を「面白い」「楽しい」「かわいらしい」と捉える社会的態度の視点から、若者世代のコミュニケーションにおける方言および方言語彙の使用事象を観察してみると、生育地とは全く関係がない方言がメールのやり取りで使われていた事象や全国版の方言ラインスタンプの使用がこれに当たる。それらでは、その地域を象徴するような文末表現や接続表現、あるいは短い慣用表現などの方言語彙が使われる。その使われ方は、誰でも脱着が可能な部品のようなものではあるが、使い馴れた自然さには欠け、小林（二〇一二）の指摘するレトリック性も有

する。そこに醸し出される会話上のニュアンスは、方言CMで他地域の方言を聞いたときのような、あるいは方言テレビ番組で他地域の方言VTRをみたときのような、単純な面白さ、楽しさ、かわいらしさである。この意味において、社会的態度の視点からみた現代の若者のコミュニケーションにおける方言および方言語彙の機能・役割は、一時的な目的達成のための言語部品、いわばコミュニケーションパーツと言えよう。

一方、方言には地域に愛着を持たせたり地域の連帯感を高めたりする役割があり、保存・継承していかなければならないとする社会的評価の視点から、現代の若者のコミュニケーションにおける方言および方言語彙の使用事象を観察してみると、筑豊方言どうしの会話メールにみられるような事象、ご当地版の方言ラインスタンプの使用がこれに当たる。親しい間柄での方言は、話しことばから書きことばへと機能を広めつつ、方言本来の役割である生活語として機能していると言えよう。使用される方言語彙も限られたものだけでなく、地域方言として地域に密着した様々な方言語彙が使用される。使われ方も地域独特の微妙なニュアンスまで理解したうえで使用されることとなる。使用されることで醸し出される会話上のニュアンスとしては、自方言による方言訳詞歌にみられるような愛着、方言CMでの親へのメッセージに込められているような本音、被災者やその立場に立った人たちによる方言エールにみられるような力強さといったものがある。つまり、社会的評価の視点からみた現代の若者のコミュニケーションにおける方言および方言語彙の機能・役割は、地域的な共通地盤の上に立った親しい間柄で使用される方言であり、身近な人たちとつながるための生活語、いわばコミュニケーションツールであるとまとめることができる。

五．まとめ

現代の若者に見る方言および方言語彙は、「面白い」「楽しい」「かわいらしい」ととらえる社会的態度の中にあって、方言のアクセサリー化・おもちゃ化（コスプレ）といったコミュニケーションパーツとしての特徴的な機能を有している。その一方で、若者の方言および方言語彙は、地域に愛着を持たせたり地域への連帯感を高めたりすることばとしての社会的評価の上に立ち、コミュニケーションツールとして方言本来の生活語としての機能も働かせている。現代の方言は、ケイタイの普及による方言の書きことば化・文語化という機能拡張と相まって、方言が本来持つ、話し手の飾らない本音を表現する力、本音の持つ力強さを表現することばとしても、若い世代の中でも息づいているのである。

文　献

井上史雄（二〇〇〇）『日本語の値段』大修館書店
井上史雄・大橋敦夫・田中宣廣・日高貢一郎・山下暁美（二〇一三）『魅せる方言　地域語の底力』三省堂
木部暢子・竹田晃子・田中ゆかり・日高水穂・三井はるみ編著（二〇一三）『方言学入門』三省堂
小林隆（一九九六）「現代方言の特質」小林隆・篠崎晃一・大西拓一郎編『方言の現在』明治書院
小林隆（二〇〇四）「アクセサリーとしての現代方言」『社会言語科学』七―一
小林隆（二〇一二）「現代方言の文語化傾向」『學鐙』一〇九―三
佐藤髙司（二〇一三）『新方言の動態三〇年の研究　群馬県方言の社会言語学的研究』ひつじ書房
佐藤髙司・本多正直（二〇一七）『群馬県民の知らない上州弁の世界』上毛新聞社
白井利明編（二〇〇六）『よくわかる青年心理学』ミネルヴァ書房
陣内正敬（二〇〇七）「若者世代の方言使用」小林隆編『シリーズ方言学三　方言の機能』岩波書店
田中ゆかり（二〇一〇）『首都圏における言語動態の研究』笠間書院
田中ゆかり（二〇一一）『「方言コスプレ」の時代―ニセ関西弁から龍馬語まで』岩波書店
土井隆義（二〇〇八）『友だち地獄―「空気を読む」世代のサバイバル』ちくま新書
二階堂整（二〇〇九）「福岡の大学生の携帯メールにおける方言使用」『山口国文』三二

参考ウェブサイト

三省堂ワードワイズ・ウェブ「地域語の経済と社会―方言みやげ・グッズとその周辺」
http://dictionary.sanseido-publ.co.jp/
ラインストア
https://store.line.me/stickershop/showcase/top/ja
ＮＨＫ連続テレビ小説一覧
http://www9.nhk.or.jp/asadora/

第一二章　方言語彙の継承と教育

大野眞男
竹田晃子
小島聡子

一．地域方言を次世代に継承すること

日本語の地域方言は、関西弁などの一部の優勢方言を除けば、戦前期の学校教育での標準語励行運動、戦後のテレビなどのマスメディアを通じた全国共通語化、さらには都市部への人口集中による地方社会の過疎化、経済のグローバル化などの社会経済的要因によって、その次世代継承が危機にさらされている。世界中の消滅の危機に瀕した諸言語を対象に存続のための活力vitalityを総合的に判定するユネスコの尺度を用いて、日本語諸方言の存続可能性を判定した木部ほか（二〇一一）によれば、奄美・沖縄の離島の方言はすでに「間違いなく危機にさらされている」もしくは「深刻な危機にさらされている」という状況に至っている。また、岩手県の津波被災地においても、ほぼ同様の判定結果であった（大野二〇一三）。おそらく一部の優勢方言を除く多くの地域において、方言は危機的状況にさらされていると考えなければならないだろう。

一方で、方言や共通語の問題をめぐる国の国語政策は微妙に変化しつつある。第一九期の国語審議会報告「現代の国語をめぐる諸問題について」（一九九三）においては、

> 方言は地域の文化を伝え、地域の豊かな人間関係を担うものであり、それぞれの地域に伝わる豊かな表現を生活の中に生かしていくことは、言語文化の活性化にもつながるものである。共通語とともに方言も尊重することが望まれる。

とされている。また、戦後の学校教育の具体的指針を示してきた学習指導要領においても、長い間、「共通語と方言とでは違いがあることを理解し、また、必要な場合には共通語を話すようにすること」（小学校国語科第五・六学年）とされていた項目が、平成三〇年度からは「共通語と方言とでは違いがあることを理解すること」と変わった。もはや全国で共通語を話せない子どもは一人もいないだろうという共通語化の実態を反映したものであろう。併せて、中学校でも「共通語と方言の果たす役割などについて理解するとともに、敬語についての理解を深め生活の中で適切に使えるようにすること」（第一学年）とあったものが、敬語と切り離されて「共通語と方言の果たす役割について理解すること」という独立した項目となっている。戦前までの学校教育にみられたような標準語励行（方言撲滅）という方向性はすっかり影をひそめており、地域の活性化に果たす方言の役割も再評価されるようになってきた。

共通語と方言を使い分けて地域の豊かな言語生活を実現させるために、衰退に向かいつつある方言をもう一度見直そうという姿勢は理解できる。しかし、高年層は方言ネイティブであっても、活躍層は聞いてわかるが自分では方言を話さないセミネイティブ、若年層は方言を聞いてもわからないノンネイティブになってしまっているというのが地方の言語生活の現実である。より広域に通用する言葉への変化は社会経済的な意味では抗いがたい流れであって、それに逆らって地域方言を次世代に継承しようとすることは、世界各地で行なわれている危機に瀕した少数言語支援と同じことであり、流れを押し返すという意味で何らかのポジティブな取組みが必要になってくる。

二．継承のための教育活動

方言の次世代への継承のために必要なプログラムについては、大野（二〇一五）で述べたように、①方言の活力判定も含めて対象方言やコミュニティーの置かれた現状確認、②方言の再興・継承プログラムの策定と実施、③プログラムの成果の検証と改善、というサイクルを想定することが重要である。①の現状確認については、前述したので省略する。

②方言の再興・継承プログラムの具体化であるが、まず、どの程度まで方言を復興させるのかという目標を意

識することが求められる。地域社会のすべての構成員が、すべての社会的場面で方言を使えるようにするというのは現実的ではない。広域通用性を担う共通語と対比して、方言の機能がアイデンティティー（集団への帰属意識）の表出である点を考えると、家族や地域コミュニティー内で使えるようにするという程度が適切だろう。

また、方言の再興を阻害している社会的要因を除去することも、戦前の標準語励行運動の余波の影響により、方言にネガティブな意識を抱き続けてきた高年層や活躍層にとって必要なことである。西日本ではさほど顕著ではないが、東北地方では過去の苛烈な標準語教育の後遺症がいまだに続いているように思われる。地域社会において方言を学ぶための教室の開講、誰にはばかることなく自由に方言で語り合う公共の場の創出、方言シナリオを用いた演劇活動など、方言に対する心的態度を改善するための工夫は各地で取り組まれるようになってきた。

方言を単に高齢者の郷愁の対象として尊重するだけではなく、最終的に次世代への継承を目的とするのであれば、子どもたちへの働きかけが必須であり、学校教育などの学びの場と、学ぶための教材・学習材とが重要になってくる。学校教育については前述したように平成三〇年度からの学習指導要領の改訂により、国語科の中に方言の居場所がある程度確保されている。しかし、学習材については、方言がそもそも日本語の地域的変異であるために、全国一律の教材・学習材を求めることが困難であることが大きなネックとなってくる。

各地の方言語彙に関していえば、優れた研究書や研究論文、あるいは明治期以降作成された俚言集・方言集が様々な地域に存在するが、一方で、すべての地域に先行研究が存在するというわけではない。また、存在するとしても、それらはあくまでも研究的性格の強いものであって、そのまま子ども達や地域社会の構成員が学ぶための学習材として使用できるわけではない。学校教育であっても社会教育であっても、地域に存在する方言関係資料を基礎資料として活用した教材作成・学習材化を行なうことが必要であって、その作業は必ずや地域地域でのオーダーメード作業になっていくことだろう。

三．地域に埋もれた方言語彙資料「岩手県郷土教育資料」

地域の図書館や郷土資料館などで眠っている資料を活

用して、方言に関する学習材をオーダーメードで作成する一つのパイロット・ケースとして、筆者らによる岩手県郷土教育資料を活用した方言語彙集作りと、それを活用した授業実践の試行について以下に紹介する。

郷土教育資料とは、郷土教育運動が昭和初期の学校教育の現場で全国的に展開された際に、その一環として行なわれた郷土調査の一連の報告集である。昭和初期は国難のときでもあり、関東大震災による首都被災に始まり、日本の農村経済にも壊滅的打撃を与えた世界大恐慌、引き続く冷害による大凶作と飢餓、そして昭和八年の大震災に伴う昭和三陸大津波などのために、日本全体が極限まで疲弊した状況に置かれていた。そのような困難な状況下で、農山漁村の子ども達の愛郷心を涵養することを目的として全国規模で実施されたのが郷土教育運動である。郷土教育運動の全容については、伊藤（一九九八）などに詳しい。

郷土教育運動の実質的な中心人物である小田内通敏は、新渡戸稲造と柳田国男によって明治四三年に創設された「郷土会」のメンバーでもあった。小田内が昭和五年に文部省嘱託となって郷土教育連盟を創立したことにより、文部省が郷土研究を提唱し、師範学校・尋常小学校を中心とした各県教育会で郷土教育運動が全国的に展開されていくこととなる。郷土教育を実践するための多様な郷土調査が行なわれ、その結果が各県でまとめられているが、それらの多くは稿本であり、八〇年にも及ぶ時の経過の中で散逸するなど、十全な形で残されている郷土資料は決して多くはない。

岩手県における郷土調査は、主として昭和一一年から一五年にかけて行なわれ、本章で取り上げる二種のうち、一一年資料は試行調査、一五年資料は最終報告の関係にあるものと判断される。

①郷土調査項目案（昭和一一年一月・第一回郷土教育講習会呈示）によると思われる資料群。なぜか方言以外の記載がみられない。一一年資料と略称する。岩手県立図書館に保存されている二六種を除き四〇種以上が所在不明であったが、岩手の方言研究家である故・小松代融一氏により大切に保管されていた資料が、筆者の一人である竹田晃子によって発見され、初めて全容が明らかになった。

②岩手県郷土調査要項（昭和一四年）による資料群。稿本としてまとめられたのが翌年であることから一五年資料と略称する。岩手県立図書館で貴重図書としてマイ

クロフィッシュ化されており、全資料二四〇点中、一六九点に方言についての記載がみられる。

①が試行調査的な性格を持つものと推測されるのに対して、②については、岩手県および岩手県教育会からより詳細な調査項目が呈示されており、方言調査については、

1　方言調査　参考書「方言採集手帖」東条操氏

イ　語彙　各項目に顕れ来る方言を蒐集し、特殊的なものには註釈を施す。

訛言（標準語）は省くこと、小児語・廃語をも採集すること、地方的特色のあるものを採集すること。

2　音韻語法　音韻に分類し、語法に依り之を示す。尊卑男女・老若による語法に注意の事。

ハ（ママ）　地名　地名の採集・地名の意味の不明なるものも採収すること。

と詳細に指示が行なわれている。当時の小学校訓導達の調査精度は一方で問題があるとしても、これだけのまとまった方言資料群を現代の方言継承教育の中で活用する可能性は追及する必要があるだろう。岩手県郷土教育資料の詳細については小島・竹田（二〇一五）を参照いただきたい。

具体的に一一年資料の山田尋常小学校からの報告「山田湾内方言集」から序文を引用し、どのような思いが当時の方言収集に込められていたかをふりかえってみよう。

標準化運動と方言尊重

・標準化運動

国家の統制、国民の思想感情の融和統一の為にと標準語普及流通を主張するのが標準化運動である。

・方言尊重論

郷土教育論の主張に関連して民俗研究者、国粋論者等の主張するのがこの方言尊重論である。

標準語化の重要なことはいふまでもないが、一朝にして方言は取り去られべき（ママ）ものではないし又取り去るべきものではないと思ふ。

標準語は共通語である。そして現在の標準語は東京中流階級の言語に基いて出来たもので今後文化の進展と共に進化すべきものである。国語の醇化統一上から云へば方言は速かに取り去るべきものではあるが、併し方言の中には取り去るどころか標準語として普及した

いものもあるのである。（中略）けれども方言（訛語も含めて）は郷土に根強く発展したものであって一朝にして矯正或は取り去ることは困難である。それにつけても我々教育者はその地方の方言を精確に意識することによって標準語教育を全うすることが出来ると思ふ。（以下略）

標準語教育の必要だけを強調している報告書も多いのも事実だが、山田尋常小学校からの報告のように、郷土のアイデンティティーの拠り所としての方言の価値を説く報告も少なくはない。

四．郷土教育資料の利用価値と、そこにうかがわれる教材化の姿

岩手県の郷土教育資料は、すべてが残されているわけではないものの、かなりの点数が残存しており、一一年・一五年の両資料を合わせるとほぼ県の全域を覆っている。なお、図12－1では調査地点が一部に偏っているようにみえるが、岩手県は山林が広がっているため、この分布でも集落のある地域はほぼ調査されていると言える。郷土教育資料を一群の方言資料としてみるとき、県域全体に及ぶ広がりを持つ同時的な調査であり、かつ小学校区を基本とする密度の高い調査であったことが注目され、小松代（一九六一）も認めるとおり昭和初期の方言語彙の分布状況を知るためには貴重な資料である。

ただし、郷土調査は前節で示した調査要項により粗々の調査の方向性は決められているとはいえ、資料ごとに内容は異なっており、要項に示された項目すべてが取り上げられているとは限らないうえ、同じ項目であってもその記述の精度はまちまちである。方言の項も、数語の語彙だけのものもあれば、音韻や文法について詳しく記述されていて、そのままで当時の方言を知る資料として使えるような緻密で詳細なものもあり、戦後に地域の方言資料作成の際の基礎資料として用いられたものもある。しかし、すべてがそのように緻密な調査であったわけではなく、語彙だけに絞ってみても、取り上げられている語の数も範囲も各資料間で異なっており、統一的とは言い難い。したがって、一つの調査方針に従ってコントロールされた広域調査として扱うことは難しい。

しかしながら、岩手県全域で方言が失われつつある現在となっては、これらが得難いデータであることも確か

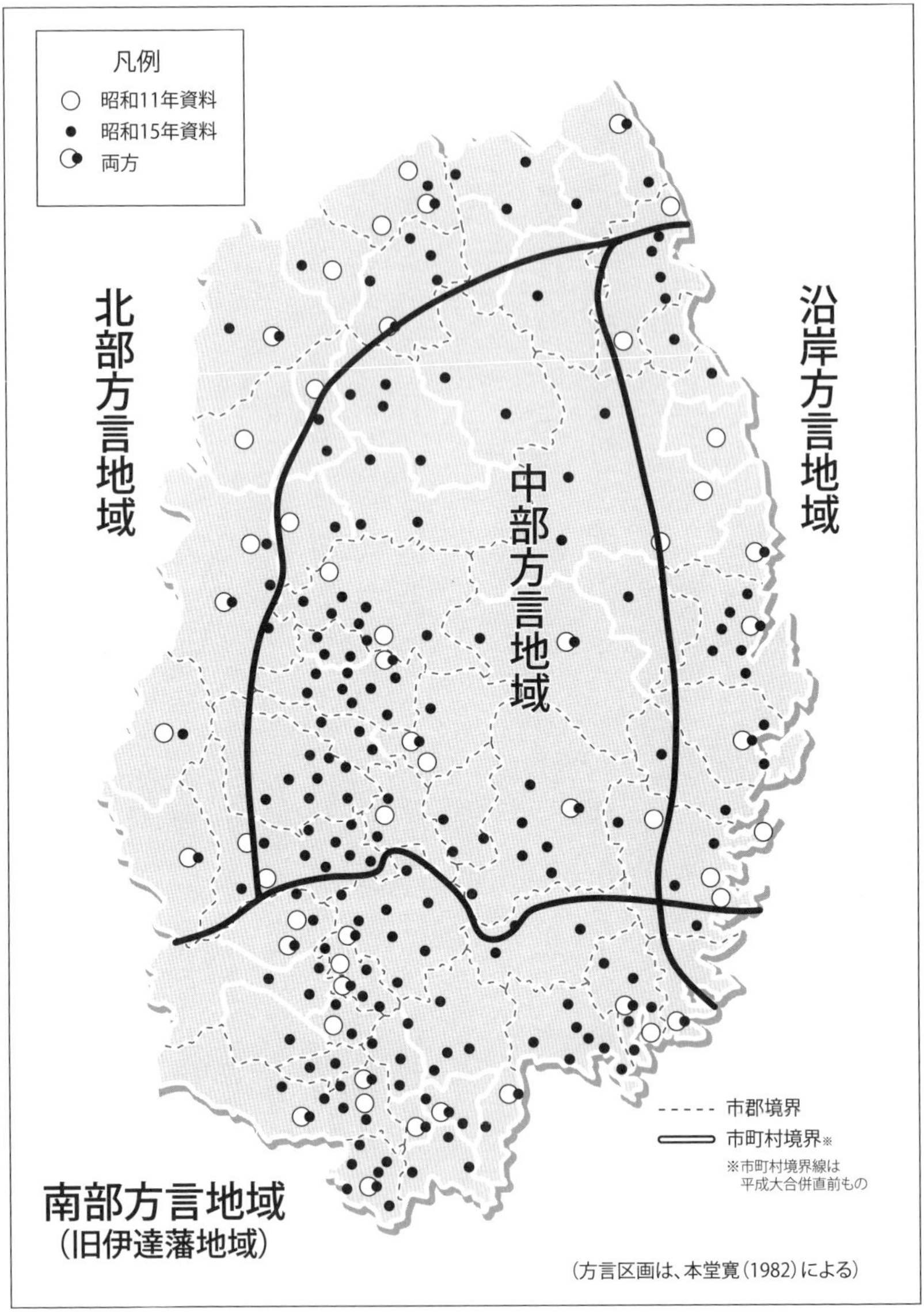

図12－1　資料の存在が確認された地点および岩手県の方言区画

で、制御されたデータではないからといって、この調査の規模を利用しないのはもったいない話である。

ちなみに、これまでの大規模な方言調査としては、明治期の国語調査委員会による調査と戦後の国立国語研究所による調査がある。ただ、その間には五〇年以上の間隔があり、調査対象者の年齢を考慮しても、一世代に近い開きがある。しかも、この二種の大規模調査の空白期間は、方言が「標準語」「共通語」とのせめぎあいの中で、自然な変化とはいいがたい速さで急速に失われていく時期でもあり、変容していく方言の状況を知るうえでは大切な時期である。「郷土教育運動」はまさにその時期に全国規模で行なわれていて、長野県や秋田県などのように岩手県と同様の資料が残されている地域も存在する。各地に残されている資料を活用すれば、その合間の時期を埋める、全国規模の調査に匹敵するデータを得られる可能性もある。

この資料群を生かすために、一つひとつの資料を別々に扱うのではなく、個々の方言語彙について共通語訳と地点情報をつけた形式でデータベース化を試行した。このデータを利用して、対象となる語を地図上にプロットすると、県内の語彙の分布を比較的詳細に知ることができる。次に例示するのは、「とんぼ」「難儀する・苦労する」の方言語彙の県内分布である。

図12－2では、南にアケズ類、北にダンブリ類（ダンブリコ類／ダブロを含む）、沿岸部を中心にザンブリ類が分布していることがわかる。アケズ類とダンブリ類の境界は、南部藩と一関藩の旧藩境より若干北にずれるが、おおむね岩手県の方言区分の南北の境界に重なる。なお、戦後の『日本言語地図』（231図）の調査でも同様の調査結果が得られているが、郷土教育資料に基づく図12－2の方がより詳細な語形が現れている。

一方、図12－3の「難儀する・苦労する」については、旧伊達藩地域にはウザネハク、内陸部にヒドイ、旧南部藩地域ではセェチョハグ類（ホソヘッチョハグを含む）、内陸中央部にユルグネァ類、沿岸北部にセーキルなどが分布する。旧藩境で大きく二つの語形が分かれ、沿岸北部と内陸部にそれぞれ特徴的な語形が分布する点で一般的な岩手県の方言区画と重なってくる。また「難儀する・苦労する」は『日本言語地図』の調査対象には入っていない語で、その分布が確認できるのは貴重である。

このように、郷土教育資料を用いることにより、昭和初期の岩手県内の方言の詳細な分布を知ることができ、

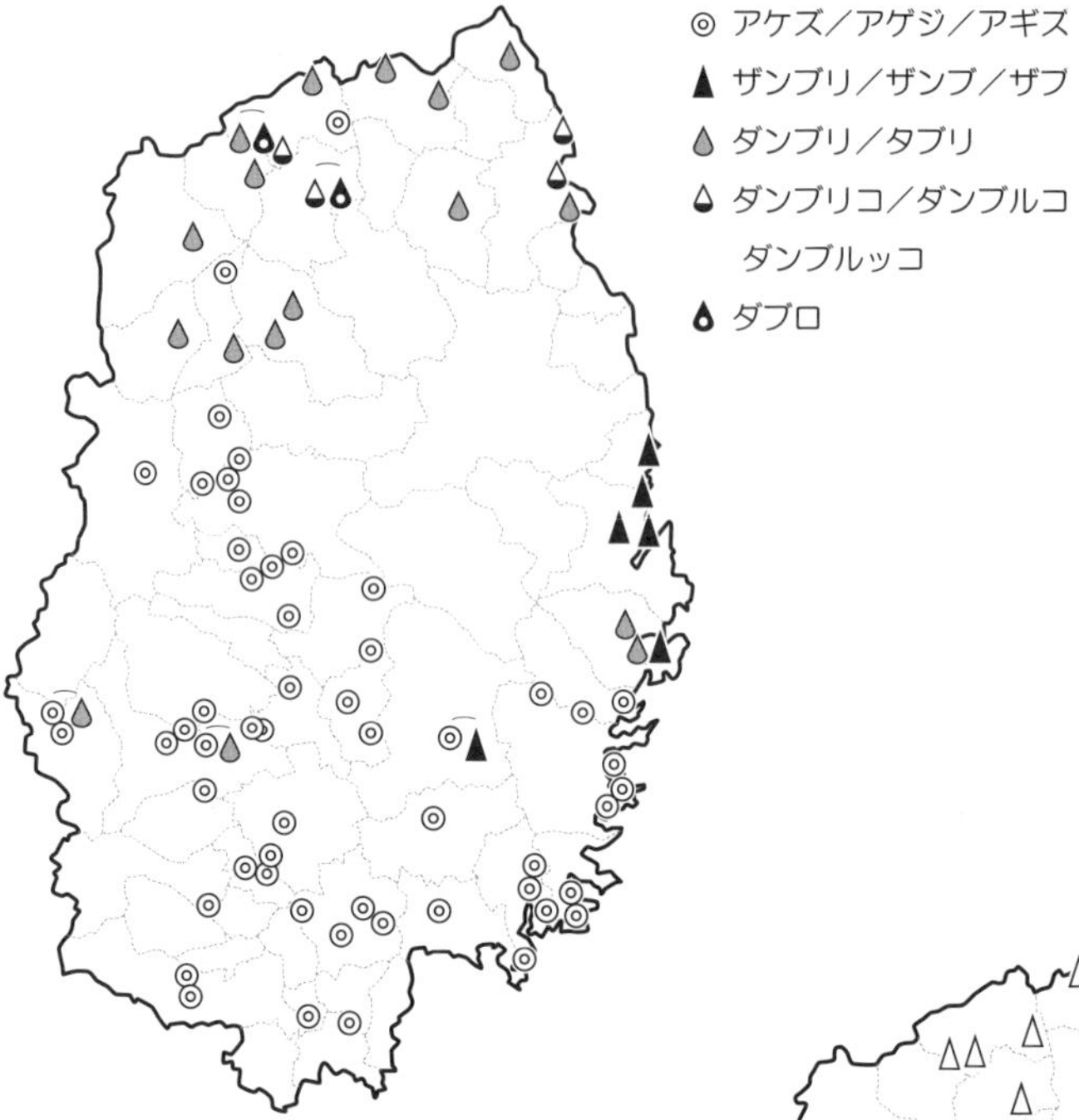

図12－2　「とんぼ」の分布図（郷土教育資料による岩手県方言地図．竹田晃子作成）

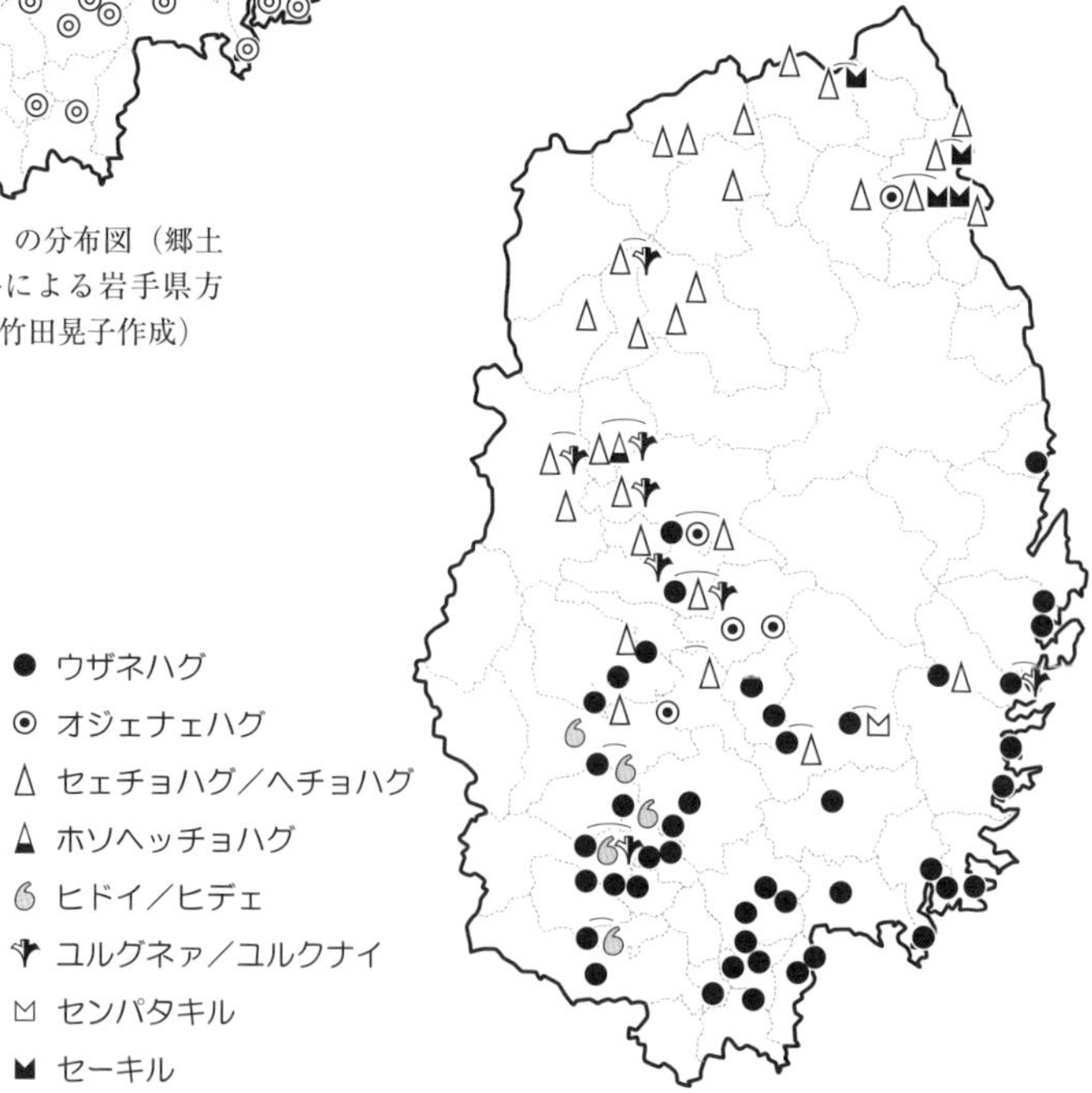

図12－3　「難儀する・苦労する」の分布図（郷土教育資料による岩手県方言地図．竹田晃子作成）

学校教育・社会教育における学習材としてもこれらの地図を提供することができる。早くにこの資料に注目していた小松代氏は、どちらかというと珍しい語形が記録されているかどうかで評価しているが、これらの資料の価値はそれに限られたものではない。この調査の範囲の広さと密度の高さは、分布の形にしてみれば明らかで、少なくとも『日本言語地図』にも匹敵する結果を得ることができる。

　ところで、これらの郷土教育資料は実際の教育現場で生かすことを念頭に作られていたはずであり、一四年の要項の最後には「第七編　郷土教育実施方法体系」が挙げられ、郷土資料をどう教育に生かすかを示すことを求めている。しかし各資料ではこの部分を欠いていたり、あっても総論のあとに各事項の学年配当・教科との対応が示される程度で、方言の扱いもあまり具体的ではない（小島・竹田　二〇一五）。例えば、九戸郡大野村の報告の巻末には、「郷土教育実施案」として郷土資料中の項目をどのような形で扱うかについて学年ごとに表にしてあり、その中で「高等科一、二学年」に「方言調査」を教材として、「標準語との比較、他町村の方言蒐集その比較」という内容が示されている程度である。

　また、大野村の例は矯正には触れていないが、他の報告の多くは方言の矯正の方向で取り上げられている。しかしその中で、少し方向性の異なるものとして、九戸郡種市村の資料が注目される。具体的な教育実践例が「一二　教育計画編」の「郷土学習ノ実践」に報告されているのである。それによると、児童に地域の屋号について調査させ、その結果を用いて発表会をしたという。屋号は民俗学の面から注目されることが多いが、地域の言葉を含む方言語彙でもある。さらに、この実践の報告者は同じ資料の「一一　地名篇」も担当しており、次のようなことを記している。

> 近頃生徒と共に屋号調査をいたし、更に地名を語らせたら、一生徒がタテガシラとはどういふことかと尋ねた。（中略：生徒の疑問は、砦でも武家屋敷でもなかったところにタテを含む名があることに対するものであるが、報告者は柳田国男『地名の研究』などを引きながら、タテガシラというのが地形による命名であると結論づけている）これによって、私の疑問はとかれ、地名のつけ方一つが、子供と共に解ったよろこびは大きいのである。

地名や屋号など一般的な語彙ではないとはいえ、子どもも達とともに地域の言葉に興味を持って調べている様子が描かれ、この時期にも一方的に方言を矯正するばかりではなかったことがうかがわれる。

五. 郷土教育資料を活用した現代における方言語彙の継承教育

郷土教育資料を活用した現代の学校教育における方言語彙の継承教育の例として、岩手県釜石市で実践した学習材づくりとそれを使った授業化の試みを以下に紹介する。釜石市を対象地域として取り上げた理由としては、東日本大震災被災地の復興支援事業の一環として取り組んだこと（文化庁・被災地の方言活性化支援事業）のほかに、①釜石市には継承教育に活用できるまとまった方言集が存在しないこと、②旧南部藩領と旧伊達藩領にまたがっているため市内で方言の地域的変異が顕著であることが、既存の資料を用いて方言語彙集をオーダーメードする理由として挙げられる。

また、方言語彙の中で最も資料が豊富な分野の一つに身体語彙がある。全国各地で主に私家版として発行されている方言集や方言辞典をみてみると、身体に関する記述が多いことに気づかされる。特に身体部位の名称については、図解して詳細に説明する方言集も多い。ここで言う「身体語彙」とは、「あたま（頭）」「せなか（背中）」などの部位の名称を中心とする語の集合（語彙）である。もう少し広く、身体に関する語までを捉えると、症状や病気、身体の動き、感覚や感情を表す語も含まれる。共通語の例を挙げると、「走る」「食べる」「担ぐ」「寝込む」などの動作・状態を表す動詞や、「暑い」「痛い」「重い」「悩む」「苦しむ」など感覚や気持ちを表す表現がある。

「郷土教育資料」には、昭和一一年資料として現・釜石市に含まれる旧町村（鵜住居、栗林、橋野、釜石、平田、唐丹）の語彙資料が以下のように存在する。

①上閉伊郡箱崎尋常高等小学校「上閉伊郡鵜住居村白濱部落方言調査」（旧箱崎町）小松代融一氏旧蔵

②上閉伊郡栗橋村橋野尋常高等小学校「郷土方言集録」（旧栗林町・旧橋野町）岩手県立図書館蔵

③上閉伊郡平田尋常小学校「学区内方言集」（旧平田村）小松代氏旧蔵

④気仙郡小白濱小学校「唐丹村ニ於ケル方言訛語ノ

調査」（旧唐丹町小白濱）小松代氏旧蔵
⑤釜石尋常高等小学校「釜石方言の語学的考察」（旧釜石町）岩手県立図書館蔵
⑥釜石尋常高等小学校「答申案・古典文学に現れたる釜石方言」（旧釜石町）小松代氏旧蔵
⑦上閉伊郡橋野尋常高等小学校「植物方言研究」（旧栗林町・橋野町）岩手県立図書館蔵
⑧八重樫眞道編「岩手県・釜石町方言誌」（旧釜石町）昭和七年（一九三二）三月、日本民俗研究会発行

⑧は正確には郷土教育資料ではないが、①〜⑦と近い時期に⑤⑥と同一の筆者によって刊行されており、音韻・文法・分布などの内容は⑤とほぼ同じである。なお、郷土教育資料に掲載されていた三〇七三語全体については竹田（二〇一五）としてまとめた。

図12－4、12－5のように、学校名の罫線紙に表形式で方言語彙と標準語による説明が記入されており、その中に身体語彙も含まれている。これらを組み合わせると、釜石の方言による一通りの身体語彙図が作成できる。そこで、郷土教育資料の三〇七三語から身体語彙を抽出して小学生向けの教材を作成し、小学生が方言に触れ、親しみを持ってもらうことを目的に、釜石市内の公立小学

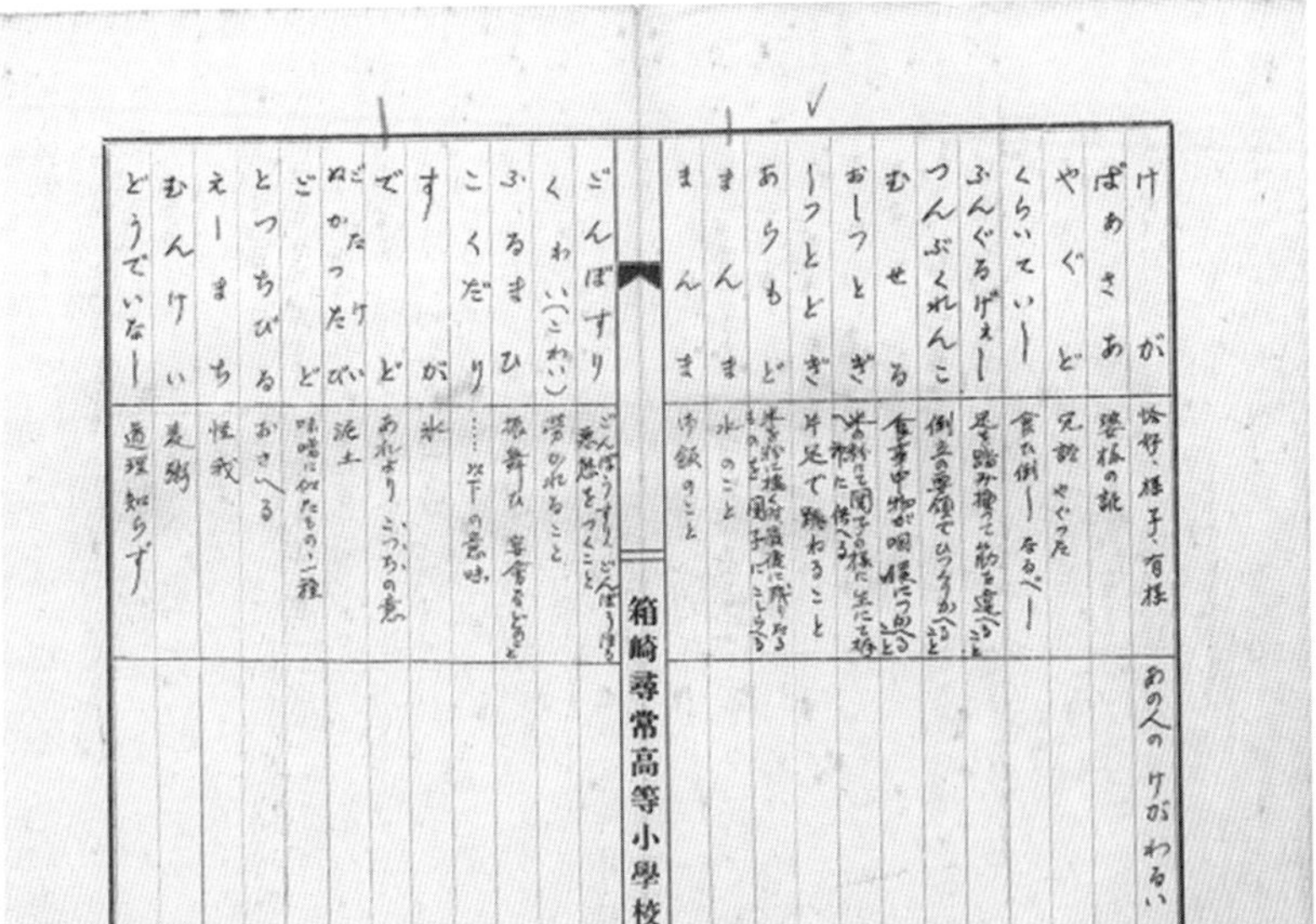

図12－4　鵜住居白濱の資料

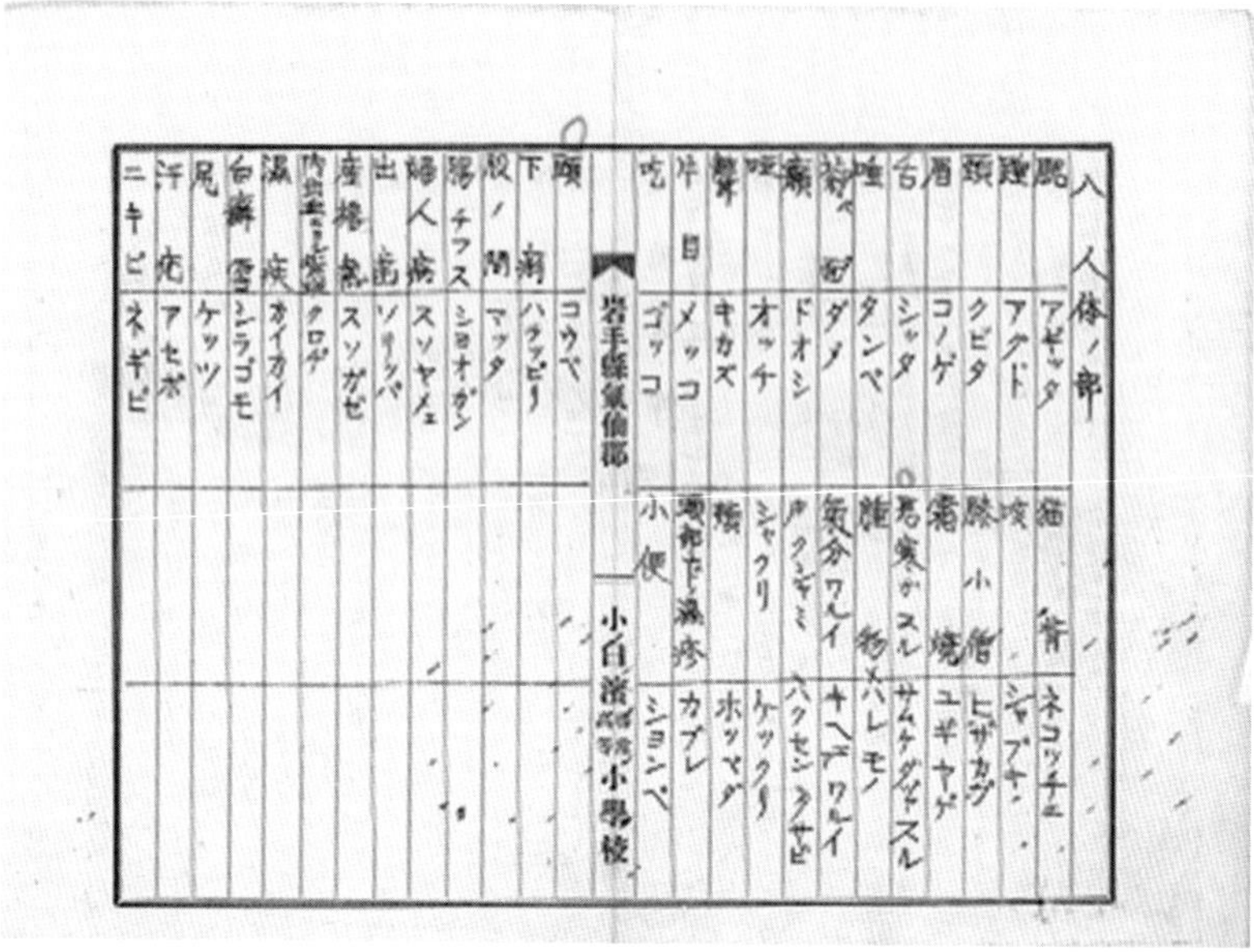

図12－5　唐丹の資料

校で校長許可のもと、二〇一四年度に授業を試行した。

①配付資料「釜石のことば」を配布して、方言身体語彙の概要を説明する。

②方言身体語彙カードを希望者に配布する。

③配付資料をみながら、ホワイトボードに掲示された身体語彙図（図12－7）の空欄を埋めさせる。

④まとめ

①として用意した資料には、身体語彙表、ホワイトボードの身体語彙図、感覚・動作・排泄・心情に関わる語彙と、挨拶や呼びかけ表現などの日常的方言語彙に関する情報を与えた。②の方言カードは、空欄に貼るべき方言カードの順番が来たときに前に出てきてもらい、語彙図に貼りつけて完成させる作業を行なった。

授業のまとめとして、これらの方言語形は八〇年ほど前に釜石市内の小学校の先生方が作成した資料によるもので、昔の釜石で使われていたことばであることを説明した。ピンと来ないという表情の児童もいたが、今も家族が使うことばがあることを嬉しそうに他の先生に話しかける児童もいた。

後日回収したアンケートへの児童による自由記述から方言に関する部分をみると、「方言は楽しい」「方言などの解説がほしい」「もっと釜石の方言で話をしてほしい」「また釜石の方言で話してほしい」「昔話を釜石の方言で話してほしい」「方言が少し難しかったけれどおもしろかった」「昔話や方言がいろいろわかったのでよかった」「知らない方言がほとんどだったのでわかってよかった」「ここに住んでいるのに方言を使うことがあまりないから勉強になった」などのコメントが得られた。一方、方言についての否定的なコメントはなかった。次の一歩としては、身体語彙だけでなく、より幅広い分野での方言学習材が必要になるだろう。

六．方言語彙の継承と教育の方法論

地域方言を次世代に残していくためには、方言語彙そのものを博物学者のように調査・収集して残す記録保存のみでは効果がない。研究成果ではなく学習材として活

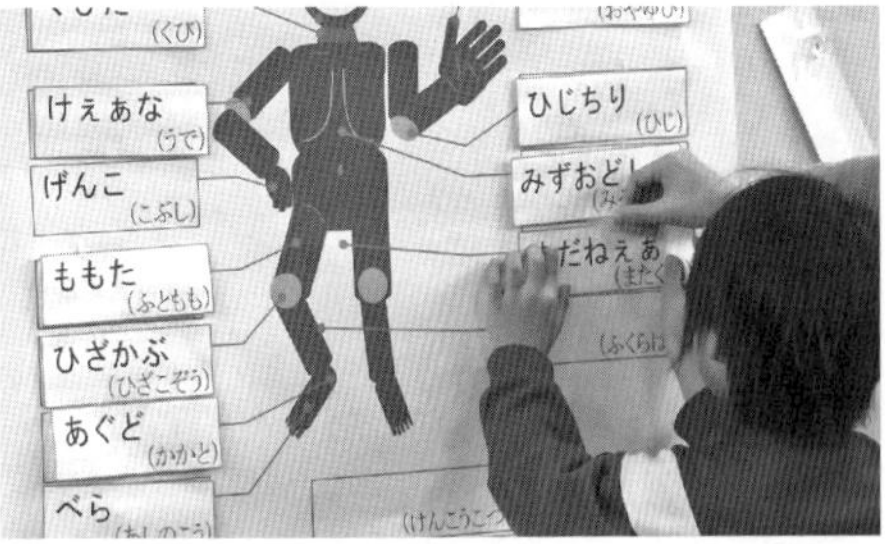

図 12－6　語彙図の空欄に方言カードを貼って、読み上げる

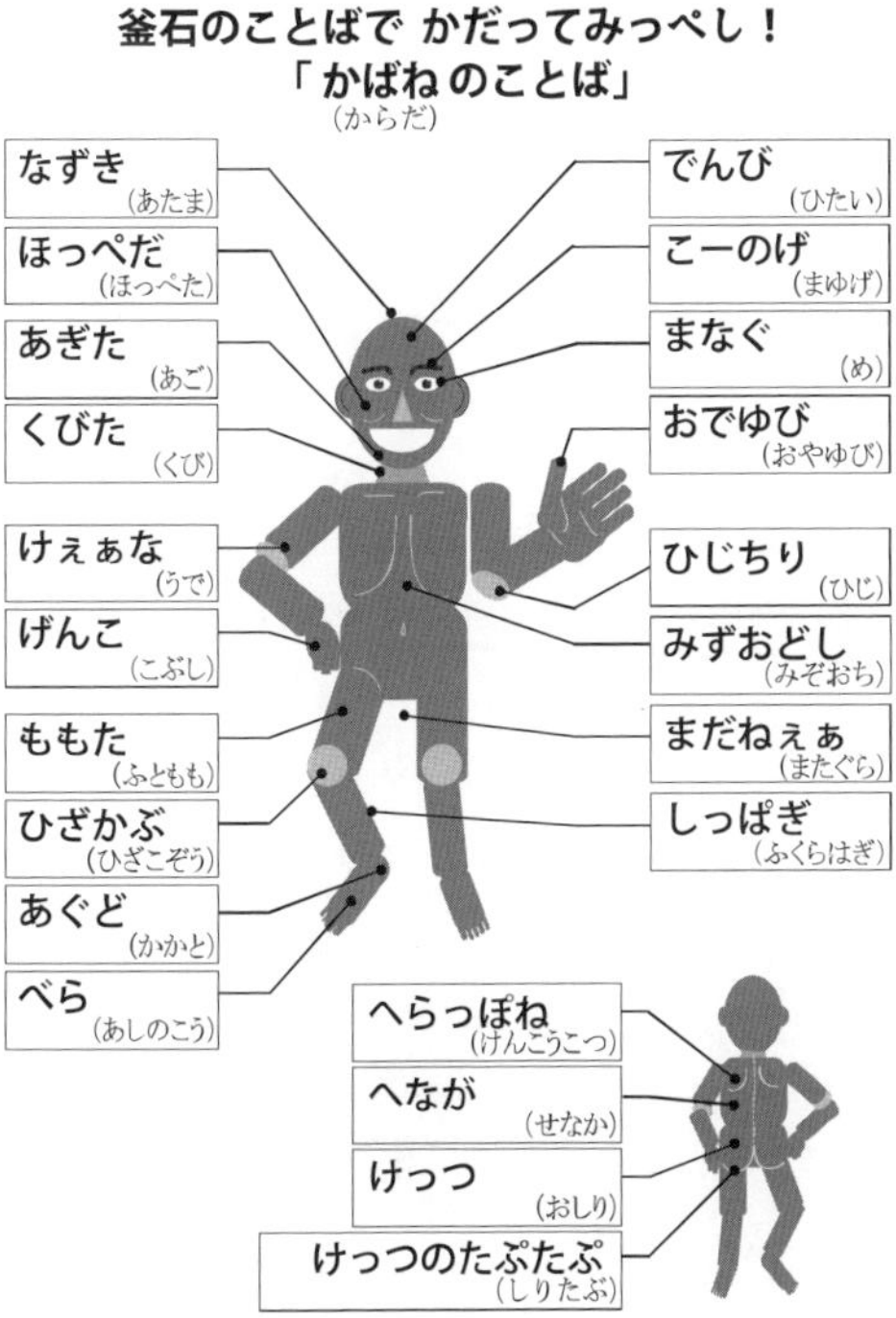

図 12－7　完成された語彙図

用可能な方言資料を作成することが求められる。方言は各地で異なる姿をしているために全国一律の学習材の作成は望むことができず、当然のことながら各地の方言の状況に応じてオーダーメードすることになる。岩手の場合には、方言がまだ活力を持っていた昭和初期の「郷土教育資料」を掘り起こすことで、地域のことばの学習材づくり・教室での授業実践につなげることが可能であった。他地域においても、そのような方言資産は必ず存在するだろうし、その利用が可能である。

次世代への継承に際してさらに重要なことは、標準語教育や全国共通語化により形成された方言に対するネガティブな態度を転換することである。また、学校教育との連携も必要であり、加えて方言使用場面の保持・生成など、継承保存のためのポジティブ・アクションがさらに必要になってくる。これまで研究対象として言語そのものを見つめてきた方言研究者は、方言を次世代に残すために何ができるか、という継承支援のあり方にもしっかりと向き合わなくてはならないだろう。

文　献

伊藤純郎（一九九八）『増補・郷土教育運動の研究』思文閣出版

大野眞男（二〇一三）「岩手県被災地方言の現状について」『文化庁委託事業報告書　東日本大震災において危機的状況が危惧される方言の実態に関する調査研究（岩手県）』岩手大学教育学部日本語学研究室

大野眞男（二〇一五）「方言の継承における研究者の役割」大野眞男・小林隆編『方言を伝える―3・11被災地における取り組み』ひつじ書房

木部暢子・山田真寛・下地賀代子（二〇一二）「危機の度合いの判定」『文化庁委託事業　危機的な状況にある言語・方言の実態に関する調査研究事業報告書』国立国語研究所

小島聡子・竹田晃子（二〇一四）「岩手県における郷土教育資料の概要―方言に関する記述を中心に」（平成二五年度文化庁委託事業「三陸の声を次世代に残そうプロジェクト」成果物）

小島聡子・竹田晃子（二〇一五）「方言を掘り起こす―「岩手県郷土教育資料」とその学習材化の可能性」大野眞男・小林隆編『方言を伝える―3・11東日本大震災被災地における取り組み』ひつじ書房

小松代融一（一九六一）『岩手方言研究史考』私家版

竹田晃子（二〇一五）『郷土教育資料が語る昭和初期の釜石のことば―次世代に方言を伝える試み』（文化庁被災地における方言の活性化支援事業・被災地の言語文化資料・平成二六年度「おらほ弁で語っぺしプロジェクト」成果物）

本堂寛（一九八二）「岩手県の方言」飯豊毅一・日野資純・佐藤亮一編『講座方言学　四　北海道／東北地方の方言』国書刊行会

第一三章　社会支援と方言語彙

小林　隆
坂喜美佳

一．社会支援という視点

近年、社会に役立つ方言学を志向する研究が拓かれてきており、実践方言学や応用方言学、臨床方言学などと呼ばれている。この学問の守備範囲は広いが、その一つに、方言がコミュニケーションギャップを生み出す要因となっていることへの対応が挙げられる。

会話の障害となる方言の問題は、例えば、日本の各地で暮らす外国人の方言不理解の問題もそうだが、最近では、日本人どうしの会話においても、特に医療や介護の分野で、医師・看護師、介護士などが、患者や高齢者の話す方言をうまく理解できないといったケースが注目されるようになってきている。また、災害の現場では、医療関係者だけでなく、救助隊やボランティアなども、被災者の使う方言にとまどうことがあるという報告がなされている。

そして、そのような事態に対処するために、コミュニケーションの障害を防いだり取り除いたりする方言支援ツールの開発が行なわれている。ここでは、そうした方言支援ツールにおける語彙の問題を扱ってみたい。

二．支援ツールとしての方言辞典

方言支援ツールとしての蓄積があるのは、医療・介護従事者向けの方言集・方言辞典である。具体的にどのような資料が作られてきたかは日高（二〇〇七、二〇〇八）に詳しい。

それらの資料を踏まえたうえで、日高（二〇〇七、一一七～一一九頁）は、ウェブ方言辞典の作成を提案している。そこには、語彙リストアップ型の方言支援ツールに求められる諸条件が整理されている。あとで取り上げる方言パンフレットの作成にも活かせる部分があるので、重要な点を引用してみよう（適宜、見出しをつけ、項目の順番を入れ替えた）。

（1）収録する語彙の分野：収録する語は、①感覚・感情表現に関する語、②身体部位を表す語、③怪我や病気を表す語、④症状・動作などを表す語など、医療・福祉の分野などにしばしば登場する語を中心とし、現場で使いやすいものをめざす。

（2）検索方法：②は人体図を示し、該当個所をクリックすると、その部位に当たる方言形が示されるようにする。また、動詞は、未然形・連用形…など、活用形からでも検索できるようにする。

（3）検索機能：利用には、方言研究者というよりも、広く一般の人たちを想定しているので、例えば東北方言の中舌母音なども、「えんのず、えんのじ、えのず、えのじ、…」などと入力しても「命」がヒットするように、検索機能に幅を持たせる。

（4）音声・アクセントの付与：各語彙や表現には、その地域の代表的な音声をつけて、発音と同時にアクセントも知ることができるようにする。

（5）例文の提示：各語彙にはその語と組み合わせてよく使われる言い回しや言い方を添えて、できるだけ具体的な用法がわかるようにする。

（6）外国語訳の付与：将来は、外国語訳もつけることができれば、来日予定の外国人が赴任予定地域の方言を本国にいながら予習することも可能になり、ウェブ上で公開するメリットがよりいっそう活かせるだろう。

以上は、（1）（5）（6）のように従来の紙媒体の辞典であっても実現できる部分はあるものの、（2）（3）（4）など電子媒体ならではの特徴も備えている。こうした発想で作られたウェブ方言辞典は、現在、岩城裕之が「医療・福祉・介護従事者と方言プロジェクト」のサイトで複数の地域のものを公開している（http://ww4.tiki.ne.jp/~rockcat/hoken/index.html）。

このような辞典風の方言支援ツールの開発が進む一方で、東日本大震災や熊本地震などの災害の発生とともに、被災地の現場で役立つ方言支援ツールの必要性も意識されるようになってきた。方言辞典の類は、それを利用するための時間的・空間的余裕が必要であるが、災害時ではそうしたものが得にくくなるという短所がある。その点、ウェブ方言辞典はスマートフォンでの利用が可能ならば携帯にも便利であり、支援の現場でその都度必要な情報を得ることができそうである。しかし、もう少し簡便で、一覧性に優れた媒体となると、パンフレットやポスターの類が適当であろう。

以下では、支援用の方言パンフレットについて、少し詳しくみていく。まず、一般的な視点からその性格を検討し、ついで東北大学方言研究センターが作成した二種類のパンフレットを具体例として取り上げる。

三．支援者のための方言パンフレット

(1) 一般的視点から

方言パンフレットは、支援用ツールとしては最も簡便なもので、ある意味初歩的な道具と言えるかもしれない。しかし、その分、使用者の条件や能力にかかわらず、万人が手軽に利用できるものである。また、作成も比較的容易であり、各地で多くの人々が手がけることが可能である。インターネットで公開するだけでなく、被災地で関係者に直接、大量に配布することでその存在を認知してもらい、すばやく効果を挙げることも期待できる。

こうした方言パンフレットの作成に当たり留意すべき点について、①対象者、②目的、③場所・時という三つの視点から考えてみたい。特に、内容面に焦点を当てていく。

①対象者：もちろん、被災地で活動を行なう支援者が対象である。ただし、ひとくちに支援者といっても、支援の内容によって必要な事項が変わってくる可能性がある。例えば、医療・介護関係の支援者に対しては、前節の「(1) 収録する語彙の分野」で取り上げた身体部位の名称や、体調・病気の症状を表す言葉などが重要になる。救助隊やボランティアであれば、がれきの撤去や屋内の片づけなどの作業に必要な言葉が盛り込まれなければいけない。そのように、対象が誰であるかに応じて、パンフレットの内容を変えていくことが考えられる。

しかし、そうした点を突き詰めていくと、対象者別に何種類ものパンフレットが必要となり、作成作業の負担が大きくなる。そのため、今のところ、実際に作られているパンフレットは、医療・介護従事者向けに特化したものと、一般のボランティアなども含め、様々な利用者を想定したものとの二種類である。特に、後者は誰でも

使える汎用性を持ち、広範囲の人々の利用が期待される。また、医療・介護従事者向けといっても、結局のところ、それらの分野の言葉にとどまらず、基本的な語彙や発音・文法に関する知識も欠かせないことから、汎用的な内容も盛り込むことが必要となる。

②**目的**：パンフレットの目的は、当然のことながら支援者と被災者のコミュニケーションギャップの解消にある。地元住民の使う方言が支援の支障となることを避ける目的である。この点が土台にあることは確かだが、もう一つ、重要な目的を設定することができる。それは被災者と支援者の心的距離を縮める役目である。非常時とはいえ、そこでの活動には被災者と支援者とが理解し合うことが必要である。お互いに親密な信頼関係が築けてこそ支援活動は円滑に進む。災害という場においては被災者が弱者であり、その被災者に対して支援者の側が心理的に寄り添うような態度・行動をとる必要がある。言葉について言えば、支援者が被災地の方言を使って被災者に話しかけることが有効である。方言の使用が支援者と被災者の心的一体感の形成に役立つことは、魏（二〇一二）に詳しい。

もっとも、支援者が被災地の方言を全体的に話すなど、とうてい無理な話である。しかし、挨拶や応答関係の言葉など、日常会話での使用頻度の高い要素を使うだけでも相手と打ち解けることは可能であり、そうしたキーワードとなるような言葉を載せるのがよい。

③**場所・時**：パンフレットを、いつ、どこで使用するのかという点も重要である。被災地に出かける前の予習用の教材ということならば、一定の分量の語彙を掲載する必要がある。しかし、それはむしろ先に述べた方言辞典風の支援ツールが得意とするところである。支援の現場での使用ということならば、やはり実用性への配慮が欠かせない。すなわち、要点をしぼったコンパクトな構成にする必要があり、掲載する語彙も最低限必要なものに絞り込まなければいけない。これは、収録する語彙の網羅性・体系性を犠牲にすることになるが、それはパンフレットという形態の特性からしてやむをえないことである。

場所の面では、支援の場がどれくらいの範囲の地域かということも問題になる。狭い地域をピンポイント的に支援するパンフレットならば、その地域に特化した内容を盛り込むことができる。しかし、広範囲が対象となると、理想としては地域ごとに専用のパンフレットを作成すべきだが、作成者の能力・労力を考えると、現実的には被災地全域で使用可能な汎用的パンフレットを作ることに留めざるを得ない。

(2) 方言パンフレットの具体例

支援ツールとしての方言パンフレットは、前節でも述べたように、医療・介護従事者向けに特化したものと、様々な利用者を想定した汎用的なものとが作られている。

このうち、前者はある程度研究が進んでおり、公開されているものでは、今村かほるの「方言支援ツール」(http://hougen-i.com/?action_user_search=true) や岩城裕之の「医療者のための方言の手引き」(http://ww4.tiki.ne.jp/~rockcat/hoken/subz202.htm)、そして、熊本支援方言プロジェクトの一連の成果 (https://www.fukujo.ac.jp/university/other/hougenpjt.html) などがある。

後者の一般向けのものはまだ事例が少ないが、東北大学方言研究センターで筆者らが作成した二種類のパンフレット、すなわち、『支援者のための気仙沼方言入門』と『支援者のための知っておきたい熊本方言』などがある。ここでは、それらの具体例をみながら、その中で方言語彙がどのように取り上げられているかを検討していく。

①『支援者のための気仙沼方言入門』の語彙

このパンフレットは、東日本大震災への対応として、宮城県気仙沼市という特定の地域向けに作成したものである。実物はＢ５判で見開き四頁、折り畳んで携帯可能な大きさとした。カラー刷りであるが、ここでは白黒にして次の頁以下に掲載する (図13－1)。この種のパンフレットでは先駆的なものであり、五〇〇〇部を印刷して現地で配布した。その目的や方法、作成の過程、配布の様子など、パンフレットの全体像は坂喜 (二〇一二) に詳しい。

このパンフレットでは、まず、一頁目で概説を行ない、二頁目では語彙の理解の基礎となる発音について説明をしている。三頁の前半で文法に触れたあと、四頁にかけて語彙に関する情報を載せてある。その内容は、次のように、「間違いやすい語彙」「分野別語彙」「コミュニケーション語彙」の三つの視点からなる。

a．間違えやすい語彙：三頁の「3．間違えやすい単語」のコーナーでは、「ナゲル」「ダカラ」「コワイ」「ワガンネ (わからない)」のような一般的な語や表現で、

このパンフレットをご覧くださる方へ

このパンフレットは、主に気仙沼地方の外から来られたボランティアや医療・行政関係者といった支援者の方々を対象に作成されています。現地の方との交流の中で、初めて聞く方言に戸惑ったこともあるのではないでしょうか。気仙沼の方言をより理解するために、このパンフレットを役立てていただけたらと思います。

なお、このパンフレットは現地で行った支援者の方々へのインタビュー調査の結果をもとに、気仙沼の方言について簡単に紹介しています。

気仙沼方言の位置

気仙沼で話される方言は、全国から見ると東北地方の方言の特徴を持っています。

右の図のように、気仙沼は宮城県の北東部に位置する市で、岩手県南部の沿岸地域と地理的に連続しています。そのため、方言の特徴としては宮城県の言葉の他に、岩手県南部の沿岸地域の言葉とも共通した面があります。

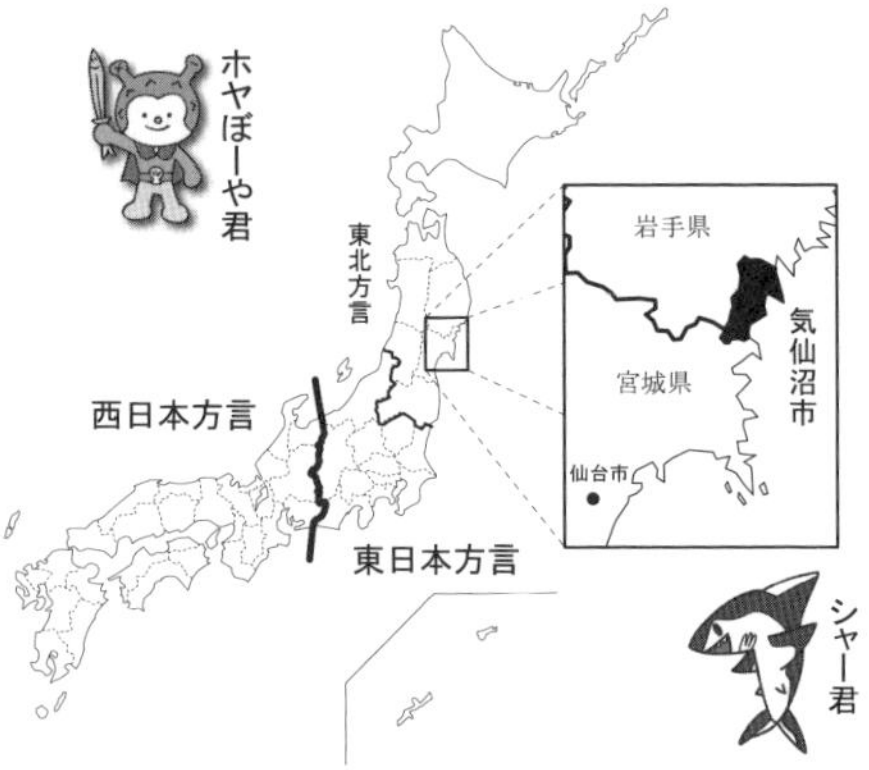

図13－1　支援者のための気仙沼方言入門（1頁）

気仙沼方言って、どんな方言??

気仙沼の方言にはどんな特徴があるのでしょうか。

分かりにくい点、注目すべき点についてご紹介します。

1．発音

(1)シガスに聞こえる

シはスに、チはツに、ジはズに聞こえます。いわゆる「ズーズー弁」です。


「獅子(しし)」

「煤(すす)」

「寿司(すし)」 } 「スス」


「知事(ちじ)」

「地図(ちず)」

「辻(つじ)」 } 「ツズ」

気仙沼の地名だと、

「鹿折(ししおり)」が「ススオリ」

「鮪立(しびたち)」が「スビダヅ」

に聞こえることがあるかも。

他にも、シュはス、ジュはズ、チュはツに聞こえます。
「手術(しゅじゅつ)」→「スズツ」

(2)カ行・タ行がガ行・ダ行に聞こえる

たとえば「開ける」は「アゲル」、「的」は「マド」のように聞こえることがあります。ちなみに、共通語の「上げる」や「窓」など、もともとの濁音は鼻にかかって聞こえます。


「開ける」→「アゲル」

「的(まと)」→「マド」


「上げる」→「アンゲル」

「窓(まど)」→「マンド」


支援者の方へのインタビューで得られた、***音がこもって聞こえる***という感想は、この鼻濁音によるものだと思われる、シャー。

(3)キがチに聞こえる

キがチに聞こえることがあります。


「柿(かき)」→「カチ」

「来た(きた)」→「チタ」


支援者の方から聞いた話だと、「***救急車が「チューチューシャ」に聞こえた。***」という体験談があったよ。

図 13-1　支援者のための気仙沼方言入門（2 頁）

2．文法

（１）「～サ」（共通語「～に・～へ」）

○　学校サ行ぐ。　（学校へ行く。）
○　仕事サ行ぐ。　（仕事に行く。）
×　本サ買う。　（本を買う。）

「～に」や「～へ」を、気仙沼では「～さ」と言うよ。「～を」の場合は使えないので注意、シャー。

（２）「～べ・～ッペ」（共通語「～だろう[推量]」「～しよう[意志]」）

・明日、雨だべ。　（明日雨だろう。）
・みんなでがんばッペ
（みんなでがんばろう。）

「～だろう」と推量したり、「～しよう」と意志を表したりするとき、気仙沼では「べ・ッペ」を使うよ。

（３）「～ッコ」（身近にある小さい物を親しみを込めて呼ぶときに使う）

・そのひもッコ、取ってけろ。
（そのひもを取ってくれ。）

あめッコ（あめ玉）、花ッコ（花）、お茶ッコ（お茶）、ぼッコ（棒）も使う、シャー。

3．間違えやすい単語

（１）「ナゲル」（共通語「捨てる」）

・あどナゲねばわがんねぞ。　（もう捨てないとだめだ。）
・ナゲでおいでけろ。　（捨てておいてくれ。）

（２）「ダカラ・ホンダカラ」（共通語「（本当に）そうだね」）

―今日、暑いごとね。（今日は暑いね。）
―ホンダカラ！　（本当にそうだね。）

相手の話に強い同意を示すとき、「ダカラ」を使うよ。共通語の「～なので」と間違えやすいから注意してね！

（３）「コワイ」「コエー」（共通語「疲れた」）

・コエーなあ。　（疲れたなあ。）

（４）「ワガンネ」（共通語「だめだ」）

・そんなごとやってワガンネヨ。　（そんなことやってはだめだ。）
・寒ぐでワガンネ。　（寒くてだめだ・仕方ない。）

図13－1　支援者のための気仙沼方言入門（3頁）

使ってみよう！おススメの気仙沼方言！

〇夕方から晩のあいさつ
「**オバンデス**」（こんばんは）
「［目上の人へ］**オバンデゴザリス**」（こんばんは）

〇別れのあいさつ
「**サイナー**」（さようなら）
「**マタダイン**」（また来てください）
「**オスズガニ**」（お静かに、おやすみなさい）

〇そうです：「**ホデガス**」

病気や気分を表す語　看護師や保健師の方へ

「**アンべァ(按配)**」：健康状態。
「**サブキ**」：咳。
「**ハラピリ**」：急な下痢。
「**フケサメ**」：病状がよく変わること。
「**コザス**」：病気をこじらせる。
「**スッコグル**」：皮膚をすりむく。
「**イズイ**」：違和感がある様子。
「**ハカハカ**」：息切れする様子。
「**アフラアフラ**」：ふらふらして元気がない様子。
「**ネダソラネエ**」：寝た気持ちになれない様子。
「**セラセラスル**」：のどがいらいらする様子。
(セセラポイ)

気仙沼地方の人体呼称図

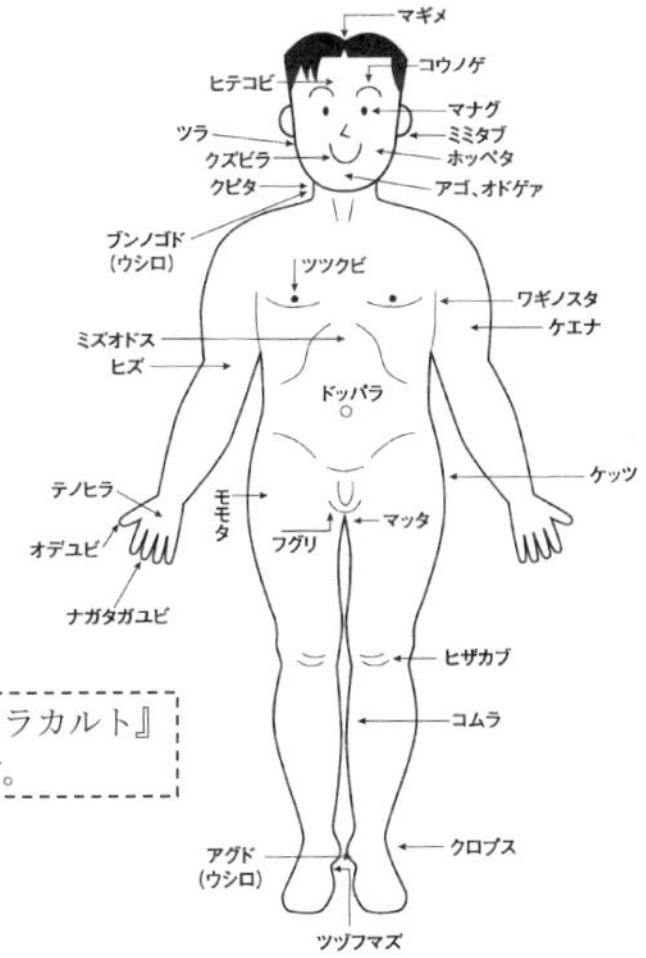

菅原孝雄著『けせんぬま方言アラカルト』
三陸新報社をもとにしています。

道具の名称　ボランティアの方へ

「**クマデ**」：鉄の歯がくし状に並ぶ道具。泥かきなどに用いる。一般的には大きいものをレーキ、小さいものをクマデと呼ぶ。気仙沼ではどちらもクマデ。
「**ネコ**」：一輪車（資材を運ぶ手押し車）
「**バリ**」：バール（釘抜きのような形の道具）

気仙沼市役所・教育委員会・地元関係者の皆様、そして気仙沼に来られた支援者の皆様からご協力を得て作成しました。

このパンフレットについてのご意見・ご感想をお聞かせ下さい！

支援者のための気仙沼方言入門
2011年8月27日　発行
作成：東北大学文学部国語学研究室
〒980-8576 仙台市青葉区川内27-1
TEL・FAX：022-795-5987
E-mail：kobataka@sal.tohoku.ac.jp

図13－1　支援者のための気仙沼方言入門（4頁）

日常的に使用頻度の高そうなものを掲げた。これらは共通語と同形だが意味が異なるものであり、「気づかない方言」としての性格を持つ。そのため、被災者が共通語のつもりで口にすることが多く、支援者の側もそれに気づかずに意味を誤解してしまう恐れがある。こうしたものは積極的に取り上げることにした。また、「2．文法」に掲げた接尾辞の「ッコ」も語彙的事項の仲間に入れてよいかもしれない。

これらの提示にあたっては、先の二．で指摘した、同じ単語でも発音・形態の異なりに目配りすることや、例文を提示し具体的な用法がわかるようにすることといった注意点を考慮し、「コワイ」に対して「コエー」、「ダカラ」に対して「ホンダカラ」といったバリエーションを示すとともに、簡単な使用例も掲載した。

b．分野別語彙：特定の分野の支援者にとって特に重要と思われる語彙も集めた。具体的には、四頁の「病気や気分を表す語」「道具の名称」のコーナーがそれである。「病気や気分を表す語」は医療・介護従事者を想定したものである。もちろん、その分野専門のパンフレットの収録語彙数には及びようもないが、そうした支援者にも利用してもらえるように最低限の情報を収めた。身体部位の名称がわかるような図も配置してある。一方、「道具の名称」は屋外で活動するボランティアを念頭に置いたものである。道具の名称にも意外と地域差が存在し、そこには「気づかない方言」も含まれることへの対応である。

c．コミュニケーション語彙：前述のa．とb．は、実用的な意味でコミュニケーションギャップの解消につながるものだが、この「コミュニケーション語彙」は、パンフレットのもう一つの役割として三．(1)の「②目的」で述べたような、被災者との支援者との心的距離を縮めるためのものである。日常会話によく登場するフレーズで、支援者が覚えやすく、心理的効果も期待できそうな挨拶や受け答えの一部を「使ってみよう！　おススメの気仙沼方言」として掲げている。

さて、これらの語彙を具体的に選ぶにあたっては、次の二つの方法をとった。

(ア)　気仙沼方言の先行研究や自前のデータに基づき、候補となり得る語彙を選定する。

(イ)　災害の現場で支援者から聞き取りを行ない、実際に問題となっている語彙を把握する。

このうち、(ア) は基本的な作業と言えるものである。

日本の方言についてはこれまで豊富な研究の蓄積があり、それらを参考にすることで、どのような語彙がコミュニケーションの障害になりそうか、あらかじめ見当をつけることができる。気仙沼方言については、菅原（二〇〇六）の方言集など複数の研究文献を参考にしたほか、東北大学方言研究センター独自の調査データも資料とすることができた。

ただし、そうした机上の作業だけでは現地で実際に起きている問題点をつかみきれない恐れがある。そこで、（イ）のような作業も必要になる。このパンフレットの作成過程では、気仙沼市の行政機関やボランティアセンター、避難所などを回り、支援者へのインタビューを行なっている。その結果、すでに（ア）の作業の段階でリストアップされた語が実際にコミュニケーションギャップを引き起こしている実態がわかると同時に、「道具の名称」など、パンフレットに取り上げるべき必要性を初めて把握できた語彙もあった。

②『支援者のための知っておきたい熊本方言』の語彙

このパンフレットは、熊本地震の際に、熊本県全域で使える汎用的な性格を持つものとして作成したものである。実物はA４判一枚で表裏二頁、やはり、携帯可能なサイズになっている。くまモンの頬の部分など赤色を使用した部分もあるが、ここでは白黒にして次の頁以下に掲載する（図13－2）。先にみた『支援者のための気仙沼方言入門』と比較しながら解説しよう。

まず、分量的な面では、頁数が少ない割に多くの情報を詰め込んでいる。気仙沼のパンフレットは見やすさを優先し、比較的ゆったりとスペースをとった作りになっているが、一方で情報量が少なすぎた反省から、こちらではより多くの語彙を取り上げている。

次に、内容構成は基本的に気仙沼のものを踏襲している。「2．誤解しそうな方言」は気仙沼の「3．間違えやすい単語」に対応し、「3．受け答えや挨拶の方言」は同じく「使ってみよう！　おススメの気仙沼方言」に対応する。一方、こちらには独自に「4．知っておくと便利な方言」のコーナーを設けたが、これは、気仙沼の「病気や気分を表す語」「道具の名称」の趣旨を取り込み、一般的な語彙も併せて掲げたものである。人体図は載せることができなかったが、幸い、熊本支援方言プロジェクトが医療・介護従事者向けの資料の中で提示しており、二つのパンフレット間で役割分担を行なうことができた。

支援者のための
知っておきたい熊本方言

このパンフレットは、県外から来られる支援者やボランティアのために作成しました。みなさんは現地の方々との交流の中で、初めて聞く方言に戸惑うことがあるかもしれません。現地の方々とうまくコミュニケーションをとるために、このパンフレットを役立ててください。プリントアウトして折りたたみ、ポケットに入れておくと便利です。

1．聞き取りにくい発音

▼ 語のお尻が詰まって聞こえます

・「き」「く」「ち」「つ」などの発音がそうなります。

柿（かき）　→　**カーッ**　クォー（柿を食おう）
行く（いく）→　イマ　**イーッ**（今、行く）
形（かたち）→　**カターッ**　ワルカ（形が悪い）

・語の真ん中も詰まることがあります。

ヤッバ(役場)、**テッドー**(鉄道)、**クッゾコ**(靴底)

・「～して」の「て」が「チ」になって、さらに詰まることもあります。

薬バ　**イレーッ**　アル。(薬を入れてある)
踏ン**ツケーッ**　イーッ。(踏んづけて行く)

▼「お」「え」の母音が「ウ」「イ」のような発音になります

・コソアドが例えば次のようになります。

これ　→　**コル・コリ**　　あれ　→　**アル・アリ**
誰　　→　**ダル・ダリ**

・ほかにも例を挙げてみましょう。

俺（おれ）→　**オル**　　遅い　→　**オスカ**
本当のこと　→　**ホンナコツ**　　今日　→　**キュー**

▼「あい」が「ヤー」に、「おい」が「エー・ウェー」のような発音になります

痛い　→　**イテャー**　　沸いた　→　**ウャータ**
来い　→　**ケー**　　匂い　→　**ニウェー**
出した　→　ダイタ、になってさらに、**デャータ**

2．誤解しそうな方言

▼「来る」が「行く」の意味で使われる

・話をしている相手の所へ行くことを「来ル」と言います。例えば、電話の相手が、

「今カラ　**来ル**ケンネ」

と言ったら、それは「今から、あなたの所に行くからね」という意味です。

▼「直す」が「片づける」の意味で使われる

・物を片づけたり、しまったりすることを「ナオス」や「ナワス」と言います。

「デャータモンナ　チャント　**ナオシ**トケ」
（出したものは、ちゃんとしまっておけ）

「修理しておけ」という意味ではありません。

▼「わからん」が「だめだ」の意味で使われる

・だめだ、いけない、といった意味で、「ワカラン」「アカラン」と言います。

「ソギャントケ　行ット　**ワカラン**ゾ」(そんなところへ行くとだめだぞ)

「解らないぞ」とはいう意味ではありません。

▼「太い」が「大きい」の意味で使われる

・太いことだけでなく、大きいことも、「フトイ」とか「フトカ」などと言います。

「ソルヨカ　コッチノ箱ン　**フトカ**」(それよりこっちの箱が大きい)

また、小さいことも細（ほそ）いことも、両方とも「コマイ」とか「コマカ」などと言います。

▼「ぬくい」が「暑い」の意味で使われる

・気温が高く暑く感じることを「ヌクイ」「ヌクカ」と言います。

「今日ワ　タイギャ　**ヌッカ**」(今日は本当に暑い)

この場合、適度な暖かさの意味ではありません。

図13－2　支援者のための知っておきたい熊本方言（1頁）

3. 受け答えや挨拶の方言

「はい」と「いいえ」

▼うん、そうだよ：**ウン、ソギャンバイ(ソギャンタイ)。／ウン、ジャッゾ。**

▼いや、違うよ：**ウンニャ、チガウバイ(チガウタイ)。／ナンノ、チガウケン。／ウンニャ、ジャナカ。**

▼よし、わかった：**ウン、ヨカバイ(ヨカタイ)。**

▼いや、だめだ：**ウンニャ、デケンバイ(デケンタイ)。／ウンニャ、ワカラン。**

4. 知っておくと便利な方言

アクシャウツ　ほとほと困り果てる。
アシノハラ　足の裏。
アッチコッチ・アッチャコッチャ　反対。
アトゼキ　入退室時に戸や障子をきちんと閉めること。
アルシコ　全部。
アンビャ・フアンビャ　体の具合。
イチャー　痛い。
イッチョン　少しも(〜ない)。「イッチョン　知ラン」(少しも知らない)
ウッカヤス・イックヤス　壊す。
エスカ・エズカ　恐ろしい。気味が悪い。
エダ　腕。二の腕。
オナク・オーナク　あおむく。
オメク・オラブ　さけぶ。
カサ・カサッパチ　湿疹。
カラスマガリ　こむらがえり。
キャーナエル　疲れる。
キル・キラン　〜できる・〜できない。「読ミキル」(読める)・「読ミキラン(読めない)」
クッズク・クルブク・ツックルブク　うつむく。
コサグ・カカジル　引っ掻く。
コズク　咳をする。
ゴタル　〜のようだ。〜したい。「マッデ　山ンゴタル」(まるで山のようだ)。「飯バ　クォーゴタル」(ご飯を食べたい)。
ゴテ・ゴチャ　からだ。
コナス　いじめる。
ショム　しみる。
スビク・スブク　ずきんと痛む。
ズツナカ・ジュツナカ　苦しい。
セカラシカ　うるさい。
タイギャ　本当に。
タマガル　うろたえる。あわてる。
ダラシー　だらしない。
タルカブル・タリカブル　下痢をする。
ダレル　疲れる。
ツコケル　転ぶ。
ツト　ふくらはぎ。
テノハラ　手のひら。
ドシコ　いくら。なんぼ。
トゼンナカ　さびしい。たいくつだ。
トッケンニャー・トッケムナカ　とんでもない。
ナエル・ナユル　中風になる。
ネブイチ・ネブト　できもの。腫れ物。
ネブル　なめる。
ネマル　食べ物が腐る。
ノサン　いやだ。
ハッテク　行ってしまう。
ハルカク　怒る。
ヒダルカ　ひもじい。空腹だ。
ヒデル　ひりひり痛む。
ヒンノム　食べる。
ヘキ　背中。
メタダレ・メクサレ　眼病。
ヤム　病気をわずらう。
リバテープ　傷用絆創膏。

支援者のための知っておきたい熊本方言
2016年4月26日　発行
作成：東北大学方言研究センター
TEL・FAX：022-795-5987
E-mail：kobataka@m.tohoku.ac.jp
Webサイト http://www.sinsaihougen.jp/

※このパンフレットの作成にあたり、方言研究の書籍・論文、方言関係のWebサイトなどから情報を得ました。くまモンのイラスト使用にあたっては、「©2010熊本県くまモン#熊本支援」の特別措置を得ました。これらのみなさまに、心から感謝いたします。

図13－2　支援者のための知っておきたい熊本方言（2頁）

気仙沼のパンフレットとのもう一つの相違点として、現地における聞き取り調査を省略し、先行研究や手持ちの資料のみを使って作成した点が挙げられる。これは、作成者が東北に位置する研究機関であり、九州まで出かけることが容易でなかったことによるが、一方で、気仙沼のものは手間をかけた分、作成に時間がかかりすぎたという課題を踏まえてのことでもある。気仙沼の場合には五か月以上の時間を要し、配布がボランティアのピークに間に合わなかったが、こちらの作成期間は約一〇日であり、その分、緊急の事態に対応することができた。現地調査も行ないながらスピーディーに作成することが理想であるが、現実には難しく、気仙沼と熊本では、ある意味、両極端の方式をとったことになる。

なお、気仙沼のパンフレットは印刷したものを現地で大量に配布したが、こちらは東北大学方言研究センターのウェブサイト「東日本大震災と方言ネット」にＰＤＦファイルを載せ、公開したのみである。そうした違いが利用効果にどう関わるか、検討が必要である。

四．まとめ

ここでは、「社会支援と方言語彙」というテーマをめぐり、方言支援ツールの一つである方言パンフレットを取り上げて論じた。

紹介したパンフットはいずれも災害発生後に作成されたものであるが、坂喜（二〇一二）で指摘したように、いざというときのために、事前に準備しておくのが理想的である。その際、研究者だけでなく、地域住民や行政機関が積極的に関与するシステムを作っておけば、作成から配布に至る流れが効率よく行なえるのではないかと思われる。

さらに、掲載する方言語彙の選択や例文の作成などの内容面においても、地域の人々に参加してもらうことで、より現場に密着した効果的なパンフレットを作ることができると考えられる。また、そうした作業は、方言に対する地域住民や行政の関心を高めることにもつながるであろう。

文献

今村かほる（二〇一五）「医療・福祉と方言—応用方言学として」『方言の研究』一

岩城裕之・今村かほる・工藤千賀子（二〇一二）「方言データベースの開発」岩城裕之編『医療・看護・福祉と方言—臨床方言学序論』（科学研究費補助金成果報告書。岩城研究室のウェブサイト http://ww4.tiki.ne.jp/~rockcat/data/houkoku.pdf で閲覧できる。）

魏ふく子（二〇一二）「方言は被災者を支えることができるか」東北大学方言研究センター編『方言を救う、方言で救う—3・11被災地からの提言』ひつじ書房

坂喜美佳（二〇一二）「支援者と被災者を結ぶ方言パンフレット」東北大学方言研究センター編『方言を救う、方言で救う—3・11被災地からの提言』ひつじ書房

菅原孝雄（二〇〇六）『けせんぬま方言アラカルト 増補改訂版』三陸新報社

東北大学方言研究センター（二〇一一）『支援者のための気仙沼方言入門』（https://www.sinsaihougen.jp/センターの取り組み/方言パンフレット/）

東北大学方言研究センター（二〇一六）『支援者のための知っておきたい熊本方言』（https://www.sinsaihougen.jp/支援者のための知っておきたい熊本方言/）

日高貢一郎（二〇〇七）「福祉社会と方言の役割」小林隆編『シリーズ方言学　三　方言の機能』岩波書店

日高貢一郎（二〇〇八）「看護・福祉と「方言」の役割」『地域学』六（弘前学院大学）

執筆者紹介

小《こ》林《ばやし》　隆《たかし》

編集・第四章・第一三章担当
詳細は奥付参照。

志《し》村《むら》文《ふみ》隆《たか》

宮城学院女子大学学芸学部教授
第一章担当　文学修士　日本語学・方言学専攻
共著に『とうほく方言の泉 ことばの玉手箱（上・中・下）』（河北新報出版センター、二〇一三）、論文に「沖縄県伊良部島方言の風位語彙」（『国語学研究』四七、二〇〇八）などがある。主な関心分野は、風名などを中心とした漁業社会の方言語彙。

新《あら》井《い》小《さ》枝《え》子《こ》

群馬県立女子大学文学部教授
第二章担当　博士（文学）　日本語学・方言学・語彙論専攻
著書に『絹のことば』（上毛新聞社、二〇一二）、『養蚕語彙の文化言語学的研究』（ひつじ書房、二〇一〇）などがある。方言語彙の記述を通して、人びとの生活のありよう、さらには地域社会に存在する生活の論理を読み解いていきたいと考えている。

小《お》川《がわ》俊《しゅん》輔《すけ》

県立広島大学人間文化学部准教授
第三章担当　博士（学術）　日本語学・方言学・地理言語学専攻
論文に「九州地方における「天国」の受容史」（『日本語の研究』八―二、二〇一二）、「日本社会の変容とキリスト教用語」（『社会言語科学』一三―二、二〇一一）などがある。キリシタン語彙を含む南蛮渡来語彙の歴史・地理の総合的記述を目指す。

櫛《くし》引《びき》祐《ゆ》希《き》子《こ》

大阪教育大学教育学部准教授
第五章担当　博士（文学）　日本語学（方言研究）専攻
論文に「方言を撮る―方言研究と映像の出会い」『方言の研究1』（ひつじ書房、二〇一五）、「意味変化の東西差―方言「エズイ」を例として―」（『日本語の研究』五―二、二〇〇九）などがある。方言のアーカイブについて研究している。

椎《しい》名《な》渉《しょう》子《こ》

名古屋市立大学人文社会学部准教授
第六章担当　博士（文学）　日本語学（方言学）専攻
共著に『方言学の未来をひらく』（ひつじ書房、二〇一七）、論文に「子守歌詞章における評価に関わる表現の地域差」（『方言の研究』三、二〇一七）などがある。日常の言語と口承文芸等の言語との関連性を、談話・表現法の観点から見出したい。

八《や》木《ぎ》澤《さわ》　亮《りょう》

東北大学大学院文学研究科
第七章担当　国語学（方言学）専攻
論文に「方言と文献から見た漢語「徒然」の語史」（『日本方言研究会第一〇五回研究発表会発表原稿集』、二〇一七）などがある。漢語由来の方言について、文献国語史と言語地理学による対照を行ない、漢語の方言化に伴う様々な現象を観察したい。

作《さく》田《た》　将三郎《しょうざぶろう》

北海道教育大学旭川校准教授
第八章担当　博士（文学）　日本語学・方言学専攻
論文に「宮城県における〈雷〉の地方語史」（『国語学研究』四四、二〇〇五）、「飢饉資料から見た〈糠〉の東北地方語史」（『東北文化研究室紀要』四五、二〇〇四）などがある。東北地方における近世以降の方言語彙史の解明を目指し研究している。

大《おお》西《にし》　拓一郎《たくいちろう》

国立国語研究所言語変化研究領域教授
第九章担当　文学修士　方言学・言語地理学専攻
編集・著書に『空間と時間の中の方言』（朝倉書店、二〇一七）、『ことばの地理学』（大修館書店、二〇一六）、『現代方言の世界』（朝倉書店、二〇〇八）などがある。言語地理学の再構成を基盤に方言の形成過程の解明を目指して研究を展開している。

半《はん》沢《ざわ》　康《やすし》

福島大学人間発達文化学類教授
第一〇章担当　修士（文学）　方言学専攻
共著に『はじめて学ぶ方言学』（ミネルヴァ書房、二〇一六）、『ガイドブック方言調査』（ひつじ書房、二〇〇七）、『どうなる日本のことば』（大修館書店、一九九九）などがある。東日本大震災被災地域を含む福島県各地の方言の研究に取り組む。

佐《さ》藤《とう》髙《たか》司《し》
共愛学園前橋国際大学国際社会学部教授
第一一章担当　博士（文学）　日本語学・方言学・国語教育専攻
著書に『群馬県民の知らない上州弁の世界「ぐんま方言かるた」の秘密』（上毛新聞社、二〇一七）、『新方言の動態30年の研究 群馬県方言の社会言語学的研究』（ひつじ書房、二〇一三）がある。現在、『群馬県方言辞典』の制作に取り組んでいる。

大《おお》野《の》眞《ま》男《お》
岩手大学教育学部教授
第一二章担当　文学修士　日本語学・社会言語学専攻
共編集書に『方言を伝える―3・11東日本大震災被災地における取り組み』（ひつじ書房、二〇一五）などがある。近代化以降、グローバル化時代に至るまでの、主要な国語イデオロギーに関する歴史的研究などを進めている。

竹《たけ》田《だ》晃《こう》子《こ》
立命館大学衣笠総合研究機構専門研究員
第一二章担当　博士（文学）　方言学・社会言語学・日本語学専攻
共著に『感性の方言学』（ひつじ書房、二〇一八）、『日本語の条件文の諸相』（くろしお出版、二〇一七）、『敬語は変わる』（大修館書店、二〇一七）、『須知ナヨ昔話集』（岩手大学、二〇一六）などがある。今後も地元との連携や資料の発掘分析を継続したい。

小《こ》島《じま》聡《さと》子《こ》
岩手大学人文社会科学部准教授
第一二章担当　修士（文学）　日本語学専攻
共著に『よみがえる三陸金浜のことば』（岩手大学、二〇一八）、論文に「花巻方言の資料としての宮沢賢治作品」『賢治とイーハトーブの「豊穣学」』（大河書房、二〇一三）などがある。今後も、郷土教育資料等の地域の資料の発掘・分析に努めたい。

坂《さか》喜《き》美《み》佳《か》
仙台青葉学院短期大学こども学科講師
第一三章担当　文学修士　日本語学・方言学専攻
主な論文に、「高知県のサ行イ音便について」（『文化』八〇―一・二、二〇一六）、「動詞の音便の地理的・歴史的分布」（『国語学研究』五三、二〇一四）などがある。音便の形成をはじめ、地理と歴史が織りなす様々な言語現象を研究していきたい。

マ　行

ヤ　行

ラ　行

欧　文

ナ　行

ハ　行

サ　行

タ　行

索　　引

ア　行

カ　行

編集者略歴

小《こ》林《ばやし》　隆《たかし》

1957年　新潟県に生まれる
1983年　東北大学大学院文学研究科博士後期課程退学
現　在　東北大学大学院文学研究科教授
方言学・日本語史専攻
博士（文学）

著書・編集書に『コミュニケーションの方言学』（ひつじ書房 2018），『ものの言いかた西東（岩波新書）』（岩波書店 2014），『方言が明かす日本語の歴史』（岩波書店 2006）などがある．最近は言葉遣いの背後に潜む発想法の地域差に興味があり，そうした視点から日本列島の方言形成について考えている．また，東日本大震災の被災地支援から始まった実践的な方言学にも取り組んでいる．

シリーズ〈日本語の語彙〉8
方　言　の　語　彙
—日本語を彩る地域語の世界—
定価はカバーに表示

2018年10月10日　初版第1刷

編集代表　飛　田　良　文
　　　　　佐　藤　武　義
編 集 者　小　林　　　隆
発 行 者　朝　倉　誠　造
発 行 所　株式会社　朝　倉　書　店
東京都新宿区新小川町6-29
郵便番号　162-8707
電　話　03（3260）0141
FAX　03（3260）0180
http://www.asakura.co.jp

〈検印省略〉

教文堂・渡辺製本

ISBN 978-4-254-51668-5　C 3381　Printed in Japan

前東北大 佐藤武義・前阪大 前田富祺編集代表

日本語大事典
【上・下巻：2分冊】

51034-8 C3581 B5判 2456頁 本体75000円

現在の日本語をとりまく環境の変化を敏感にとらえ，孤立した日本語，あるいは等質的な日本語というとらえ方ではなく，可能な限りグローバルで複合的な視点に基づいた新しい日本語学の事典。言語学の関連用語や人物，資料，研究文献なども広く取り入れた約3500項目をわかりやすく丁寧に解説。読者対象は，大学学部生・大学院生，日本語学の研究者，中学・高校の日本語学関連の教師，日本語教育・国語教育関係の人々，日本語学に関心を持つ一般読者などである。

前阪大 前田富祺・前京大 阿辻哲次編

漢字キーワード事典

51028-7 C3581 B5判 544頁 本体18000円

漢字に関するキーワード約400項目を精選し，各項目について基礎的な知識をページ単位でルビを多用し簡潔にわかりやすく解説(五十音順配列)。内容は字体・書体，音韻，文字改革，国語政策，人名，書名，書道，印刷，パソコン等の観点から項目をとりあげ，必要に応じて研究の指針，教育の実際化に役立つ最新情報を入れるようにした。また各項目の文末に参考文献を掲げ読者の便宜をはかった。漢字・日本語に興味をもつ人々，国語教育，日本語教育に携わる人々のための必読書。

前早大 中村　明・早大 佐久間まゆみ・
お茶女大 髙崎みどり・早大 十重田裕一・
共立女大 半沢幹一・早大 宗像和重編

日本語 文章・文体・表現事典（新装版）

51057-7 C3581 B5判 848頁 本体16000円

文章・文体・表現にその技術的な成果としてのレトリック，さらには文学的に結晶した言語芸術も対象に加え，日本語の幅広い関連分野の知見を総合的に解説。気鋭の執筆者230名余の参画により実現した，研究分野の幅および収録規模において類を見ないわが国初の事典。〔内容〕文章・文体・表現・レトリックの用語解説／ジャンル別文体／文章表現の基礎知識／目的・用途別文章作法／近代作家の文体概説・表現鑑賞／名詩・名歌・名句の表現鑑賞／文章論・文体論・表現論の文献解題

前都立大 中島平三編

ことばのおもしろ事典

51047-8 C3580 B5判 324頁 本体7400円

身近にある“ことば”のおもしろさや不思議さから，多彩で深いことば・言語学の世界へと招待する。〔内容〕I.ことばを身近に感じる（ことわざ／ことば遊び／広告／ジェンダー／ポライトネス／育児語／ことばの獲得／バイリンガル／発達／ど忘れ，など）II.ことばの基礎を知る（音韻論／形態論／統語論／意味論／語用論）III.ことばの広がりを探る（動物のコミュニケーション／進化／世界の言語・文字／ピジン／国際語／言語の比較／手話／言語聴覚士，など）

農工大 畠山雄二編

最新 理論言語学用語事典

51055-3 C3580 A5判 496頁 本体7400円

「言語学はいったいどこに向かっているのか」 80-90年代のような言語学の大きな潮流・方向性が見えない時代と世界。それでも，言語学が「行くべき道」は見えなくもない。その道を知るために必要となる言語学の最先端全200項目をそれぞれ2ページで解説する。言語学の巨大な森を見渡す事典。〔内容〕認知言語学，機能文法，ミニマリスト・プログラム，形式意味論，言語獲得，生物言語学，主要部駆動句構造文法，言語哲学，日本語文法，構文文法。

シリーズ〈日本語の語彙〉

国立国語研究所名誉所員 飛田良文・東北大学名誉教授 佐藤武義 編集代表

A5版　全8巻

◎ 日本語の語彙の変遷を歴史的・地理的に辿る ◎

第1巻 **語彙の原理** —先人たちが切り開いた言葉の沃野—
大阪大学教授：石井正彦　編

第2巻 **古代の語彙** —大陸人・貴族の時代—
東北大学名誉教授：佐藤武義　編

第3巻 **中世の語彙** —武士と和漢混淆の時代—
学習院大学教授：安部清哉　編

第4巻 **近世の語彙** —士農工商の時代—
明治大学教授：小野正弘　編

第5巻 **近代の語彙（1）** —四民平等の時代—
成城大学教授：陳　力衛　編

第6巻 **近代の語彙（2）** —日本語の規範ができる時代—
国立国語研究所名誉所員：飛田良文　編

第7巻 **現代の語彙** —男女平等の時代—
明治大学教授：田中牧郎　編　［続　刊］

第8巻 **方言の語彙** —日本語を彩る地域語の世界—
東北大学教授：小林　隆　編　216頁　本体3700円

上記価格（税別）は2018年9月現在